中國學術思想研究輯刊

八編

林慶彰 主編

第22冊

論王船山易學與氣論並重的形上學進路

杜保瑞 著

花木蘭文化出版社

國家圖書館出版品預行編目資料

論王船山易學與氣論並重的形上學進路／杜保瑞 著 — 初版
— 台北縣永和市：花木蘭文化出版社，2010〔民99〕
目 2+226 面；19×26 公分
（中國學術思想研究輯刊 八編；第22冊）
ISBN：978-986-254-206-4（精裝）
1.（清）王夫之 2.學術思想 3.易學 4.形上學 5.研究考訂
121.17 99002440

ISBN - 978-986-2542-06-4

中國學術思想研究輯刊
八 編 第二二冊 ISBN：978-986-254-206-4

論王船山易學與氣論並重的形上學進路

作　　者 杜保瑞
主　　編 林慶彰
總 編 輯 杜潔祥
出　　版 花木蘭文化出版社
發 行 所 花木蘭文化出版社
發 行 人 高小娟
聯絡地址 台北縣永和市中正路五九五號七樓之三
電話：02-2923-1455／傳真：02-2923-1452
網　　址 http://www.huamulan.tw 信箱 sut81518@ms59.hinet.net
印　　刷 普羅文化出版廣告事業
封面設計 劉開工作室
初　　版 2010年3月
定　　價 八編35冊（精裝）新台幣58,000元

論王船山易學與氣論並重的形上學進路

杜保瑞　著

作者簡介

杜保瑞
最高學歷：臺灣大學哲學研究所博士（1993.05）
現職：臺灣大學哲學系副教授
學術專長：宋明理學、中國哲學方法論

杜保瑞，1989.02，《劉蕺山的功夫理論與形上思想》，（臺灣大學哲學研究所碩士論文）。
杜保瑞，1993.06，《論王船山易學與氣論並重的形上學進路》，（臺灣大學哲學研究所博士論文）。
杜保瑞，1995.02，《莊周夢蝶》。臺北：書泉出版社。（北京：華文出版社 1997.04）
杜保瑞，1995.07，《反者道之動》。臺北：鴻泰出版社。（北京：華文出版社 1997.04）
杜保瑞，1999.08，《功夫理論與境界哲學》。北京：華文出版社。
杜保瑞，2000.08，《基本哲學問題》。北京：華文出版社。
杜保瑞，2005.04，《北宋儒學》。臺北：臺灣商務印書館。
杜保瑞，2007.01，《莊周夢蝶·莊子哲學》。臺北：五南圖書公司。（新版）
杜保瑞、陳榮華合著，2008.01，《哲學概論》。臺北：五南圖書公司。

提　　要

首章說明中國哲學的研究進路及方法論問題；約定形上學概念術語的使用意義；說明易學與氣論的形上學研究進路。

第二章說明船山易學思想，包括易學史觀、周易象數觀、易道本體論，及由卦爻象所描繪的大化流行觀。

第三章說明船山氣論觀念，包括以氣說整體存在界的本體實有、由氣的實存說明世界的恆動性、以氣的性質說明善惡問題，及天地萬物存在的終始意義。

第四章說明船山對易學史上諸家、道家老莊學、道教煉丹命相學、佛教生滅世界觀等的批評觀點。

第五章談檢討與展望。

目次

緒　論

一、研究動機

以王船山哲學爲研究對象的動機，早在作者撰寫碩士論文時即已形成，當時的想法是：船山是易學大家，而且是宋明儒繼劉宗周之後的一個大總結者，基於作者對蕺山學的熟悉，極有興趣比較一下另一位宋明儒總結者的哲學觀點，此外，作者在碩士論文研究蕺山學時忽略了他的易經哲學，而作爲一個中國哲學的研究者，易經哲學是遲早要處理的重要領域，因此作者極希望透過對船山易學的研究，打開自己對中國易經哲學的視野，遂決定以船山易學及其形上思想爲研究主題。經過博士班數年的學習過程之後，對於船山學及中國哲學的學術領域，逐漸形成新的理解觀點，認爲中國哲學的形上學問題是相當深刻且值得研究的主題，尤其是形上思想與人性理論、社會哲學及功夫理論的交涉部份，很希望在船山研究的過程中強調這方面的問題。此外，中國哲學史上有著不斷翻新的形上思想體系，各期重點不同，其關切主題、思考方法及處理題材都有改變，但是在學術界對傳統哲學的研究成果中，卻不常見平等地對待各家思想以還原其本貌的研究作法，而多見陷入此亦一是非彼亦一是非的辯論態度，同情地理解各家心靈的態度未被強調，學界仍在重複傳統中國哲學家們教派攻訐的情境中，而不能以面對未來世界需求的眼光來全面地發揚傳統各家哲學的優點之處，以及建立彼此可以融通的理論基礎。

作者對中國哲學的研究素懷使命感，對傳統的哲學都抱持禮敬的心情，也希望在這樣的心情下研究傳統哲學，而船山正是最不客氣的哲學史大批判家，中國哲學史上的各家在他的手中幾無生存的餘地，因此面對船山的批判，正可滿足作者此一寫作取向的挑戰，遂於本所博士論文大綱審查時提出「論王船山援易宏儒以反道佛的形上學辯論」之題目，主要即希望藉船山學的研究以處理此一問題。然因此一寫作取向，恐有疏略船山學本身作爲研究重點及作者本身寫作能力限制的缺失，後經論文指導委員的建議，將論文題目修改爲「論船山易學與氣論並重的形上學進路」，主旨在於提出重要的研究方法論，以新的觀點揭露船山學的重要面貌，而強調船山型態的易學與氣論進路的形上學觀點，遂決定了本論文的今日面貌。至於對中國哲學各家的比較與融通的工作，則仍保留在作者個人的研究興趣中，期望於未來長期的學術研究中，有以深入此一問題。

二、論文主旨

（一）本論文的寫作主旨

1. 以船山學的形上思想研究爲對象
2. 提出中國哲學的形上學研究方法論上的兩個重要的研究進路：
   （1）易學進路的形上學研究方法。
   （2）氣論進路的形上學研究方法。
3. 處理船山形上學理論中的兩個大問題，並藉船山對他家的批評再次展現船山理論在中國哲學史上的特殊型態：
   （1）易學進路的形上學思想內涵及其對他家的批判。
   （2）氣論進路的形上學思想內涵及其對他家的批判。

（二）說　明

1. 本論文以船山形上思想爲研究對象，企圖由其形上思想的觀念，作爲掌握船山整體哲學觀點的線索。船山是傳統中國哲學史上，以遍注群經的方式建構哲學體系的最後一人，時至今日，作者仍然認爲這是哲學研究最嚴格也最有收穫的一種方法，當然，也因此使得作爲一個船山學的研究者，要找到一個綱領性的線索以掌握他的整體哲學觀點並不容易，作法可有很多，而作者以爲，由形上學觀點作爲研究進路，仍是最核心的方式，無論是社會歷史政治哲學、人性理論、功夫理論等，都必須有對於整體存在界的根本性觀點以爲基礎，而形上學思想正是這個軸心點。

此外，船山是中國哲學史的大批判家，在易經哲學史脈絡上的易學家，鮮有不被批評者，而對中國哲學的各家學派，除少數幾位儒家學者以外，也都有嚴厲的批評。對這些理論體系之間的交會，若要釐清其同異，則不能不由形上學的觀點著手，因此要清楚地認識船山對各家的批評，仍應從形上學側面入手，這是本論文以船山形上思想爲研究主旨的理由。

2. 中國哲學的形上學研究，時至今日，已累積了相當的成果，可供參考的基本觀點及研究方法可謂極多，然而也正因爲如此，不同的形上學觀點及不同的研究方法論也造成研究者在採擇上的困擾，因此在作任何形上學研究之前，應先找出所將使用的研究方法論，當然檢擇之際將有許多困難，但是這是必要處理的問題，作爲一個負責任的研究者，不能跳過這個環節的工作。是以本論文以一章的篇幅建立方法論的基礎，以提出船山形上思想合法的研究進路，即易學與氣論的研究進路。並說明這兩項研究進路的方法論上的意義：第一、這是以題材爲中心的形上思想研究法。第二、這是船山形上思想最軸心的兩大觀念範疇。因此本文首章將討論中國哲學的形上學研究方法，說明以題材爲中心的研究進路之合法性基礎；以及討論易學及氣論二項形上學研究進路的意義，以說明它們在中國哲學史上的重要地位。本文第二章及第三章將說明船山哲學的形上思想應由此二進路研究的理由，以及直接由之切入船山整體形上觀點及哲學理論的內涵。

3. 本論文將由兩個層面以討論船山的形上思想，其一爲直述他的觀念內涵，其二爲討論船山對其他各家形上思想的批評觀點。本論文由氣論與易學進路解讀船山的形上思想，是因爲此二概念範疇正是船山形上思想的發展基地，船山藉由自己獨創的解易觀點以建立整體的「易學」思想，也藉由排斥他說以彰顯己說的內涵。而「氣論」思想則是承繼自張載的傳統，當然也是明末時儒的學術興趣焦點，船山許多重要的哲學觀念都是建立在對氣範疇的理解之上，或藉由氣概念以表達而出的，尤其是由氣範疇以建構的船山型態的儒家形上學體系的各個層面的觀點，而船山由以批判佛道形上學的武器，也正是以通過氣論而建構的形上學觀點來進行的。

三、寫作進程

本論文之寫作進程，將首先由方法論的建構著手，其次以易學及氣論爲研究進路，解讀船山形上思想上的重要觀念，再以此爲基礎，說明船山如何批判他家學說。以下分章說明。

第一章：說明本論文將使用的研究進路在方法學上的意義；並約定若干重要形上學概念術語的使用意義，以爲文中使用之需；及說明易學與氣論的形上思想研究進路，在中國哲學思想史研究上的重要地位。

第二章：說明船山易學進路的形上思想之要義，討論他的易學史觀、周易象數觀、易道本體論，及由卦爻象所描繪的大化流行觀。主要寫作目標在於挖掘船山易學思想中的重要形上學觀點。

第三章：說明船山在氣論進路中的重要形上學觀念，討論他以氣說整體存在界的本體實有性質，和由氣的實存義說明世界的恆動性問題，及以氣的性質說明整體存在之善惡問題，以及由氣來說明對天地萬物的存在情況之終始意義，另及他對人道論與功夫論等價值哲學問題的觀點等。

第四章：說明船山對中國哲學史上各家形上學的批判觀點，包括易學史上諸易學理論家及對道家老莊學、道教煉丹命相學、佛教生滅世界觀等的批評觀點，說明船山之批評所依據的形上學觀點，及其論述脈絡。藉以更落實船山易學與氣論進路的形上學思想之運用和展現。

第五章：檢討本論文寫作之不足，及說明研究展望。

第一章　本論文的形上學研究進路之方法論檢討

前　言

本論文所謂的「進路」的意義，是哲學觀念的「表達脈絡」，它同時是原典文本的「觀念進行脈絡」，以及研究性的論文寫作的「論述脈絡」。然而一個良好的研究性論文所採用的「論述脈絡」，應該正是研究對象本身「觀念進行的脈絡」，而能掌握到研究對象的「觀念進行脈絡」，就是掌握到研究該對象的「方法」。也就在此一意義下「進路」取得了「方法論」的意義，即謂研究進路即方法論之意義。所以一個良好的「進路」，可以有三個層次的意義：

第一、爲研究對象的理論體系本身的表達脈絡；

第二、爲研究者說明觀念的論述脈絡；

第三、爲研究者掌握的研究方法論。

所以本論文題目中的「易學與氣論並重的形上學進路」，既是指船山的形上學觀念的「表達脈絡」，又是指本論文論述船山形上學的「論述脈絡」，更是本論文採用來研究船山形上學思想的「方法論」。

本章之作乃在爲本論文的研究進路，提出合理性的說明，本論文以易學與氣論爲研究船山形上思想及說明船山批判他家形上思想的研究進路。對於這樣的作法的合理性，我們應提出說明。重點將在指出：此一研究方法，是當代中國哲學研究的適宜的方法之一，也將能幫助我們有效地解讀船山形上思想的核心觀念。

而所謂「易學與氣論進路的形上學研究方法」在方法學上之意義，指得是對於一套形上學思想的理論體系，以其所處理的主要「題材」（即易學與氣論這兩個題材）爲研究的基地，研究其由此一題材中所表達的哲學觀點。就本論文的船山形上思想研究而言，意即將以船山對「易經哲學」及「氣論思想」這兩項「題材」的所有討論觀念，爲研究船山整體形上思想的分析進路，找出船山以此二題材爲基地所發表的所有哲學性觀點，從而勾勒出船山整體形上思想的綱領性面貌。並進而以此綱領性觀念爲分析的主軸，用以討論船山哲學與他家形上學的批判意見。

本章之作，即在討論此一研究進路在本論文之研究工作上的方法論意義。首節先從「中國哲學的形上學研究進路之方法論檢討」作起，次節將處理「本論文對中國哲學的形上學之概念範疇的使用型說明」，參、肆節將說明「易學」及「氣論」進路的形上學研究方法在中國哲學研究上的方法學意義。以下第一節。

第一節　中國哲學的形上學研究進路之方法論檢討

本節將處理中國哲學的形上學研究之方法論問題，且將側重於作爲研究進路的方法論意義之釐清，以便說明本論文所採取的研究進路，在中國哲學研究中的合法地位及其型態類別。我們以爲，作爲一個特定的形上學體系的特定的研究進路者，至少應該擁有以下兩個條件：第一、它本身在諸多研究進路的類型中有一個合法的地位。第二、它與研究對象能有一適當的關係，以便能準確地反應研究對象的內涵。本節將分兩段來討論上述條件，即：一、中國哲學的形上學研究進路之型態分類。二、各研究進路與研究對象的適當關係。

一、中國哲學的形上學研究進路之型態分類

我們先討論第一個條件。首先說明本論文的研究進路，是屬於各種進路中的那一種類型。即「易學」與「氣論」進路的形上學研究方法，在中國哲學的形上學研究中的方法論意義爲何者。而我們以爲，賦予它一個型態的類別，即是提供它一個合法地位的前提。

以下我們嘗試提出一個從形式側面入手的研究進路之型態分類，並試作使用上的說明，即：

1. 以「題材」爲主的研究進路
2. 以「主題」爲主的研究進路
3. 以「主張」爲主的研究進路

「易經哲學」與「氣論思想」在中國哲學領域中一直是諸多哲學體系內的重要處理「題材」，題材即材料，即某些特定的字、辭、觀念、或觀念叢，本論文所指的題材，是針對各個哲學體系中的某些特定的重要概念、專有名詞、甚至是整個的研究領域者，大陸學者習以「範疇」說之，更長於以此作爲中國哲學研究的重要方法，如湯一介及張立文兩位先生都發表過討論此一研究方法的文章，甚至寫出專著。〔註1〕以「題材」爲進路的研究方式在當代中國哲學的研究工作上，是有著良好的傳統以及成果的。唐君毅先生的《中國哲學原論》叢書，〔註2〕就是以「道」、「性」、「命」等概念範疇作爲串通中國哲學史的研究作法。大陸學者張立文先生主編的《中國哲學範疇精粹叢書》

〔註 1〕湯一介教授在所著：《中國傳統文化中的儒釋道》〈論中國傳統哲學範疇體系的諸問題〉一文中討論了這個問題，全篇皆值得參考，文中提及：「中國傳統哲學確有它自己的一套概念、範疇，並且逐漸形成了一個較系統的體系。正因爲中國傳統哲學有自己一套概念、範疇，對這些概念、範疇就不能簡單地用西方哲學的概念、範疇去套，甚至也不能簡單地和馬克思主義哲學的概念、範疇等同。在我國哲學史上，長期形成的一套概念、範疇，除少量吸收了印度佛教的概念之外，基本上是獨立發展的，所以它的特點也是很鮮明的。」（參見《中國傳統文化中的儒釋道》〈論中國傳統哲學範疇體系的諸問題〉，頁 23，北京：中國和平出版社，1988 年 10 月第一版）又，張立文先生在所著：《中國哲學範疇發展史・天道篇》書中的〈序論〉一文也討論了這個問題，他提到：「範疇是英文“Category”的漢譯，是指反映認識對象的性質、範圍或種類的思維形式。在中國，它是取《尚書・洪範》『天乃錫禹洪範九疇』的範和疇的範物歸類的意思。事實上，類似今天我們所說的概念、範疇，倒是與『實』相對的『名』，『名者，實之賓也』（《莊子・逍遙遊》），『夫名，實謂也』（《公孫龍子・名實論》）。是指模擬事物實相的主觀稱謂，是認識對於認識對象性質、內容的主觀判斷詞。但洪範九疇、名也不能充分表達今天我們所說的範疇、概念的全部涵義。……中國哲學在其發展的行程中，當積累了一定數量的概念、範疇以及由此構成的哲學命題之後，就需要依據範疇性質、含義及其內在聯繫加以整理、排比、綜合，系統地確定各個範疇的地位和作用，並按照範疇的歷史順序和邏輯次序，構成一個完整的中國哲學範疇系統。」（參見《中國哲學範疇發展史・天道篇》，頁 1。張立文，北京，中國人民大學出版社，1988 年 1 月第一版）

〔註 2〕唐君毅先生的《中國哲學原論》叢書包括《導論篇》中論理、心、明辯、致知、道、太極、命等，乃以一名義爲分析討論之作，另，《原道篇》乃以道概念爲總攝各個哲學體系的各主題中觀點之作。（諸書皆出版於臺北學生書局）

中的「道」、「理」、「氣」叢書也是這樣的作法。〔註3〕這是因爲中國傳統哲學家，一直集中地以幾個概念範疇來表達新的哲學觀點，因此從這些核心概念的理解以掌握他們的整體思想，便成爲相當直接且有效的作法。因此，「易學與氣論並重的形上學進路」的研究方法，即是以特定的「概念範疇」，即「材料」爲對象的解讀形式，而作爲研究進路的方法者。

以「題材」爲進路的研究方法是中國哲學研究的一個合法方式，但是，研究的進路仍不只此。以「主題」及「主張」爲主的研究進路，都是有別於以「材料」爲研究進路的立論方式。

以「主題」論者，則爲在哲學基本問題的架構上，討論各個哲學體系的基本觀念，如：「天道論」、「人性論」、「宇宙論」、「形上學」、「本體論」、「功夫論」、「境界論」、「政治哲學」、「價值哲學」、「社會哲學」、「語言哲學」等主題中的觀點，以爲論述的方式。

以「主張」來立論者，是以哲學體系的理論「結論」、「論旨」來作爲論述脈絡的方法，集中於發揮各個哲學體系的某些核心主張觀點，如「朱熹的理氣不離不雜論」、「王陽明的致良知功夫論」、「孟子的人性向善論」、「華嚴的法界緣起觀」、「莊子的齊物論思想」、「張載的氣化一元論的宇宙觀」、「董仲舒的天人相感論」等等。我們以爲，從中國哲學的方法論而言，以題材、主題、主張的論述方式，都是中國哲學研究的合法方式，也就是都適合作爲中國哲學的研究進路者，而我們以爲，對於中國哲學的合法的研究進路之釐清，將有助於建立嚴格的中國哲學的研究方法論。

自來學界在處理中國哲學對象的時候，就所採取的研究進路而言，並未針對所使用的角度作分類的說明，於是經過長期工作的結果，便對同一個哲學對象，累積出相當多的立論方式，似乎顯示中國哲學不能有一個嚴格一致的研究方法。其實不然，我們肯定所有的研究論述方式都是適合且合法的，只要能說明所論述的進路是就「材料」上說、或就「主張」上說、或就「主題」上說，便可以將諸多不同研究進路下的成果統一起來。當然各個研究者

〔註3〕張立文先生主編的《中國哲學範疇精粹叢書》中的《道》《理》《氣》三書，是以各個理論體系中的單一範疇爲分析研究的主軸，卻總括地討論整體哲學觀點的作法。參見：《中國哲學範疇精粹叢書‧道》北京中國人民大學出版社，1989年3月第一版；《中國哲學範疇精粹叢書‧氣》北京中國人民大學出版社，1990年12月第一版；《中國哲學範疇精粹叢書‧理》北京中國人民大學出版社，1991年11月第一版。

對同一個研究對象的理解觀點會有不同，但這並不妨礙我們可以清楚地釐清中國哲學領域中可以有那些「主題」、那些「材料」、那些「主張」，以作爲不同的研究進路所採擇的研究對象。如此則可使每一位研究者，得以其個別的興趣焦點爲主，而各自選擇其適合處理的研究角度，而能更準確地掌握他的研究對象。

本論文所處理的是一個中國哲學史上的對象——王船山——，討論他的——形上學思想——，而本節所要處理的，則是對本論文所採取的研究進路作一方法論上的合法性說明，對於一個中國哲學對象的「形上學研究進路」的方法論檢討，應著重於：「對論述方式作定位的說明」，以及「對研究進路作效力的肯定」，以便能「對研究對象作準確的掌握」。經過前文的討論，我們大致已可爲本論文的研究進路作了定位的說明，即本論文是從「易學」與「氣論」這兩個「題材」作爲研究王船山的形上學思想之研究進路者。然而特別是針對「中國哲學的形上學」研究而言，我們仍應一問個問題，就是：「對於形上學的研究進路，其與形上學作品本身理論的關係爲何？」，此一問題實即：「如何準確地掌握研究對象」的問題。此即本節所要討論的第二個問題，以下論之。

二、各研究進路與研究對象的適當關係

對於哲學問題的研究工作，從研究者的立場而言，掌握一個好的研究進路以作爲論述的脈絡，將有助於他的研究工作的進行，但在進路的選擇上，以己身的興趣能力考量，應是其次的考慮，主要應該是以作品對象本身所「適宜」的進路爲選擇的標準，但是「適宜」的標準難定，若非對該作品的論述已有熟悉的了解，及對該作品的論旨已有正確的認識，則所選擇的研究角度易有偏失，所以深刻地理解研究對象的工作，是在選擇適宜的研究進路以發表研究性作品之前的必要基礎，這是爲使研究進路能「相應」於哲學對象的考慮。

「相應」〔註 4〕是本節所欲建立的「適宜性」標準，因此，從「題材」來

〔註 4〕 關於「相應」作爲中國哲學研究的判準問題，勞思光先生在《中國哲學史》第一卷書中所發表的「基源問題研究法」，我們以爲這樣的觀點，就是在尋找本文所述的「相應」的研究作法。但是項退結教授批評其爲不客觀的作法，我們以爲，客不客觀不在於這個方法的使用本身，而在於個人的哲學觀點以及學界的公論問題。認錯了設準，當然結果不佳。但是尋找理論的基源問題及其根本意向的態度，本就是研究哲學理論的應有要求。茲引勞先生及項教

選擇研究進路的作法，應該指出此一「題材」在該哲學作品的理論體系中，有核心的地位，是原哲學體系中本就以此一概念範疇作爲建立整體理論的重要基地。〔註 5〕在這樣的前提下，大張旗鼓地分析討論此一概念範疇，以作爲該哲學對象整體性哲學觀點的研究進路的作法，才是「相應」的研究作法。而以「主張」爲研究進路的作法，當然更應該是該「主張」確實是該哲學理論體系的觀點，而如果要求嚴格些，最好更是該理論體系所有主張的「統宗會元」之論旨。當然我們並無權力作如此的要求，因爲任何一位哲學研究工作者，可以自由地

授的說法如下：

勞先生言：「所謂『基源問題研究法』，是以邏輯意義的理論還原爲始點，而以史學考證工作爲助力，以統攝個別哲學活動於一定設準之下爲歸宿。……我們著手整理哲學理論的時候，我們首先有一個基本了解，就是一切個人或學派的思想理論，根本上必是對某一問題的答覆或解答。我們如果找到了這個問題，我們即可以掌握這一部份理論的總脈絡。反過來說，這個理論的一切內容實際上皆是以這個問題爲根源。理論上一步步的工作，不過是對那個問題提供解答的過程。這樣，我們就稱這個問題爲基源問題。」（參見《中國哲學史》，第一卷，勞思光著，香港中文大學崇基學院出版，1980 年 11 月三版，頁 16～17）

項教授言：「仔細研讀勞思光《中國哲學史》的『序言』，就會發現他所云的『基源問題』最後決定於他個人認定的『設準』。勞先生所認定的『設準』究竟是什麼呢？《中國哲學史》對此並無清楚的答案。……無論勞氏的上述認定是否準確，但以一些認定的設準爲出發點，這樣的方法就不很客觀。有了先入爲主的『設準』而未加證實，即使應用『史學考證爲助力』，仍容易曲解或歪曲原典的意義。」（參見《中國哲學之路》，項退結著，臺北東大圖書公司印行，民國 80 年 4 月初版，頁 18。

大陸學者陳來教授寫作《有無之境．王陽明哲學的精神》一書時，以王陽明學說乃是向著道佛的最終境界融通的進路上發言的理論，是以陽明學中的諸多觀念與道佛的觀念可以互通，我們以爲這並不是陽明的「基源問題」，只是在觀念的表達上擷取了若干表達形式上的智慧而已，陽明的基源問題仍在儒家本位的理論體系的建構上，因此我們以爲這是一個「不相應」的研究進路的例子，當然，相不相應的判斷，仍是個人學術觀點的問題，這是作者個人的意見，仍可以爭辯，不過以「相應」與否來作爲檢擇研究性作品的好壞的方法，應該是合理的要求。（參見《有無之境．王陽明哲學的精神》北京：人民出版社，1991 年 3 月第一版。及，《哲學雜誌》，第二期，〈有無之境——書評〉，杜保瑞，臺北業強出版社，1992 年 9 月 30 日出版）

〔註 5〕例如牟宗三先生的《心體與性體》、《佛性與般若》、《才性與玄理》三套書的題目，也是顧及了找出最重要的核心概念，以作爲掌握整個思想體系的研究及寫作方式的。（參見《心體與性體》，臺北正中書局，民國 70 年 10 月臺四版。《佛性與般若》，臺灣學生書局，民國 71 年 1 月修訂三版。《才性與玄理》，臺灣學生書局，民國 69 年 3 月臺三版）

以其意願處理的觀念來討論某理論體系的某個側面，而不需顧及是否能藉之以掌握較全面的理論觀點，而且學術界也確實充滿了這樣的作品，所以這並不是一個合法性的要求，只能是爲「準確掌握」要求項下的一個建議。至於以哲學基本問題中的「主題」來作爲研究進路的作法，其實爭議頗多，問題主要發生在對於傳統中國哲學的理論型態的認知之差異上，此暫不論，以此爲進路的作法，也當然應該要求該理論體系確實發表了屬於該「主題」的觀點，則此一主題中心的研究進路才是「相應」的研究進路。

在這樣的「相應」的研究進路的要求下，前述的問題：「對於形上學的研究進路，與形上學作品本身理論的關係之釐清。」我們的看法是，一個良好的研究進路，就是從作品本身內容中引發出來的，更嚴格的標準是，就是要以作品本身的「主題」、「主張」或「材料」，來作爲研究者研究的進路以及論文表述的脈絡。如此，則可使研究者的心靈與哲學家的心靈相應和，使研究性的作品之論述，就走在哲學家原意的脈絡上，這才是一個好的研究性作品應有的條件。建立這樣的標準其實對當代中國哲學的研究方法而言，是一個合理的要求，研究進路的優劣與否就可以是在「相應」與否的問題上來評斷，當然這並不是研究成果之優劣的唯一判準，同樣是相應的研究進路仍有理解的深入與否之別。〔註6〕對於從「題材」、「主題」、「主張」三個側面的相應研究進路的選取而言，各有特色，也有各自的困難，且困難的型態不同，而其中對於以「主題」爲研究進路的困難型態，則正是中國哲學的研究方法論的問題所在，值得我們認眞對待並有以解決者。茲逐一討論如下：

以「題材」的研究進路之選取者而言，如欲透過某些重點範疇以全面解讀該理論體系的話，則應以該理論體系確實針對某些範疇廣泛地發表哲學觀點者爲佳，例如老子的「道」論，董仲舒的「春秋」學，抱朴子的「神仙」哲學，華嚴宗的「法界」觀法，張載的「氣」論，朱熹的「理氣」論，船山的「易」學等等，這是針對單一哲學體系的作法。當然從哲學史研究的眼光看，某些重要的概念範疇，貫穿哲學史上各家的研究領域，在各家哲學理論系統中都有相當的討論者，也是適宜選取的題材。大陸學者張立文及港台學者唐君毅先生則最善於使用此法，以作爲中國哲學研究成果的論述方式。然

〔註6〕例如以「功夫論」來掌握王陽明的思想，就比以「易經哲學」進路來掌握其思想爲更「相應」的研究進路，但是同樣討論「陽明功夫論」的研究性作品，可以發表出不同的看法，其深入與否當然另有檢擇標準。

而此一作法也將會有缺點，其中的缺點就在於：某些哲學範疇雖然出現在不同時代不同學派的哲學觀念表達作品中，但很可能不是該體系重點發揮的對象，因此僅僅因哲學史的觀念發展史的寫作方式之需求，而一併將之討論的作法，將有不易掌握個別對象重要面貌的缺失，當然以哲學史寫作的企圖而言，既要全面關照各家對該概念範疇的使用觀點，則此一缺失亦不能免。但若是針對單一哲學體系而作的重要核心範疇選取的寫作方式而言，則對於所選取之範疇即爲核心範疇的要求，應是合理的，因此選擇的「準確性」就成了決定了研究成果的成功與否之重要條件了。而本論文以「氣論」與「易學」爲進路之作法的優劣與否，也是應該要符合這個「準確性」的要求。

至於以「主張」作爲研究進路的作法，通常有兩種方式，一爲以原哲學理論自身所標榜的觀念作爲研究進路，例如：王弼的「貴無」論、裴頠的「崇有」論、范縝的「神滅」論、荀子的「性惡」論、智顗的「五時八教」觀等，這是最安全的作法，也是最合法的作法，研究者只要能不違背原意，而能清晰地表述該主張的意思，則應不至於有太多的方法論上的困難。另外有以研究者經自身理解後，對哲學對象歸整出的哲學命題作爲研究進路或寫作題目者，〔註 7〕也是極好的方式，表示研究者對所處理的對象，已有明確的理解，並能獨立地發表創造性的詮釋觀點者，當然觀點人各不同，爭議時有難免，不過作爲一個獨立的研究進路而言，也是合法的工作方式之一。

最容易有爭議的研究進路是以哲學「主題」爲選取的方式，雖然這是一般哲學研究作品最普遍的方式，爭議的發生是因爲：「中國哲學的理論型態，應以那些基本哲學問題爲主？」、「中國哲學的重點，是在解決那些問題？」、「中國哲學的特別思考方式是什麼？」等問題的存在，這些問題不解決，我們就不能輕鬆地使用「形上學」、「本體論」、「人性論」、「天道論」、「人生論」、「功夫論」、「世界觀」、「價值哲學」等等術語以作爲研究的進路及寫作的題目。而以中國哲學本有的概念範疇作爲研究進路的研究方式及寫作方式，其實有部份原因也是爲避免此一爭議而發展出來的作法，而一種更積極前衛的態度是：根本上認爲中國哲學領域中的專有概念範疇，本身就是一個個特定

〔註 7〕例如傅佩榮先生以孟子的「人性向善論」以說明孟子在「人性理論」中的「性善主張」，就是從「主張」的角度作爲論述的進路，而且對於孟子的「性善論」也明白標示出個人的理解觀點者。參見〈人性向善論的理據與效應〉，《中國人的價值觀國際研討會論文集》，民國 81 年 6 月。

的研究主題。只是對於中國哲學原有的概念範疇與傳譯自西洋哲學觀點的基本哲學問題中的各主題，兩者如何取得意義上的融通，這就是一個要用心研究的問題。當然，中國哲學的研究應該解決這個問題，處理的側面有二，一爲從中國哲學全體面貌的特質中去作檢擇及作重新定義的工作，而找出若干共同主題；二爲從個別哲學體系的理論中去選取它的重點主題，並普遍化推廣出來。當然後者仍應基於前者的成果，或在前者的眼光中作整理，這樣才能提高個別哲學對象的研究層次，這樣的工作當然是個浩大的工程，且不容易作好，但是如果學界對於此一問題已有所落實，那麼我們將出現意義明確的中國哲學之「論題」，則將是所有中國哲學研究者的福音。

其實觀於當代中國哲學的研究成果中，並非沒有重要且值得接受與推廣的研究成果出來，只是大家對於論題的定位及概念的使用仍不統一，而造成對於中國哲學是討論那些主題的觀點不統一的原因很多，要言之可以包括：1. 對概念的理解不同。2. 基本的哲學觀點不同。3. 對中國哲學的特質的看法不同。以下分述之：

1. 對概念的理解不同：張岱年先生的《中國哲學大綱》一書中，以宇宙論、人生論、致知論三項爲中國哲學的大綱，其中的宇宙論又包括本根論與大化論，顯然有以宇宙論的名義統攝形上學諸問題的作法，這樣的作法，至少與鄔昆如先生的《哲學概論》和沈清松先生的《物理之後·形上學的發展》兩書中的使用方法不同。《哲學概論》書中以形上學爲天道論，又以本體論與宇宙論作區分，本體論即討論存有的學問，故又稱爲存有學。宇宙論之中又有討論世界的宇宙學、討論人的人類學、討論神的神學。《物理之後／形上學的發展》書中對形上學名義之界定，以形上學分爲一般形上學，即存有學或本體論；及特殊形上學，即對自然、人、神之存有之研究者。此兩者皆爲形上學。〔註 8〕

2. 基本的哲學觀點不同：勞思光的《中國哲學史》書中對於儒家哲學的基本觀點是以「心性論」中心爲其正確的進路，而漢儒的的哲學卻走著「宇宙論」中心的進路，是一個幼稚的作法，使得先秦心性論的孔孟學大衰，而

〔註 8〕 參見《中國哲學大綱》張岱年著，北京中國社會科學出版社出版，1982 年 8 月第一版，第一部份。《哲學概論》鄔昆如著，臺北五南圖書出版公司印行，民國 77 年 8 月再版，第二部。《物理之後·形上學的發展》沈清松著，臺北牛頓出版社，民國 77 年 1 月 1 日初版，第一、二章。

宋初周、張之學，是從宇宙論回返「形上學」的作法，尚非儒學優義，直至象山及陽明學才走回心性論的路子，才能對抗佛教的「心性論」，在這樣的基本哲學觀點下，勞先生所使用的形上學、宇宙論、心性論等辭義，其實已有了某些基本哲學觀點預設在其中，至少，牟宗三先生就不同意這樣的看法，也在《現象與物自身》等書中發表了處理儒學理論的不同看法，其實也是涉及對上述諸名義的不同哲學觀點所致，以上的辯論，參見勞思光先生《中國哲學史》各卷，及盧雪崑先生所著《儒家的心性學與道德哲學》一書，將有詳細的討論。〔註 9〕

3. 對中國哲學的特質的看法不同：唐君毅先生寫作《中國文化之精神價值》、《中西哲學思想之比較論文集》、及《中國哲學原論》諸書。方東美先生寫作《中國哲學之精神及其發展》，及以演講搞發表的《原始儒家道家哲學》、《新儒家哲學十八講》、《中國大乘佛學》等書。牟宗三先生寫作《中國哲學的特質》及演講稿發表的《中國哲學十九講》、《中西哲學之會通十四講》、《圓善論》等書。都是在發表對於中國哲學的特質的看法，但各自使用名義不同，雖然不能說各家對中國哲學的特質有根本性的觀念差異，然而，在名義的使用上，卻仍眾家分呈。〔註 10〕

〔註 9〕參見，勞思光，《中國哲學史》各卷，香港中文大學崇基學院出版，1980 年 11 月三版。及，《儒家的心性學與道德哲學》，盧雪崑著，臺北文津出版社印行，民國 80 年 8 月初版。

〔註 10〕參見，方東美，《新儒家哲學十八講》，黎明文化事業公司，民國 72 年 2 月初版。本書乃方先生對周濂溪、張載、邵雍等人哲學思想的討論觀點，講集中方先生充份將其對新儒家哲學觀點表達無遺，我們可藉以了解方先生的哲學觀點，也可以了解方先生哲學術語的使用系統，對於本論文第一章第二節的討論將有重要的參考作用。

參見，方東美，《方東美先生演講集》，黎明文化事業公司，民國 69 年 10 月再版。本書第二章〈中國哲學之通性與特點〉一文，對本論文第一章第二節的工作極有幫助。

參見，方東美，《中國人生哲學》，黎明文化事業公司，民國 74 年 2 月六版。本書對中國哲學的宇宙論的討論，將有助於本論文第一章第二節中處理宇宙論概念，及其它與宇宙論概念相關之諸概念的義涵之用。

參見，唐君毅，《中西哲學思想之比較論文集》，學生書局，民國 77 年 7 月。及，唐君毅，《中國文化之精神價值》，正中書局，民國 68 年。此二書廣列唐先生對中國哲學理論型態的看法，二書觀點有所不同，但仍值得參考。

參見，牟宗三，《中國哲學十九講》，台灣學生書局印行，中華民國 72 年初版。及，牟宗三，《中西哲學之會通十四講》，台灣學生書局印行，民國 79 年 3 月初版。以及，牟宗三，《圓善論》，台灣學生書局印行，中華民國 74 年 7 月初在這些情況下，就會出現對同一位哲學家的思想研究，在同樣的主題項下，卻討論不同的內容，或是對同一位哲學家的思想，應有那些研究的主題，有不同的看法，甚至對於某些哲學術語的使用，能否在中國哲學的領域中進行，也有爭議。這些狀況的出現，則是顯示當代中國哲學界對於中國哲學的基本性哲學問題的看法仍不一致。當然這是一個大的問題，要求解決它也是不容易的，甚至認為它必定可以被解決的觀點恐怕也未必可以成立，所以在碰到這個問題的時候便是所有當代中國哲學研究者的困境，而這樣的困境，在本論文中我們無法解決。

本論文的研究，只以船山形上學及其所牽涉的中國哲學問題為討論的目標，對於整個中國哲學基本問題的爭議，無法兼顧，但為本論文的研究進路而言，以及論文討論中所將使用的哲學術語而言，我們又必然會碰到前述中國哲學的研究主題的問題，為此，我們將在下節中提出一個「使用型定義」的方式，來暫時解決這個問題，即對於論文中所使用到的幾個重要的基本哲學「主題」，都提出使用脈絡的說明，以負責任地說明其在本論文中的使用意義。〔註11〕

基於前文所述的一個信念：「『適宜』的研究進路，應該是『相應』於研究對象本身的思考路數或論述脈絡。」而言，所有曾為中國哲學研究者引為論述主題的諸多基本問題，只要它們是作品本身討論的主題，則就有這個主題存在的合法性，只要它的討論進程，能被清晰地釐定便可。此即本論文將採取的操作型定義方式中，對於所將界定的語辭的選取原則。至於某些主題同時出現在整體中國哲學的研究作品中時，或出現在特定哲學家思想體系的研究作品中時，它們本身是否同一層次？是否一致？（例如儒、道、佛間的本體論、功夫論意義不同。）這當然是研究者或論文寫作者本身要負責任的事情，不過這個問題可能沒有定論，而爭議也是難免，這是因為各人的基本哲學觀點多半不同。

以下總結本節的討論結果：

1. 本論文以「易學」與「氣論」來研究船山學的進路，是以「題材」為

版。

〔註11〕「使用型定義」，參見本章第二節，我們將提出若干重要形上學術語在本論文中使用的約定意義。至於諸多中國哲學基本主題間的彼此關係，以及其是否可以合法地並列在整體中國哲學研究領域中的問題，因非本論文之主旨，亦非作者之能力內事，故將暫不提出結論式的論斷性觀點。

中心的論述方式。

2. 「合理」的研究進路大要有三類：題材、主題、主張。對於研究進路的釐清，將有助於我們解決中國哲學研究方法論的問題。
3. 「良好」的研究進路，應該以「適宜」於研究對象本身的論述脈絡者爲主，而適宜的判準在「相應」，當然熟者相應熟爲不相應，那就要訴諸學界的集體努力與時時研討了。
4. 以「主題」爲研究進路的中國哲學研究方法是最困難的一種方法，因爲它涉及到中國哲學的哲學性格或理論型態的根本問題者，因此也特別需要學界的集體努力。

第二節　本論文之概念範疇的使用說明

一、概念範疇的約定原則

本節之作，將儘可能地將本論文中有特定使用意義的形上學專有名辭，以及關涉到形上學問題的重要術語，作一使用上的說明。而我們在使用時的語義約定，仍是依照幾個保守的基本前提在進行的，包括：

1. 把握中國哲學的特質
2. 參考西洋哲學的概念定義
3. 配合本論文的論述脈絡

簡言之，乃以儘量融通傳統中國哲學的概念範疇，與哲學基本問題的各個主題，使兩者有互爲詮解的交會意義，並追求釐清份際及方便使用的效果。同時，有兩個重要的原則，是我們認眞遵守的立場：

（一）不背離現有哲學概論書籍中的定義

本論文對於諸概念所下的使用型定義，是爲明確地界定各概念的討論領域，畫分出不同意義的主題，要在一般的定義系統下把彼此的關係釐清，是著重於釐清關係，而非創立新說，其目的在使本論文的名詞使用能有清晰的意義。因此所有的使用意義，以寬鬆的標準來看，都是在一般哲學概論書籍中可以找到的定義，並不發表獨創的使用意義。

（二）不涉入當代中國哲學的形上學研究中的所有爭論

本論文對於諸概念使用時所作的領域畫分的工作，是對同一名詞的諸多意義進行選擇的結果，因此會有個人選擇性的傾向，但所有選擇的考慮，仍以自覺為常用、或較有使用潛力、或較適合本論文研究對象本身的語詞使用特性者為目標，對於所選擇結果的特定意義使用，只要求在本論文中能保持使用意義的一致性，而不預設背後有任何當代中國哲學界所有爭議中的形上學觀點。並不是基於特定且明確的某種哲學基本觀點下的考慮，而是基於方便使用的語言約定下的考慮。

我們將約定使用方式的專有術語將包括：「形上學」、「世界觀」、「宇宙論」、「本體論」、「天道論」、「人道論」、「人性論」、「功夫論」、「境界論」等，從我們選取的詞語之名義上看來，其實我們已經有意地融合傳統中國哲學本有的語辭，與哲學基本問題的諸主題之名義了，這其實就是融合中國哲學脈絡中的概念範疇與哲學基本問題中的諸主題的作法，同時也就是融合從「題材」中選取與從「主題」中選取的作法，這當然與作者的信念有關，就是嘗試要使傳統中國哲學的概念範疇，取得一個專屬研究領域的地位，使得由「題材」來的名義，在哲學領域的學術討論中，可以成為一個哲學基本問題中的「主題」。此外，中國哲學的重要概念範疇極多，我們不能全部重新約定使用意義，文中所選，將以關涉到本論文中的重要理論發表有關的部份術語為主，未約定者將以一般使用意義為之。以下一一說明：

二、概念範疇的使用型約定

（一）形上學

形上學是包含本體論與宇宙論的最高級抽象概念，是從全體的角度討論整體存在界的各層次原理的題目。

「形上學」是本論文的題目，意即本論文論述的主題，對於這個主題所發表的所有觀點，便不適合再冠以形上學的名義，因此將以天道觀、本體論、宇宙論、世界觀等名義說之。其實這些概念都是和形上學同一層次的概念，都是在形上學的層次上發表對於整體存在界的總結性看法，而或有分屬於討論目的、意義、價值、本質、結構、材質、規律、起源的情況、運作的形式等的不同領域的偏重。我們以為，在中國哲學的形上學領域中諸多術語之明確使用意義未能統一的情況下，任一涉及中國哲學的形上學問題的論文的寫作，仍應在同文中有固定的使用意義，免使諸多概念混用不清，而造成讀者的困擾，並且不論那個概念應明指那個領域，還是需要一個最高級抽象性的名詞來作爲同屬此一領域的統合性名詞，以方便使用。形上學這個名詞就是我們所選擇的最高級的概念，而個別領域的問題，則將分交給其他概念來討論。〔註 12〕

（二）本體論

本體論是形上學問題中，側重討論關於整體存在界的意義、目的、規律、價值、運作的形式等問題側面的題目。

「本體論」當然也是在發表關於整體存在界的總原理的主題，而本論文中將傾向於把關於整體存在界的意義、目的、價值、規律、運作的形式等的問題領域的討論，放在「本體論」這個主題項下來論述。「本體」是「中國哲學」中原有的名詞，本身就是一個形上學的重要概念範疇，指的就是〞存有的眞象〞。而「本體論」是“ontology”的舊譯，新譯爲「存有論」，故而本論文中當使用到「整體存在界的存有原理」時，即指此一「本體論」之義涵，由於「本體」之名爲中國哲學原有術語，不論是否能準確傳達“ontology”的本義，它總是直接地表述中國哲學的原意，故仍用之於此。〔註 13〕

（三）宇宙論

宇宙論是形上學問題中，側重討論關於整體存在界的結構、材質、始源狀況、發展情況、變化的原理等問題側面的題目。

「宇宙論」也是一個對於整體存在界的看法的主題，在本論文的使用中，將傾向於放在處理到整體存在界的結構、材質、始源情況等的描述等領域的論述脈絡上，當然，在眾多的哲學理論體系中，不乏有些關於整體存在界的意義、目的、價值的觀點，是基於宇宙論的觀點而建立起來的，這時候若干

〔註 12〕形上學本來就應該是討論實在界眞象的總括性名詞，而我們之所以還要訂出名義，是因爲勞思光先生在所著《中國哲學史中》，以形上學與宇宙論爲不相同的領域，似把形上學當成了存有論或本體論來使用，然而按照一般的用法，宇宙論與本體論都應該是形上學項下的討論領域，故先標出形上學義於前。

〔註 13〕鄔昆如教授言：「形上學討論的對象，……它涵蓋了世界上的一切，世界以外的一切，現實的、可能的；今生的、來世的；看得見的、看不見的；想得通的、想不透的；都是「存在」，都是形上學的對象。這對象也就是存有學，傳統中所謂的本體論。」。參見《哲學概論》，鄔昆如著，頁 220，五南圖書出版公司，民國 77 年 8 月再版。沈清松教授言：「對於存有者的存有之探討，是形上學中最核心的部份，名爲存有學（ontology）舊譯爲「本體論」。參見《物理之後／形上學的發展》，沈清松著，牛頓出版社，民國 76 年 1 月 1 日出版，頁 21。

本體論的意見便會放在宇宙論的題目項下來論述，這是較特殊的情況，但也並不妨礙本論文以起源情況、材質、結構等問題的討論領域為宇宙論名義使用的優先意義。鄔昆如教授在使用「宇宙論」名詞時，還將此一研究領域分為討論世界的「宇宙學」；和討論人的「人類學」；和討論上帝的「神學」三類，〔註 14〕而本論文的使用中自然是指第一類的「宇宙學」問題。至於討論人的部份，由於中國哲學特別側重價值追尋的問題，故而將有「人性論」、「境界論」、「功夫論」等問題領域來討論「人類學」的問題。關於「神學」的問題，在儒家哲學系統內，董仲舒論神，其言：「天者百神之大君也」（春秋繁露・郊祭），然而宋明儒則多不論神，其使用到神概念的時候多指抽象的作用原理，而非存在的對象；道教系統內則有獨立的「神仙學」；〔註 15〕佛教哲學則不以神論稱而以「菩薩」之名及其所在之「法界」討論之，故而難以「神學」一名總說中國哲學系統內的神性存有問題，由於本論文是在儒家哲學脈絡下作討論，故而暫不為神性存有問題特別約定使用意義。當然，這個神性存有的問題必然是中國哲學領域中有待開發的研究領域。

（四）天道論

天道論是從指謂整體存在界的「天」概念，來表述形上學問題中的諸多觀點者，實即中國哲學史上儒道兩家傳統的形上學同義語。

「天道論」是純屬中國哲學領域中的哲學術語，在以「天」概念來範圍整體存在界的思考方式下，由天道的觀點來發表對於整體存在界的看法的主題，所以「天道論」也就是中國哲學本身的形上學，鄔昆如教授的《哲學概論》書中即以形上學與天道論並舉，這就是說，它除了觀念表述的脈絡側重由「天」概念發言者外，所發言的觀點都直接是形上學層次上的問題了。例如傅佩榮教授在《儒道天論發微》書中對原始儒家、道家的天論思想之討論，從其內容上看來，就是形上學的問題。船山也透過周易研究發表了天道觀，也就是形上學觀點。此外，或曰為「天道觀」或曰為「天道論」者，在當代中國哲學界的使

〔註 14〕鄔昆如教授言：「形上學的分類：1. 一般形上學。2. 特殊形上學。一般形上學是討論存有的學問，也就是傳統所謂的本體論，討論存有之所以為存有的學問。特殊形上學是討論宇宙的問題，傳統稱之為『宇宙論』，也是宇宙學，宇宙學之中可以分為三個大的課題，討論世界、人和上帝，討論世界是『宇宙學』，討論人是『人類學』，討論神是『神學』。」。前引書，頁 227。

〔註 15〕參見《魏晉神仙道教》，胡孚琛著，臺灣商務印書館發行，民國 81 年 10 月臺灣初版。

用中似無重大區別，因而我們在使用時亦未嚴格約定熟是。〔註16〕

（五）世界觀

世界觀也是形上學的同義語，但側重在作爲價值哲學的理論基礎時使用到它。因而世界觀名詞的提出，多作爲價值哲學命題的前提。

「世界」這個概念所指的當然也是整體的存在界，傳統佛教哲學最常使用，目前大陸學者亦習用之。不過當使用到「世界觀」這個概念的時候，通常都是同時要表達關於價值問題的看法的時候，當然形上學領域中的所有命題，多半也都負擔了價值哲學的理論基礎之功能，但在本論文的使用中，仍將特別傾向於將「世界觀」概念的使用脈絡，放在發表能提供人生價值判準的形上學觀點中。

（六）人道論

人道論是對於人存有者的全體性討論的題目，並特別側重於發表對於人之價值追求的理論性觀點。

「人道論」是以人爲論述目標，而發表的人的總體性看法，本論文不以之爲可以脫離於天道論、世界觀、本體論、宇宙論等形上學的理論基礎而單獨立論者。同時，中國哲學中論於人的存在的問題時，特別地從價值問題的追求目標著眼，因此發展出人性論、境界論、功夫論的特殊型態之哲學問題，其著重點與西洋哲學的人類學方向不類，實則較同於價值哲學，故而鄔昆如教授直以「價值哲學」之名同於中國哲學的「人道論」名義，〔註17〕又由於中國哲學中的功夫、境界、人性等問題已經討論得相當發達了，故而人道論的課題通常已直接在於人性論、功夫論與境界論的項下作討論了。

（七）人性論

人性論是從人存有者的角度，發表人性存有的存有原理之觀點的題目。

「人性論」是本體論中限定在人存有者範圍內的人的本體論觀點，也可

〔註16〕參見《哲學概論》，鄔昆如教授著，前引書。及《儒道天論發微》，〈第二部・第三部〉，傅佩榮教授著，臺灣學生書局，民國74年10月初版。另，大陸學者對天道觀與世界觀的使用，有此一說：「“天道觀”不同於今天人們所了解的“世界觀”，它的範圍比世界觀小，天道觀主要講天地萬物生成變化的原理。」，此說顯與作者之使用不同，仍記於此，以爲參考。（參見《中國哲學發展史・先秦》，任繼愈主編，北京人民出版社，1983年10月第一版，頁262）

〔註17〕參見《哲學概論》，〈第三部〉，前引書。

以說是人道論中的一個次項，人性理論的建立，當然會涉及形上學的所有問題，但特別是針對價值哲學的問題，〔註 18〕尤其是儒家哲學中關於道德性的價值討論特別發達。至於人性論與形上學彼此的明確關係爲何，則應視不同的哲學理論體系而定，特別是人性論與形上學觀點之建立的方法論問題，不同的方法論又將決定兩者的不同關係，顯然不能有一致的界定性的看法。

（八）境界論

境界論是從人存有者的角度，發表最高價值追求標的上的終極存有情狀之題目。

「境界論」也是特別出現在追求最高價值目標的中國哲學領域中的一個主題，境界論討論的是如何展現最完美的存有形式，它通常從人存有者的追求目的中說明，但它也通常併合到整體存在界的終極眞象中來說明，表達終極境界的言說脈絡通常在本體論的領域中說明，但也不乏在宇宙論的論述脈絡中說明的例子。而境界觀的達至，因爲特別關涉到人存有者的追求性活動，所以通常又與功夫理論一併進行，討論功夫理論的終點一定是境界觀的說明，說明最終境界的語言又多關涉到本體論與宇宙論的命題。〔註 19〕

（九）功夫論

功夫論是從人存有者的角度，發表追求最高價值標的過程中的理論意義的題目。

「功夫論」是中國哲學領域中特有的一個主題項目，這是因爲中國哲學特別傾向於討論人生哲學中的價值、意義等的問題，而著重於提出指導性的

〔註 18〕大陸學者蒙培元教授曾言：「中國心性論，既是本體論，又是價值論；……一句話，他所討論的是關於人的存在和價值的問題。但這並不是說，心性論僅僅是從人自身出發來說明人的問題，實際上，它和中國哲學中的天人關係這個基本問題是密切聯係在一起的。它要確立人的本體存在，就不能不討論宇宙論以及人和自然界的關係問題。……」。參見《中國心性論》　臺灣　學生書局印行　中華民國 79 年 4 月出版，頁 1。

〔註 19〕高柏園先生言：「由實踐之根據到實踐之完成，顯然需要主體的功夫修養之參與，而主體境界之層次也正相應於主體功夫之修養層次。依此，凡是在實踐之學問中，論及功夫論之種種語句，不但可以作爲功夫論之指標，同時也可以作爲境界層次之指標。易言之，功夫論之層次實與境界之層次相應，將其中之動態義加以強調，即可構成功夫論，而將其中之靜態義加以著重者，即可成就其境界義，二者實爲一體之二面。」參見《莊子內七篇思想研究》，頁 179，高柏園著，文津出版社印行，民國 81 年 4 月初版。

生活原則。功夫理論的提出，就是要發表人存有者追求最高級的生活目標的理論，同屬於功夫論層次的理論主題有多種，「倫理學」、「修養論」、「修行理論」、「修鍊論」等都是。因此，如同我們在形上學領域中的作法一樣，對於同一層次的諸多主題，應該挑選出一個總攝諸名詞的統合性概念，故而在本論文的使用中，即將「功夫論」提出作爲這個總攝性的概念來使用。當然在專屬中國哲學脈絡下的功夫論，定有各家不同的意義系統，因而各家的名詞使用或有習常，例如論於儒家多以「修養論」說之，論於道教多以「修鍊論」說之，論於佛教多以「修行論」說之，至於道家則視其指涉老莊學或道教學，而分別說其爲「修養論」或「修鍊論」。〔註20〕然而由於本論文專論於形上學

〔註20〕關於「功夫論」項下再作分類的問題，雖然是作者極爲注重的問題，但因爲本論文中並非針對功夫論作重點討論，而是針對「形上學」問題作重點討論，故而尚未對於此一問題認眞思考，僅嘗試性地處理如下：

「修養論」是功夫理論的一個型態，可以在討論「儒家」哲學體系中的功夫理論型態時使用它，儒家的功夫理論總是宣揚獨立的道德價值意識，背後是一個平實的世界觀，它的宇宙論所討論的範域，就是我們眼見所及的世界，它的本體論所討論的主題，就是德性意義的善惡問題，它的最高人格境界的目標是一個「在世的聖人」。而「道家老莊學」的功夫理論，如果不以「道教」理論的解讀方式來認識，也可以「修養論」的名義來表述它的功夫論，它的功夫理論也是獨立地宣揚人存有者的自由意識，背後是一個「道氣」共構的世界觀，道論討論本體論這個主題中的觀點，氣論討論宇宙論項下的哲學觀點，它的最高人格精神境界也是一個「在世的道家義聖人」。因爲這種型態的功夫理論側重人存有者的精神意識的涵養，故以「修養論」名之。

「修鍊論」也是功夫理論中的一個型態，我們將偏重於討論「道教」的功夫理論時使用它，主要是指涉宣揚「神仙」理論的道教功夫論的型態者，並不涉及宋元以後與佛教匯通的功夫理論型態者，兩漢魏晉的中國傳統道教理論在功夫理論的目標中，宣揚作神仙的觀念，背後的世界觀並不是一個眼見所及的平實的世界，在宇宙論中分化了氣理論的不同質素，提出與現世人存有者不同質素的先天氣觀念，本體理論固然也宣揚同屬道家學派的自由意識，但因其立論基礎仍然要依附於氣論基礎上，故而內涵意義並不相同，具體的落實是在最高級存有者型態的境界論觀念上，追求的是一個超越一般世間的神仙位格，因爲它的功夫理論偏重從人存有者的宇宙論意義下的身體作用著手，因而以「修鍊論」名之。

「修行論」也是功夫理論的型態之一，我們將偏重於在討論「中國大乘佛學」的功夫理論時使用它，佛教功夫理論的建構，強調「解行」並重，強調「戒定慧」三學，「六渡般羅密」中有布施、持戒、忍辱、精進、禪定、智慧等事，顯見相當注重精神的鍛鍊，但是在世界觀的理論中，有「十法界」的觀念存在，又顯見包含了不同的存在世界的觀念，而在輪迴的觀念中，存有者的存在領域並不限定在眼見所及的現世世界中，因此存有者的存在形式也不限定在眼見所及的此一形式，因此理論上也處理到了宇宙論意義的身體觀，因爲

問題，故在使用上暫不如此細分，仍以「功夫論」總說及，至於倫理學的名義，為免與社會哲學概念混淆，故將少用之。以上之概念義涵之使用約定，從目前學界的使用習慣上看來，並無新意。但從本論文的寫作需求上說，卻有重要的意義。因為在上述重要術語約定之後，將使論文中的所有討論得以在一意義明確的脈絡下發言，未有約定者得以本節之概念為基地而再作說明，例如象數觀、大化流行論、性命論、生命觀等。並且因為幾個基本主題的選取與定名，已顧及主題與題材的融通，是以在本論文中第二、三兩章的各節節名之確立上，還能融合主張與主題題材三者，而成一義涵包羅較為全面的節次題目。至於所約定的重要術語，是以形上學理論關涉的重要層面為主，我們希望先賦予它們一個合法的使用地位，與清晰的使用義涵，以使以下的論文討論得以順利進行。

第三節　易學進路的形上學思想研究方法

本論文以「易學」與「氣論」進路研究船山的形上思想，故而本節即將先對易學進路的形上學思想研究方法作說明。主要將指出，以易學為題材的研究進路，在中國哲學的形上學思想研究中，是有著合法及重要的核心地位的。而為討論的明晰起見，首先，我們將區分易學作為一門學術研究領域，和易學作為一項形上學思想的研究進路之別，兩者指涉不同，而且都有著重要的觀念需予釐清，故而本節將分兩段以為討論：一、作為學術領域意義的易經哲學。二、作為方法論意義的易學研究進路。

一、作為學術領域意義的易經哲學

易學作為一門學術研究領域的意義得以兩點說之：

（一）在中國哲學史上，對周易的研究所發表的周易思想觀點，以及為

它的型態特殊，所以在功夫理論中有必要分別於儒道兩家的型態，故以修行論名之，修行的名義本也是佛教中用語。修行功夫所追求的最高境界是大乘的「菩薩」境界，甚至是成「佛」的境界，這個境界中的存有者的存在領域，以天台的「一念三千說」及華嚴的「華藏世界觀」言之，則是包含了眼見所及的這個整體存在界，以及更廣大的諸世界，而不能對此一最高境界的存有者的存在領域作任何限制。

關於中國哲學中的功夫論項下的分類問題，我們相信在當代中國哲學研究更深入之後，它會是一個極有潛力的理論領域。

發表此些哲學觀點所創造的新的形上學觀念體系。

例如：王弼註解《周易》又寫作《周易略例》以發表他的易經哲學觀念；〔註 21〕又如張載的《正蒙》全篇是對周易的討論，但也是他的形上學觀點表達之處；而王船山作《周易外傳》、《周易內傳》，一方面對周易經文作逐句的註解，一方面直接發表重要的周易學哲學觀點，也有《周易內傳發例》之作，以發表他的整體易學觀點。

（二）在中國哲學史上，對於若干創新性的思想領域，藉易經哲學觀念叢或概念系統，來表達他的思想研究成果。

例如：漢易中的孟喜在註易之外所發表的卦氣說及十二月辟卦說，基本上是藉著卦象圖式與卦名語辭來發表氣象學的理論創新之作；〔註 22〕以及京房的八宮卦說及諸多占易體例之作，也是藉易學術語來表達新創的哲學觀點，基本上與漢代占驗災異說合流，極關鍵地影響了後世的星命術。〔註 23〕

〔註 21〕朱伯崑先生言：「王弼注解《周易》，特別是注經文部分，提出若干體例，認爲這些體例，體現了《周易》的基本精神。其《周易略例》一書，就是講他對《周易》體例的理解，實際上代表他的易學觀。……《略例》的內容，主要講易學問題，但也滲入了其玄學觀點。」（參見：易學哲學史・朱伯崑著，臺北藍燈文化事業股份有限公司，民國 80 年 9 月初版，第一卷，頁 280）

〔註 22〕高懷民先生言：「象數易中『卦氣』之說，後人謂出於孟喜。卦氣是以六十四卦三百八十四爻象配合一年中四時、十二月、二十四氣、七十二候、三百六十五日的一套龐大的組織系統。」（頁 105）「孟喜十二月卦，以陰陽爻位的進退表明一年十二個月的寒暑週流，平實而論，甚爲明確恰當。」（頁 111）（參見《兩漢易學史》，高懷民著，臺北中國學術著作獎助委員會出版，民國 72 年 2 月三版）

大陸學者康學偉先生言：「孟喜是漢易中卦氣說的倡導者。《漢書・儒林傳》說其易學『得易候陰陽災變書』；唐僧一行《卦議》中說：『十二月卦，出於孟氏章句，其說易本於氣，而後人以人事明之。』據此可知，孟喜易學的特點，是以陰陽說來解釋《周易》，以《周易》卦象來解說一年節氣的變化（即以六十四卦配四時、十二月、二十四節氣、七十二候，這就是所謂卦氣），並以此來推斷人事的吉凶。」（參見《周易研究史》，湖南新華書店，1991 年 7 月第一版，頁 82）

〔註 23〕朱伯崑先生言：「京氏易學實際上是以六十四卦卦象和卦爻辭爲資料，講他自己的易學體系，所以被劉向視爲『異黨』。但從易學史上看，其內容富有創造性，實際上是漢代官方哲學在易學中的表現。」（頁 142）「京房易學中的陰陽二氣說是同西漢的哲學和科學，特別是天文學的發展相適應的。西漢的今文經學大師董仲舒，以講陰陽災異而聞名。京房的陰陽災變說，正是今文經學派的哲學思想在易學中的代表。西漢的天文學，當時尚未脫離占星術。」（頁 169）（參見《易學哲學史》，朱伯崑著，臺北藍燈文化事業股份有限公司，民國 80 年 9 月初版，第一卷，頁 280）

而著名的道教煉丹學家魏伯陽寫作《周易參同契》，基本上是藉易學概念叢而發表煉丹理論之作品。〔註 24〕

這一門學術領域的特色是：

1. 它貫串了中國哲學史的發展脈絡而與之同步進行，它自身的觀念發展幾乎就是中國哲學史發展的本身。

2. 它有專門的術語系統，但是卻匯流入中國哲學發展的術語系統中，兩者在概念使用上不斷交融。

3. 因爲周易本來是卜筮之書，所以在易學思想發展過程中，對於卜筮方法的研究，以及卜筮的理論意義不斷地被討論。

例如朱熹就參考先秦典籍重構出一套卜筮的方法來，〔註 25〕而王船山卻表示反對。〔註 26〕

4. 易學史上的易學研究成爲以易說學，使整個易學理論面貌複雜而難解。因爲周易經文本身的哲學抽象度高，而它的內容又企圖包含了天地間的所有事務，因此使得後學者極易在其中引申新創的哲學觀點，因而使得易學學術領域中匯集了諸多不同討論題材，且作爲其共同的術語表達基地，整個「以易說學」的理論世界因此樣相豐富，難以釐清。(「以易說學」的名詞使用是放在藉易學術語系統以發表新創的學說觀念者，此一名詞預含了沒有統

〔註 24〕高懷民教授言：「魏氏是把象數易用之於丹道修煉之術上，就東漢易風而言，這是一支歧出的易學，也可以說是對注經派的象數易的一支分化力量。」(頁 252)「作者認爲如就魏氏的援易入丹道而言，也不過是將易入了一個新的小園地中，無大奇特。」(頁 257)(參見：《兩漢易學史》，高懷民著，臺北中國學術著作獎助委員會出版，民國 72 年 2 月三版)

李申先生言：「《周易參同契》可說是借易學來闡述的古代化學理論著作。就是說，它是一部外丹書，不是內丹書。」(參見：周易之河說解，李申著，北京新華書店，1992 年 1 月第一版，頁 156)

〔註 25〕朱伯崑先生言：「宋朱熹於《易學啓蒙》中，依據《左傳》、《國語》等提供的材料，擬定了七條體例：(1) 六爻皆不變者，則占本卦卦辭。(2) 一爻變者，則以本卦變爻之辭占。(3) 二爻變者，則以本卦二變爻之辭占，而以上爻之辭爲主。(4) 三爻變者，則占本卦及之卦的卦辭，而以本卦爲主。(5) 四爻變者，則以之卦中二不變之爻辭占，以下卦爲主。(6) 五爻變者，則以之卦中不變爻的爻辭占。(7) 六爻皆變者，乾坤則以二用之辭占，並參考其之卦卦辭；餘卦則占之卦辭。第 (3)(5) 條乃朱熹所增。《啓蒙》所說，乃大致的估計。春秋時期的占法未必都遵守此體例。」(參見《易學哲學史》，朱伯崑著，臺北藍燈文化事業股份有限公司，民國 80 年 9 月初版，第一卷，頁 26)

〔註 26〕參見，蕭漢明著，《船山易學研究》〈外篇・第四章・論占筮〉，北京華夏出版社 1987 年 1 月第一版。

一的易學理論之觀點。其與「以學說易」的名詞使用義正相對反，是指以各自的學說理論去詮釋那易學的本身，預含了應有一個統一固定的一套易學理論觀點者。)

5. 儒家學派常以易學研究爲立論基地，進行內部理論爭辯與對外思想挑戰。

由於周易早於先秦時候便作爲儒家的經典文獻，也因此有了易傳之作，以發表儒家本位的解易觀點，因此儒家學派在中國哲學史的發展過程中，便不斷以易傳之詮釋作爲對抗它家學說的理論武器，並且認眞地護衛易學解釋權的理論地盤。甚至儒門內部不同理論觀點之間，也藉易學詮釋爲彼此爭辯的基地，這便使得儒學史的觀念發展，可以藉易學史的研究而得出。

例如《易傳》之作，本來就是先秦儒家爲因應道家學派等的豐富的形上學思想挑戰，而作的理論性建構作品；而宋儒的理論系統之建構各自發揮著不同的重點，甚或引起爭議，著名「鵝湖之會」，有部份主題就在爭辯對於周濂溪《太極圖說》「無極而太極」一語之理解，這也是對於易學觀念叢的使用理論不同所致。

6. 釐清中國哲學史上各家系統對於易學概念的使用意義，正是說明各家體系差異的關鍵地。

由於易學觀念叢及易學概念術語系統，本是中國哲學研究中共同使用的語言世界，所以對易經哲學思想引申發揮的現象，存在於中國哲學的諸多不同學派中，因此從各家概念使用的差異現象中，正可以研究各自理論體系的差別之處。

例如：「有太易，有太初，有太始，有太素。」一段文字同時出現在《易緯》與《列子》之典籍中，然而兩家的基本哲學觀念並不相同，如何確實地理解這些文字在各體系中的使用義涵之差異，及其與各體系中其它觀念的配合方式，正是正確理解各個哲學體系之差異的研究進路。〔註 27〕又，張載明

〔註27〕此一段文字，在《易緯》及《列子》書中，有部份相同也有部份不同，從其前後文的搭配，已可見出基本形上觀點的若干差異。

《易緯》言：「乾鑿度曰：文王因陰陽定消息，立乾坤統天地，夫有形者生於無形，則乾坤安從生？故曰有太易、有太初、有太始、有太素，太易者未見氣，太初者氣之始，太始者形之始，太素者質之始，氣形質具而未相離，故曰渾淪，言萬物相渾淪而未相離，視之不見、聽之不聞、循之不得、故曰易也，易無形埒也。易變而爲一，一變而爲七，七變而爲九，九者氣變之究也，乃復變而爲一，一者形變之始，清輕上爲天，濁重下爲地，物有始有壯有究，

顯地借用了莊子書中氣化宇宙論的許多觀點，〔註 28〕然而張載將太虛的觀念與太極觀念等同，因而使得道家學派從氣化世界觀中轉出的人生哲學，和張載儒門本位的人生哲學彼此不同，因此從張載「太極」、「太和」、「太虛」等概念的使用和莊子書中言「虛」的觀念的差異，正是釐清兩家形上思想差異的重要研究進路。〔註 29〕又如孟喜、京房與魏伯陽同在使用卦名以建構學說，

故三畫而成乾，乾坤相並俱生，物有陰陽，因而重之，故六畫而成卦。卦者挂也挂萬物視而見之故三畫已上。爲地四畫已上爲天物感以動類相應也陽氣從下生。動於地之下則應於天之下動於地之中則應於天之中動於地之上則應於天之上。故初以四，二以五，三以上。此謂之應陽動而進，陰動而退，故陽以七，陰以八，爲彖，易一陰一陽合而爲十五，之謂道。陽變七之九陽變八之六合於十五則彖變之數若。陽動而進變七之九彖其氣之息也陰動而退變八之六彖其氣之消也故太一取其數以行九宮四正四維皆合於十五。五音六律七宿。由此作焉。故大衍之數五十所以成變化而行鬼神也。日十干者五音也。辰十二者六律也。星二十八者七宿也。凡五十所以大閡物而出之者也。此原七八九六之始一陰一陽之位説詳虞氏消息。」（易緯・易數一七九篇）

《列子》言：「子列子曰：『昔者聖人因陰陽以統天地。夫有形者生於無形，則天地安從生？故曰：有太易，有太初，有太始，有太素。太易者，未見氣也，太初者，氣之始也；太始者，形之始也；太素者，質之始也。氣形質具而未相離，故曰渾淪。渾淪者，言萬物相渾淪而未相離也。視之不見，聽之不聞，循之不得，故曰易也。易無形埒，易變而爲一，一變而爲七，七變而爲九，九變者，究也。乃復變而爲一。一者，形變之始也。清輕上爲天，濁重者下爲地，沖和氣者爲人；故天地含精，萬物化生。」（列子・天瑞篇）

〔註 28〕張永儁教授言：「由上所述，如果不把莊子的宇宙觀及存有論的思想，附會到儒家的道德理想主義的範圍來談，同時也不涉及道德主體性自我實現的問題。單純就其思想架構來説，莊子『由無生有』的宇宙發生論，與宋代理學家，如周濂溪的『太極圖説』，張橫渠的『太極氣化』説，邵康節的『心爲太極』、『道爲太極』，程明道的『天人一本』説，伊川朱子理氣不二不雜的思想，其實是大同小異。」（參見《二程學管見》，〈淺述宋代理學宇宙論中之莊子成分〉一文，東大圖書公司印行，民國 77 年 1 月初版，頁 316）

〔註 29〕張永儁先生言：「一言以蔽之，虛爲氣本——『太虛者氣之本體』。它是至靜至清，自由無礙，恒常而不變，爲天地萬物之始，爲至上之眞實。『氣』則一一反之。然後又在『太虛氣化』的『太和之道』中統一起來，我們借用程伊川在『易傳序』的話來説，那是『體用一源，顯微無間』。但是，從邏輯辨證的程序來看，那很像老子，從宇宙發生的程序來看又很像莊周。然而張橫渠又藉此以攻擊老氏『虛能生氣』、『體用殊絕』，『入老氏有生於無自然之論，不識所謂有無混一之常。……何以故？原來張橫渠除了『太和』、『太虛』、『氣化』的宇宙論範疇外，還有『神化』、『誠明』、『變化氣質』的幾個重要範疇。用以陳述宇宙發生之程序不是『自然發生』而是『自由創造』。」（參見《二程學管見》，〈淺述宋代理學宇宙論中之莊子成分〉一文，東大圖書公司印行，民國 77 年 1 月初版，頁 324）

〔註 30〕卻一爲討論氣象發展的宇宙論意義，而一爲討論道教神仙理論的修煉過程之功夫操作理論。所以從兩家對卦名的使用意義之差別的討論，也是釐清兩家形上體系差異的重要研究進路。

7. 以還原本貌的態度研究易學史上各家學說，將會開擴中國哲學理論領域的更大視野空間。

諸多體系不同的易學研究成果，都是基於不同的思想背境而來的，其中有豐富的形上學觀點的創新，若能平等地對待易學史上的各個理論體系，分別地一一研究，將會爲中國哲學史開創許多新的研究領域。以上是易學作爲一門學術研究領域的意義與特色之說明，至於易學作爲一項中國哲學的形上學的研究進路之意義則論於下段。

二、作爲方法論意義的易學研究進路

「作爲方法論意義的易學研究進路」是說，對於一個形上學觀念體系的理論研究，側重從其中使用到的易學觀念脈絡來「研究」該理論內涵。此一作法的合理性基礎在於：中國哲學研究中的易學學術領域，其與中國形上學思想有重要的領域重疊關係。此一關係的重點有三、

1. 中國哲學史上的易經哲學學術研究領域，本身已經擴充爲「對整體存在界的研究」，〔註 31〕因此在易學研究的作品中已累積了豐富的形上學觀點。

2. 易學史上的諸多不同理論體系，其實是「基於不同的形上學基本心靈」的建構系統，但是卻共同地藉用易經哲學的概念術語，作爲其哲學觀念的表達場所。

3. 易學史上的各家解易理論，及各家創新理論的建構歷程，已成爲中國哲學的「形上學理論的創新過程」。

〔註 30〕高懷民先生說：「『牝牡四卦』爲魏伯陽丹道易的總綱領，相當於孟喜卦氣中的四正卦。」。顯示兩家皆以卦名來建立理論。（同註四書，頁 255）

〔註 31〕中國傳統哲學家們可以藉易學觀念體系表達哲學觀點，這是因爲易學理論本身就已經被處理成爲討論整體存在界的所有問題的研究領域了，《易傳》中首先發表此一態度，如：1. 「易與天地準，故能彌綸天地之道」。（繫辭傳上第四章）。2.「夫易，何爲者也？夫易，開物成務，冒天下之道，如斯而已者也。」。（繫辭傳上第十一章）於是《易傳》中言天地、言乾坤、言陰陽、都是對整體存在界發言的形上學觀點。自是而後，《易緯》中的宇宙起源情況的理論、孟喜京房卦氣說之理論發表、周敦頤《太極圖說》的理論、張載《正蒙》的易學天道論觀點等等，都是在易學理論的建構中直探形上學問題的理論之作。

此一易學理論與形上思想的重疊關係，顯示了中國易學史中已並列了無數的不同的形上學觀點，基於此一事實，我們在研究易經哲學的形上學思想時，應該採取以下態度：

1. 易經哲學因爲擁有豐富且獨特的觀念術語表達體系，可使不同形上學理論藉以爲觀念的表達系統，因此對於由易學研究而開發的形上學思想的理論建立方式與理論表達方式的確有重要的影響，但是這不是理論型態的根本性的決定者，個別易學理論的形上思想之根本預設，才是該理論型態的決定者。

2. 中國易學史上的不同的形上學思想的理論，並不需要有一個統一的理解心靈，而應將個別的理論建構，視爲形上思想不斷創造的歷程。因此我們應該開放地在中國易學史中尋求不同哲學體系的創作心靈，而不是提出決斷性的理由，來判斷易經哲學的根本義理，使得整個中國易學史只限於一個固定理論型態。

3. 以中國易學史的發展本身就是一個豐富的形上學思想創造過程的態度，來解讀中國易學史上的許多不同的理論體系時，將不能強求一個一致的易經哲學觀點。而必須分開研究，以個別整理的態度，釐清各個不同的形上學思想系統的異同關係。此一作法，反而將爲中國哲學的形上學研究，開發更多豐富的新的研究領域，而有更大的貢獻。

以上述的觀點爲基礎，來使用「易學進路的形上學研究方法」時，可以發現歷代的易學觀念體系，在形上學創造上展現的若干特色，而這些特色，正可以彰顯易學進路的形上學思想研究方法，在中國哲學研究上的重要地位。其特色爲：

1. 以易學觀念叢獨立地作爲形上理論的表達術語。
2. 作易者的心靈成爲形上學本體論思想的定位來源。
3. 卦象關係成爲宇宙論中的世界結構圖式。
4. 易道的開展過程成爲宇宙發展說的討論基地。
5. 易這個詞彙成爲包羅諸多形上學基本問題的概念範疇。

以下分述之：

（一）以易學觀念叢獨立地作為形上理論的表達術語

易學的觀念叢包羅廣大，易學首先應指周易經文本身，易傳是周易學的第一次大規模的理論建構工程，當然《周易》經文編制之前的夏商易傳統中，也有重要的易學觀念及術語，惜詳情不傳，當然《易傳》中網羅的觀念與術語，其實也是從中國哲學發展中的各個理論脈絡中擷取過來的，《易傳》中出現的易學觀念及術語系統，除了周易經文中的卦名及卦爻辭之外，包羅了「太極、兩儀、陰陽、道器、動靜、剛柔、象數、精氣、遊魂、天地、萬物、天道、地道、人道、人謀、鬼謀、絪蘊、貴賤、寒暑、男女、父母、聖人、賢人、四時、日月、始終、河圖、洛書、大業、聖德、晝夜、三極、三才、天文、地理、幽明、變化、進退、吉凶、錯綜、理、氣、神、德、命、事、占、專、直、翕、闢、變、通、法、元、亨、利、貞、一、簡、仁、愛、義、圓而神、方以智、形而上、形而下、生生之謂易、一陰一陽之謂道、樂天知命、繼之者善、誠之者性、……」等等。

在這眾多的術語使用下，便使得先秦各家哲學的基本術語都匯集至此，成爲一個中國哲學的基本哲學問題的詞庫，如此一來，便爲後學者提供了豐富的哲學創作空間，任何一個新創的哲學理論體系，不可能不使用到易學觀念叢中的諸多術語概念，於是例如談氣象觀念的「卦氣說」、談醫學理論的《黃帝內經》、談道士修煉的「煉丹學」、談儒學形上學的整個「宋明儒學」系統，在在都在使用易學觀念叢中的專有術語。而且隨著新創辭語的參與，易學觀念術語的發展，幾乎就要等同於中國哲學思想史中的觀念術語發展史了。

（二）作易者的心靈成為形上學本體論思想的定位來源

《周易》是一部「彌綸天道」的著作，這是《易傳》中發表的看法，但是作易者本身卻有著若干的生命關懷意見要表達，這也是《易傳》發表的看法，這就使得《周易》的「天道觀」在《易傳》中被作易者的心靈給決定了。《易傳》中有言：

> 昔者聖人之作易也，將以順性命之理。（說卦傳・第二章）
>
> 夫易，聖人所以崇德而廣業也。（繫辭傳上・第七章）
>
> 易之興也，其於中古乎？作易者，其有憂患乎？（繫辭傳下・第七章）
>
> 易之興也，其當殷之末世，周之盛德邪？當文王與紂之事邪？……此之謂易之道也。（繫辭傳下・第十一章）
>
> 昔者聖人之作易也，……和順於道德而理於義，窮理盡性以至於命。（說卦傳・第一章）

從其中的「順性命之理」、「崇德廣業」、「其有憂患」、「和順於道德而理於義，窮理盡性以至於命。」等《易傳》發表的作易者心靈來看，在《易傳》中提出的形上學問題中的本體論觀點之意義就極爲明確了，首先是「立天之道曰陰與陽」（說卦傳・第二章），而其義則爲：「一陰一陽之謂道，繼之者善也，成之者性也。」（繫辭傳上・第五章），及「天地設位而易行乎其中矣！成性存存，道義之門。」（繫辭傳上・第七章），而這又同於「立人之道曰仁與義。」（說卦傳・第二章）的義理。總之，善、性、仁、義等，是天道嬗遞中的意義所在，而這當然是合於儒家道德哲學本位的本體論觀念的，因此，當兩漢易學走入了以象數占驗爲主的理論世界中時，費直以傳解經，〔註 32〕不取象數之路，便是要走回易道之仁義以爲本體的作易心靈中，而後來王弼掃象數的易學觀念，也都是要尋回作易者心靈的易學理論觀念，只是船山卻批評他是走入了道家玄學心靈的解易觀點中了。〔註 33〕

（三）卦象關係成為宇宙論中的世界結構圖式

六十四卦的卦象之作，本就是以象說理的思維模式，是以《易傳》有〈大象傳〉之作，發揮自然天象關係對人文心靈有所啓發的哲學觀點，這種思考方式在繫辭傳中繼續發揮，〈繫辭傳上〉第十章還只談到「制器尚象」的觀念，而第十一章的「是故易有太極，是生兩儀，兩儀生四象，四象生八卦，八卦生吉凶，吉凶生大業。」則算是發表了天地萬物發生發展的過程意義，〔註 34〕

〔註 32〕高懷民教授言：「主要還是因爲他的易學是以解經爲宗旨，與孟、焦、京等以占驗爲宗旨的易學不同。……作者也由此將費易的來源繫於儒門易周王孫一支。……他的易學精神是承孔門十翼義理，而方式是以彖傳、象傳、繫辭傳解說經義，後人稱爲『以傳解經』。」（參見《兩漢易學史》，高懷民著，臺北中國學術著作獎助委員會出版，民國 72 年 2 月三版，頁 169）

〔註 33〕參見本論文第四章第一節第二段。

〔註 34〕本文是《易傳》再次申明易書的冒天下之道之意，由易的根本原理中，推展而出範圍天地之事的聖德大業出來。首言有一太極之理，由是而推展出一步一步的易學之理出來，有兩儀有四象有八卦，到了八卦之象與理之出現之後，便可以直接明辨世事的吉凶了，也因而由之以獲得處理天下事業的本事。其中由太極至八卦的易理發展過程，在學界有多種解讀方式，自古迄今，種類繁多，要之有三：一爲：「講揲蓍的過程」。這是從〈繫辭傳〉上第九章言大衍之數一段文字，與之互爲詮解時可以互通而說者。二爲：「講卦象繪製的過程」。這是邵康節發揮加一倍法的卦象製作觀念之所據。三爲：「講宇宙發展意義的過程」。這是朱熹藉周敦頤《太極圖說》及邵雍《皇極經世》的哲學觀點來解釋時的作法。

我們以爲上述三種解釋皆可接受，其中較有爭議的當然是關於宇宙發展意義但是在〈說卦傳〉中的作法就更積極了，〈說卦傳〉中的八卦觀，是天地間八種自然情狀的彼此作用對待上的關係，〔註 35〕已經有將卦象關係說成某種世界圖示的意味了，尤其是它將八卦觀念配以八方之位的作法，〔註 36〕便是正式開啓了易學觀念與世界圖示關係的理論建構進路。首先，孟喜的卦氣說將卦象上的圖式配合曆法學的理論，卦象成了最方便的圖象與術語系統。〔註 37〕「京房也將八卦和六十四卦看成是世界的模式」，〔註 38〕而邵雍的《皇極經世》

的說法，但我們以爲，所謂宇宙發展意義是指宇宙間事事物物的發生發展過程之形上學意義，濂溪之《太極圖說》可以是講宇宙整體的發生意義，也就是一個宇宙發生論的理論系統。但是我們也同意把〈繫辭傳〉中的此一經文解爲說明任一事務的發生演變意義，這是因爲在作易者彌綸天地之道的寫作心靈下，本就該討論的問題，企圖對於天地萬事萬物的發生發展的演變過程，都收攝在易理的解釋架構中，而終將交給儒者的道德心靈來對待與處理的。這樣的解讀方法，因爲作易傳者的心靈中，本來就已經以易書之廣披性格，而混合地轉用易之多義，詮解者本就應掌握易之多義而全備地討論傳文中之義涵，而易傳作者就算有其原文之意，在他自身之中也應能有融通應用之空間甚或企圖，是以應有將之解說爲宇宙發生義的理論空間，這是我們對處理本文的觀點。

〔註 35〕參見〈說卦傳〉第三章：「天地定位，山澤通氣，雷風相薄，水火不相射，八卦相錯。數往者順，知來者逆。是故易逆數也。」及第四章：「雷以動之，風以散之，雨以潤之，日以晅之，艮以止之，兑以說之，乾以君之，坤以藏之。」

〔註 36〕參見〈說卦傳〉第五章：「帝出乎震，齊乎巽，相見乎離，致役乎坤，說言乎兑，戰乎乾，勞乎坎，成言乎艮。萬物出乎震；震，東方也。齊乎巽；巽，東南也。齊也者，言萬物之潔齊也。離也者，明也，萬物皆相見，南方之卦也；聖人南面而聽天，嚮明而治，蓋取諸此也。坤也者，地也，萬物皆致養焉，故曰：『致役乎坤』。兑，正秋也，萬物之所說也，故曰：『說言乎兑』。戰乎乾：乾，西北之卦也，言陰陽相薄也。坎者，水也，正北方之卦也，勞卦也，萬物之所歸也，故曰：『勞乎坎』。艮，東北之卦也，萬物之所成終而所成始也，故曰：『成言乎艮』。」

〔註 37〕朱伯崑先生言：「孟喜的卦氣說，怎樣形成的？有何理論意義？其一，此說來於《禮記・月令》，《呂氏春秋・十二紀》，《淮南子》的《天文訓》和《時則訓》。這幾篇都講一年氣候的變化，其中關於二十四節氣的區分，七十二候的說法大體具備。孟喜不過是以六十四卦解說一年節氣的變化。……其二，孟喜提出十二月卦說，即以十二辟卦代表一年十二月。……其三，孟喜以六十卦配一年的日數，認爲六十卦中每月配五個卦，每卦則主管六日七分。……其四，孟喜認爲，『自冬至初，中孚用事』，以中孚卦配冬至初候，爲一年節氣的開始。此說亦本於律曆。」。書同註一，頁 135～104。

〔註 38〕朱伯崑先生言：「京氏易學實際上是以六十四卦卦象和卦爻辭爲資料，講他自己的易學體系，所以被劉向視爲『異黨』。但從易學史上看，其內容富有創造性，實際上是漢代官方哲學在易學中的表現。」（頁 142）又言：「京房易學中的陰陽二氣說是同西漢的哲學和科學，特別是天文學的發展相適應

中言八卦及六十四卦間關係的諸多圖式理論，更是明確的世界圖式觀。〔註 39〕

（四）易道的開展過程成為宇宙發展說的討論基地

易道的開展過程指的是在天道觀的問題中，各個易學理論體系對於天地萬物生成的理論觀點，它的表達形式有二、一爲：「廣泛地使用易學詞彙以討論這個宇宙生成的天道觀問題」；二爲：「扣緊卦象的建構過程來說明宇宙開展的理論」。就前者而言，易傳已開其端，這本是冒天地之道的易傳易學觀必然處理的問題，易傳發表的觀點極多，易學史上的討論更多，構成了以周易說宇宙發生論的中國哲學傳統，這尤其是儒家學者對抗道佛的宇宙論的重要討論主題。宋儒的理論體系中充滿了這個主題的討論，如周敦頤的《太極圖說》，就發表了從「無極而太極」到「萬物化生」的宇宙發生論的哲學理論體系。而張載《正蒙》哲學體系，也發表了「太虛無形氣之本體，其聚其散變化之客形爾。」的天地萬物之生成意義的氣化宇宙論觀點。而所謂「卦象的建構過程」，指的是易學理論中討論六十四卦卦象由何種程序推演而出的過程，而這個推演程序，自來是以伏羲作八卦而文王重之的說法來認識的，這個說法是船山學的立論基礎之一，只不過對重卦的過程與他家看法頗有出入。然而我們要強調的是，不論作易者由什麼樣的理由將六十四卦繪成，至少在易學史的發展上，六十四卦的演變完成的過程，已成爲若干易學理論體系發表關於宇宙發生過程的理論了，船山易學理論持此看法，認爲六十四卦的完成是天地理數的必然。而易學史上，早在《易緯》之書中，就把六畫而

的。西漢的今文經學大師董仲舒，以講陰陽災異而聞名。京房的陰陽災變說，正是今文經學派的哲學思想在易學中的代表。西漢的天文學，當時尚未脫離占星術。」（頁 169）又言：「從哲學史上看，易學，特別是京房易學，通過其卦氣說，建立起一個以陰陽五行爲世界間架的哲學體系。這個體系是漢代陰陽五行學說的發展。京房將八卦和六十四卦看成是世界的模式，認爲《周易》既是自然界又是人類社會的縮影，作爲世界變易的基本法則即陰陽二氣的運行和五行之氣的生剋，即表現在八卦和六十四卦及三百八十四卦中。這樣，便將西漢以來的自然哲學更加系統化了。」（頁 174）（參見《易學哲學史》，朱伯崑，第一卷，臺北藍燈文化事業股份有限公司，民國 80 年 9 月初版）

〔註 39〕「邵雍的八卦次序圖，不僅用來解釋八卦的形成，而且用來說明世界形成的過程，此圖式又具有世界觀或宇宙論的意義。……太陽爲日，太陰爲月，少陽爲星，少陰爲辰，日月星辰交而天之體盡之矣。太柔爲水，太剛爲火，少柔爲土，少剛爲石，水火土石交而地之體盡之矣。」（參見，朱伯崑，《易學哲學史》，第二卷：頁 145）

成卦的過程表述爲天地由無形而有形而有質而有天地的過程。〔註 40〕這都是把六畫卦的六十四卦之卦象形成過程，解爲宇宙生成過程的理論作法。

（五）「易」這個詞彙成為包羅諸多形上學基本問題的概念範疇

傳統對易字的釋義是以之爲變易、簡易、不易三義者，當然易概念也還包含易經之書、易經的思考方式、易經哲理的運用效力等等意涵。但我們從易學進路的形上學研究方法來探討時，「易」概念因易學本身已成爲探討整體存在問題的學術領域，易的概念範疇已引申出形上學基本問題中的多種意義，我們在《易傳》及易學史上各個著作中，都可以找出這種把易概念直接作爲形上學領域中的主題的使用方法：

1. 「生生之謂易」（繫辭傳上第五章）這是發表天道本體的觀點，主張天道本體的運行，是恆動不止息的本體論觀點。而當它與「一陰一陽之謂道，繼之者善，成之者性。」一併討論時，便一方面能藉一陰一陽之作用以說此生生之義，另方面則可以「繼善成性」之說而得出德性義的天道觀。這就是直接將易概念使用爲本體論的作法。

2. 「天地設位，而易行乎其中矣，成性存存道義之門」（繫辭傳上第七章）這是發表天道本體論的觀點，主張有德性意義的眞實本體，在天地造設中作爲天地萬物之性的本體論觀點，而易即爲那道義之性在於天地萬物之中者。此處，易概念也被使用成爲作用在天地萬物間的形上本體了。

3. 「是故易有太極，是生兩儀，兩儀生四象，四象生八卦，八卦定吉凶，吉凶生大業。」（繫辭傳上第十一章）這是易道的以象思維，〔註 41〕而範圍天地的發展意義的討論。從易經哲學本身作爲範圍天地的知識體系中言，這個知識體系思考天地萬物的方式，是一種「象」的思維方式，提出從太極、兩

〔註 40〕參見《易緯》，〈易數一七九〉章：「乾鑿度曰：文王因陰陽定消息，立乾坤統天地，夫有形者生於無形，則乾坤安從生？故曰有太易、有太初、有太始、有太素，太易者未見氣，太初者氣之始，太始者形之始，太素者質之始，氣形質具而未相離，故曰渾淪，言萬物相渾淪而未相離，視之不見、聽之不聞、循之不得、故曰易也，易無形埒也。易變而爲一，一變而爲七，七變而爲九，九者氣變之究也，乃復變而爲一，一者形變之始，清輕上爲天，濁重下爲地，物有始有壯有究，故三畫而成乾。

〔註 41〕易學以象思維的意思是指易經哲學由卦象以說道理的哲學觀念表達方式，易傳中明言：「是故，易者象也，象也者像也。」（〈繫辭傳〉下第三章）而王弼在《周易略例》中亦發揮象的觀點，然其「得意忘言，得言忘象。」之說卻爲船山所斥。

儀、四象、八卦的依序列觀念發展的目的，就是要以「象」來說明事務發展過程的意義。易學的思考方式既是以象的發展來認識天地間的事事物物，於是天地間事務的發展意義便在此一文脈中被解說，於是關於畫卦的過程、揲蓍之法、甚至宇宙發生發展的演變過程，都要以此思考，於是這是關於天道本體及宇宙發展的共同主題下的主張，而這則又是易的概念範疇與形上學思考交涉的地方了。以易中所擁有的象數範疇來解說天地萬物之情狀的作法，又是將易概念使用爲形上學論題的作法。

4.「易之爲書也不可遠，爲道也屢遷，變動不居，周流六虛，上下無常，剛柔相易，不可爲典要，唯變所適。」（繫辭傳下第八章）這是天道論的討論，主張變易的天道本體觀。對於周易以卦象說理以爲君子效學的理論建構目的而言，表現在卦爻彖辭中的哲理，是體現了天道變動不已的精神，於是人事情境也是變動不已的發生發展著，故君子對易書的學習與使用不可中斷，而對易道的理解就應把握這個變動不已的精神。易概念的使用，從作爲書名到書中之理到本身作爲一種道理，它又被使用成天道論的意義了。

5.「乾鑿度曰：文王因陰陽定消息，立乾坤統天地，夫有形者生於無形，則乾坤安從生？故曰有太易、有太初、有太始、有太素，太易者未見氣，太初者氣之始，太始者形之始，太素者質之始，氣形質具而未相離，故曰渾淪，言萬物相渾淪而未相離，視之不見、聽之不聞、循之不得、故曰易也，易無形埒也。」（易緯乾鑿度）本文中的易概念之使用，已直接放在宇宙發生論中的始原狀態意義上了，其所主張的是一個渾淪不可把捉的主體，但能有開展爲天地萬物的功能者。這個宇宙的始源狀態是後來發展爲乾坤陰陽而統天地萬物的開始者，這是易，《易緯》之作，又進一步地賦予易概念在宇宙論使用上的新意義了。

總之，易學的學術領域是包含整體存在界的問題的領域，而在它表現爲討論形上學問題的時候，易這個概念範疇，自己也被使用成爲形上學問題的本身，因此，「易」概念本身有時就是天道本體，有時候成爲宇宙始原狀態，有時候是從德性義涵說此本體，有時候從強調變易的作用性能說此本體，總之，易概念因書名起家而成爲形上學中的一個題材，它面對了形上學領域中的各種問題。

易學，我們指的是中國易學史上，藉易經研究所闡發的所有哲學觀念體系，並不限定在任一家思想的理論系統內，也不限定易學能處理的哲學問題之範圍。因此，同在易學領域中的思想體系，將有諸多不同的理論脈絡，甚至有根本觀念彼此衝突的現象。而我們以爲，這就顯示易學研究領域中，存在著不同的形上學預設系統的差異事實。然而，以整體的中國易學史爲一個哲學思想的研究領域而言，所有在易學研究中的思想體系都應該有它的理論地位，只要它是發表了明確的理論性觀點，它就有作爲學術研究對象的價值，更何況它有開發中國形上學思想的貢獻，因此，由各個易學理論所發表的形上學觀點，便是我們所關切的焦點，因爲我們以爲，中國易學史上的各大家，正是藉著易學理論的研究，而參與了中國哲學的形上學思想之不斷創造的工作，而我們從這些一家家易學理論體系中去發掘它們的形上思想的研究工作，便是我們所指的「易學進路的形上學思想研究方法」在中國哲學研究上的價值所在。

中國易經哲學的研究有高困難度，問題不在現存使用的周易經文本身之文辭難解，而在於眾多根本心靈不同的哲學理論都在易學的觀念術語中表達思想，形上學觀點的預設理論不同，則對經文的解釋當然不同，因此要確定所謂經文之意義，便要先選擇所使用的形上學系統才可。經文如此，傳文亦然，易傳之作本已是後起的詮釋性創造作品，十篇之作所表達的形上學觀點並不統一，後來的學者藉易傳文辭以創作新的形上學觀點時，又是各家不一，因此對於充斥在中國易學史上的易經哲學的形上思想之研究，如果不能分辨體系之差異的事實，以及不能以對待不同理論的態度來面對，則結論式的整體易學理論體系將永難獲致。如果能夠釐清個別易學的不同處理問題及不同的形上學思想預設，且能針對各家作分別研究，而不強同中國易學爲固定的一套一致性的哲學觀念體系，則易學研究的困難現象可以解消。

我們之所以要強調「易學進路的形上學思想研究方法」是爲了在中國哲學的形上學思想研究方法論上建立一個觀念，就是，我們應該開放易學研究的理論視野，一但我們能將易經哲學研究的視野開放爲不同形上學觀點的創造歷程，則在中國易學史的研究上我們將可以開發出許多新的研究領域，而這樣的研究態度對中國哲學的研究將會產生重大貢獻。

第四節　氣論進路的形上學思想研究方法

本論文以「氣論」進路研究船山的形上學思想，這是因爲船山多以「氣」

的觀念叢來建構他的形上學理論，因此我們提出「氣論進路的形上學思想研究方法」，是爲揭露船山在氣論思維中的形上學主張。而「氣論進路」在中國哲學研究方法論上的意義在於：「對於理論體系中已接受了氣存在的形上學體系，側重其由氣論基礎而發表的形上學觀點，以作爲研究與論述之主題的研究方法。」。在中國哲學史上，可以由氣論進路以研究其形上學主張的理論體系眾多，大約中國哲學史上還沒有明確地否定氣存在的哲學體系，頂多是沒有認識因而未予討論，或對於氣存在的理論上地位未予重視而已。至於正式地討論了氣存在的問題的理論體系，不論其賦予氣存在的理論地位爲高爲低，都已經是從「氣論進路」發表形上學觀點的理論體系了，〔註 42〕以下將分三段討論之：一、氣論思維的型態與特色。二、氣論思維之使用範型。三、莊子與孟子的氣論思維。

一、氣論思維的型態與特色

前節所述的「易學進路的形上學研究方法」的特色在於，它是展現了對於一門專有的學術領域的理論觀點，它的特殊思考方式是強調有象數的思維及建構世界圖式的思維，然而「氣論進路的形上學研究方法」的特色卻有不同的型態，它的型態特徵在於，氣論思維本身已經是一個特定的形上學觀點的主張了，在氣論的思維中整體存在界必須由這個遍在的氣來認識，所有形上學領域中的基本問題，或與形上學問題有所交涉的理論問題，在有氣論思維的理論體系中，都必須通過氣觀念來表達，當然，任一主張氣存在的形上學體系，對氣的處理層次，在理論上的效果是有強度上的差別的。

〔註 42〕關於氣論思想在中國哲學史上的發揮與應用，大陸學者李志林的《氣論與傳統思維方式》一書中有豐富的觀點，本書爲大陸年輕中國哲學工作者的博士論文，其學術成果受到目前大陸學界諸多老一輩學者的肯定，書中將中國氣論思想傳統的史的發展，作了綱領性的整理與討論，創見頗多。又將氣本位的思考方式特別提出，以作爲中國哲學思考方式的一大特點之處，諸多論點都極有參考價值，是本論文處理中國氣論思想的一大助力。（參見，李志林，《氣論與傳統思維方式》，上海：學林出版社出版，1990 年 9 月第一版）該書側重形上學思想的角度，發掘了貫穿中國哲學史上的氣思想要義，堪稱以中國氣論思想爲主題的研究作品中的佳作，顯見氣論思想在中國哲學研究領域中有其豐富討論性與重要的理論地位。而張榮明先生發表的《中國古代氣功與先秦哲學》（上海人民出版社，1987 年 11 月第一版）一書，則側重由功夫理論的面向以發表傳統中國哲學的氣論思想觀點，也是以氣論思想爲獨立研究主題下的佳作，兩書對中國哲學的氣論思想都有開擴理論領域的貢獻，值得參考與推介。

如果我們從一個假設性的討論作起，則氣論的思維型態，理論上可以分爲三型：

（一）它可以只是主張整體存在界有氣的構成成份，那這就只是發表了宇宙論中關於存在結構問題的一個觀點而已，即以氣與其它質素共同來作爲整體存在界的構成質素；〔註 43〕

（二）一種較強的觀點是主張整體存在界遍在地是氣，這時候的氣是作爲一種存在的質素，遍在於天地萬物之中，作爲任一存在物的存在質素之認識側面，但在存有原理的部份，仍要由其它的原理來說明，於是整體存在界的存在的本體的問題，便需要由氣的特質與其它存有原理的特質共同構成，這是氣化宇宙論的型態，只是在宇宙論的材質結構等問題上交由氣存在來說明，而本體論中的存有原理則另有其理在。

（三）最強力的一種主張是以整體存在界不只遍在地是氣，而是本體也是氣，其意義在於，其他的存在質素在認識的意義上也需由氣來說明，氣在存在的認識上有第一序的優位性，於是關於存在界的本體論與宇宙論的特質，都需交由氣的特質來論述。這是最強烈的氣論的形上學觀點，是氣本體論的型態。

當然，以上的氣論形上學觀點的層次性區分只是理想型的區分，傳統氣論進路的形上學體系，其實難以嚴格地解讀爲那一層次上的型態，就算是有氣本體論的語言表示的理論體系，也未必眞在理論體系中能夠嚴格地建立氣存在的全面優位性，這種現象之所以發生，我們以爲最重要的因素是，中國哲學的特質中本來就充滿了價值問題的討論，〔註 44〕形上學觀點的提出都是

〔註 43〕這是一個氣思想的型態，但其實中國哲學裏並沒有明顯的這種形式，倒是佛教理論中講地水火風及希臘哲學講水火氣土是這一類型，這是將氣作爲存在質素的一個質項，至於在中國哲學傳統的思維中，氣觀念在一出現時就佔據了存在質素的整體性觀念，全體的存在遍在地是氣，存在是因氣的分化而有質素的差異，但是所有差異的存在在本質上仍是氣存在的。鄔昆如教授言：「在西洋歷史發展中，首先在先蘇格拉底時期，就有『太始』（arche）問題的探討，從恩培多列士開始，以爲宇宙的元素是水火氣土。」。參見《哲學概論》，鄔昆如著，頁 283，五南圖書出版公司，民國 77 年 8 月再版。

〔註 44〕關於中國哲學是一個價值中心的哲學觀點，方東美先生曾言：「中國哲學的各派學說可以匯歸在一個共同點上，就是形上學與價值學的聯繫，因此中國哲學是以價值爲中心的哲學。」。（《原始儒家與道家哲學》頁 188，民國 72 年，九月初版）如此一來，關於存在的討論便都將匯入價值觀念的提出中，於是造成的效果便是必然出現價值義的存有原理來規範存在的意義，於是氣

要爲價值追求尋找根據，而對於價值觀點的提出，就是在本體論中討論存有的原理、意義、目的、規律等問題，對於這些問題的討論，本身已跳出了氣論思維的範圍，因此不容易在本體論問題上，僅僅由氣存在的優位性觀點予以引申，一但引申，就是形而上之道的觀念在主導的，而對於道的意義的提出，顯然是各個哲學家的主觀選取了，於是這些道的原理的內涵才有眾多的差異，儒家如此，道家亦然，道教又何嘗不是。宋明儒與道家道教的差異便在於此。

基於前述之說明，我們認爲，中國哲學領域中的氣論思維在形式上得有兩大特色：

（一）一爲氣觀念一但提出，它就是宇宙論中的存在質素的觀念，所有有氣存在思想的理論體系之差異，都不是在於氣的存在與否的層面上的討論，而是在於氣的作用原理上的討論，換言之有所爭辯的都是本體論中的有無、規律、意義、目的，及功夫論的操作原理，及境界論中的存在情況等層面上的爭辯。

（二）二爲氣作爲在宇宙論意義下的存在質素而言，永遠是氣一元論的型態，所有的陰陽、五行、精氣、元氣等觀念，都是氣觀念的分化，就其存在上言仍皆爲氣，而其爲一元二元的爭論者，其實已經是本體論層次上的理氣關係的問題了，換言之，在氣化宇宙論的觀點上，中國哲學的氣化世界觀，永遠是一氣論的哲學。

二、氣論思維之使用範型

前述爲從氣論思維的意義、型態與特色的討論。然而，氣論思維的出現，又無論如何會對形上學的理論體系產生影響，而我們以爲，一個由氣論爲基地而發表的形上學觀點，會受到影響的層面是極爲廣大的，它是可以涵攝到關涉形上學問題的所有理論領域的。以下我們便將討論氣論思維與形上學問

的思維便要有道來規範。最後匯入人生哲學的觀點以爲歸結。如方先生言：「現在，假使我們中國形上學要採取機體形上學的立場，首先對於宇宙要了解爲一整體，然後在宇宙裏談本體論、談宇宙的眞相，就要談整體的實有界，……如果以這種哲學作背景來建立人生的哲學，那麼人生決非貧乏的活動，而是可以把一切價值貫通起來，達到儒家在大學裏面所說的要求，——『止於至善』，把一切價值完全實現之後，才能完成最高理想的統一標準。」（同書頁25）。

題交融的理論建構方式，藉以展現氣論進路的形上學研究方法論的使用方式，以及它在解讀中國哲學的形上學問題上的重要地位。由氣以說學的理論建構之脈絡眾多，以下由本體論、宇宙論、功夫論、境界論四個側面來討論，以下分述之：

（一）「本體論」的觀點要從氣化世界觀說起

這是指的對於整體存在界的意義、目的、規律、實在與否等問題的意見發表，要通過氣化宇宙論的架構來說明，而處理此一氣存在的意義、目的、規律與實在與否等問題，也成了本體論觀點發表的核心主題之一。例如朱熹說：「天地之間有理有氣，理也者，形而上之道也，生物之本也；氣也者，形而下之器也，生物之具也。是以人物之生，必稟此理，然後有性；必稟此氣，然後有形，其性其形雖不外乎一身，然其道器之間分際甚明，不可亂也。」〔註45〕朱熹此說嚴分理氣，然其又言：「無是氣則是理亦無掛搭處」，〔註46〕則又是發表了理氣不離的觀點，於是整個理氣間關係的觀點成了朱熹本體論思想的討論重點。

（二）「宇宙論」的觀點是由氣的變化中談起

這是指的主張氣存在的形上學體系，在發表宇宙論觀點的時候，由於氣存在的遍在特質，它是有形天地的成就質素，有形天地的一切作用，就直接由氣的作用性能上來立論，論氣的變化聚散離合之種種律則或意義，就是討論宇宙論中的起源、結構、生滅等問題的核心部份了。例如張立文解說淮南子的宇宙發生論時說到：「淮南子認爲，氣是構成世界萬物的精微原始物質，氣由本體道產生。……在天地未形成之前，是一個無形無象，迷茫混沌的世界，這種狀態叫“太昭”。道一開始便存在於空虛遼闊的“虛霩”之中。由於道的運動，虛霩發展爲宇宙，從宇宙中產生氣。氣與道不同，道是無形無象、無限廣大的，而氣是有限的、有邊際的。氣產生天地，氣的清陽部分散布而成天，重濁部份凝聚而成地。天地形成之後，天地間的萬物才得以產生。」〔註47〕從淮南子的天地萬物之生化過程之觀念中說來，對於宇宙的成形變化過程，便是從氣的成形變化過程中講起。

〔註45〕參見〈答黃道夫〉，《文集》，卷五十八。

〔註46〕參見《朱子語類》，卷一。

〔註47〕參見《中國哲學範疇精粹叢書・氣》，張立文，北京新華書店，1990年12月，第一版。

（三）「功夫論」的操作有處理氣存在的層面

功夫是人存有者的活動，功夫論的提出都是要蘄向最高極的存有境界，最高級的存有境界由本體論說明，本體論的觀念將涉及氣存在的世界觀問題，因此功夫的操作中也必須對氣存在的實況作處理，從存有者本身而言，存有的實況也是在氣中的存在，耳目口鼻四肢五臟是人存有者存在的基地，任何活動都在其中進行，而氣又遍在此身，因此功夫理論中誠不乏將氣存在納入討論的理論進路，最明確的例子當然是道教，然而儒家的孟子、道教的源頭莊子、明末儒者劉宗周等，卻都是範例。例如劉宗周言：「今學者動爲暴氣所中，若無法以治之，幾欲仇視其心，一切歸之斷滅，殊不知暴氣亦浩然之氣所化，只爭有主無主間，今若提起主人翁，一一還他條理，條理處便是義，凡過處是助，不及處是忘，忘助兩捐，一操一縱，適當其宜，義於我出，萬理無不歸根生氣，滿腔流露何不浩然，去浩然仍只是澄然、湛然，此中元不動些子，是以謂之氣即性，只此是盡性功夫，更無餘事。」〔註 48〕文中說明惡之發生及功夫操作中的氣論意義，於是功夫論的觀點便在於氣論意義的處理脈絡上說了。

（四）「境界論」的觀點由氣存在的情況展現

如同功夫論在氣論思想的體系中必須說明對氣的處理一樣，在氣論思想體系中的境界論則應由氣的情狀予以展現，孟子的「浩然之氣」即是一個例子。但在中國哲學傳統中最精彩的「氣論進路之境界觀」，當然非道教內丹術莫屬，其中有名的「練精化氣，練氣化神，練神還虛。」的功夫，就是從氣的情況展示境界的差異，道教內丹理論深奧，作者無力解說。不過道家《莊子》、《列子》書中都有的列子老師「壺子四相」的故事，則是較熟悉的理論：「壺子曰：鄉吾示之以地文，萌乎不震不止，是殆見吾杜德機也；……吾示之以天壤，名實不入而機發於踵，是殆見吾善者機也；……吾鄉示之以太沖莫勝，是殆見吾衡氣機也；……鄉吾示之以未始出吾宗。……」。（莊子大宗師・列子黃帝第二）其中也是經由功夫的操作而展現不同的境界，並由氣存在的情狀予以說明的例子。

以上是「氣論」思想與形上學理論建構關係的簡說。

以下將以先秦儒道兩家有體系的代表性哲學理論，來展示氣論思維在形

〔註 48〕參見《劉子全書及遺編》，卷六，頁 109，〈證學雜解第十五〉，臺北中文出版社，1981 年 6 月出版。

上學研究方法上的使用方式，道家以莊子爲代表，儒家以孟子爲代表，選此二家以爲氣論思維的範型，是因爲此二家皆對於船山氣論的理解有重要的意義。當然，從體系的完備性而言，莊子哲學中對於氣論的處理與使用較爲完整，而孟子則只在功夫論中使用到氣觀念，不過，從儒家的陣營中言，整個的宋明儒學系統中，幾乎有一半以上的哲學家是極爲強調氣論的討論的，船山本人就是最鮮明的例子，然而儒道之別本不在氣論之宇宙論意義，而在氣論之本體論意義及功夫論脈絡中的討論上，而從功夫中說氣的儒學理論原型便在孟子哲學裏，又因爲船山的氣化宇宙觀及由之而得的相關形上學觀點是得之於張載，而張載則得之於莊子，故而從孟、莊二子之氣論思想的型態解析，又實爲進入船山氣論的根源地。

三、莊子與孟子的氣論思維

（一）莊子氣論哲學之使用範型

1. 莊子的氣論在本體論和宇宙論中的建構

討論莊子的氣論之前要先說明他的道論，因爲莊子的氣論思想是在道氣共構的形上學理論架構下成立的。莊子哲學體系中有一個最高位階的存有概念「道」，莊子論道之特徵，多與老子同，但多了一個較爲寫象的表詞「造物者」，造物者當然是存在界的一員，但是由於它的存在地位是「神鬼神帝，生天生地。」的，所以莊子論述它的存在性質是「物物者非物」、「生生者不生」，因此它的存在性便與天地萬物的存在性質不同，而且更有甚者，整體存在界的意義、目的、規律等，都要推到這個造物者的功能來解說，因此對於這麼樣一個特殊的造物者——「道」——的描繪，莊子說它是：「夫道，有情有信，無爲無形，可傳而不可受，可得而不可見，自本自根，未有天地，自古以固存。」這些論述與老子論道的語言實爲一致，所以這個道確實是本體論中討論的存有的本身。

道是存有的本身的意義是說，整體存在界的出現、發展、規律、目的等的說明，統攝在一個總體的概念範疇中來表述，而如果把它對象化來認識，可以給它一個名字來表述，〔註 49〕它是道，或是造物者，這個存有的本身，

〔註 49〕道是不能對象化，不能稱名化的，所以老子以之爲強名，「吾不知其名，字之曰道，強爲之名曰大。」（老子 25 章）而莊子則以〈齊物論〉的整篇理論來討論。

當然就是整體存在界的一切意義的來源，它是存有之所以「有」以及之所以「如此有」的原理。那麼這個原理的內容是什麼？這個原理的內容是眞正造就道家的道與儒家的天論之差異的所在。儒家的天論之內容可以《中庸》的「誠者天之道」來類括，它說出了一個有道德性義涵目的性方向，而莊子的道的內容就只是一個無目的有巧妙的造化本身而已，因此當《中庸》的天道論可要求於人道論的是「誠之者人之道」時，而由莊子的道論內容相應於人道的境界追求時，就只是一個逍遙自適的自由精神了。

莊子的道論是如此，而莊子論述整體存在界的觀念中還有一個重要的範疇，是「氣」，氣是遍在天地萬物間的存在，天地萬物的存在可謂以氣而在，以氣的存在身分而取得其存在的存在性，於是道論與氣論的交涉便出現了，在老子即爲：「道生一，一生二，二生三，三生萬物，萬物負陰而抱陽，沖氣以爲和。」（四十二章）道是生物之原理，本體論義的造物者以其自身的律則而說明造物的情狀，爲物者，則成於氣的出現、聚合、與落實，此後，現象界的一切變化便由氣的作用特質來說明。如其言：「生也死之徒，死也生之始，孰知其紀。人之生，氣之聚也。聚則爲生，散則爲死。若死生爲徒，吾又何患？故萬物一也：是其所美者爲神奇，其所惡者爲臭腐。臭腐復化爲神奇，神奇復化爲臭腐。故曰：『通天下一氣耳！』聖人故貴一。」（知北遊）「通天下一氣爾」是莊子對中國哲學的宇宙論最重要的貢獻，當然，氣的哲學其實是中國思想史上的共同傳統，不過由莊學點明，而成爲道家宇宙論的大流，就儒家言，在兩漢以卦氣說匯入易學傳統，及以陰陽感通災變之學入於今文經學派。至於宋明儒學，則由莊學宇宙論爲其大傳統。

道說明著本體論中的存有原理，氣說明著宇宙論中的存在情況，道論與氣論在莊子哲學體系中都是形上學領域中的核心概念範疇，然而由於有了氣論思維的出現，使得所有與形上學問題有所關涉的理論領域，都要同時通過道的本體論與氣的宇宙論觀點上來建構，最明確的討論領域，當然就表現在「境界論」與「功夫論」的觀念發表中了。

2. 莊子的氣論在境界論中的建構

就境界論而言，境界的內涵是直指存有本身的，其實就是道論在人性位格中的表徵，與存有的眞實吻合的境界才是境界論要處理的層次，而不是一般世俗中人未曾追求最終極價值的存有情況的境界，於是不能與本體吻合的情況是「不道」、是「非道也哉」（老子五十三、五十五），莊子是最注重追求最高精神境界的哲學家，他的追求是「乘天地之正，而御六氣之辯，以遊無窮者。」（齊物論），是「彼方且與造物者爲人，而遊乎天地之一氣。」（大宗師），是「遊心於淡，合氣於漠。」（應帝王）道作爲存有的原理，本身不在存在界的擾攘之中，求合於道的行爲表徵，因此也不在世俗的活動類型裏面，故而從精神活動層面上的意義來說，是遊於無窮、與造物者爲人、遊心於淡的情況，而從存在的活動層面上說的意義是御六氣之辯、遊乎天地之一氣、合氣於漠的情況。在這些表述的方式中，莊子已將氣存在的形上學觀點，結合在境界論的理論建構之中了。

當然，這些說辭的具體義涵，還要在更具體的人生哲學的智慧中才更明顯，例如，「道」如果要以存在述之，則它是一種「無爲無形」（大宗師）的存在，故而最高境界的存有者要與造物者遊的活動，便成爲：「遊無窮」（逍遙遊）、「乘夫莽眇之鳥，以出六極之外，而遊無何有之鄉，以處壙埌之野。」（應帝王）的情況，較具體地說，只是「獨與天地精神往來」（天下篇）的活動而已。當然這個說明還是相當「形式化」的語言，再具體一些地在人生過程中的社會活動層面上來解讀時，就是：「何帛以治天下感予之心爲」（應帝王）、「不敖倪於萬物，不遣是非，以與世俗處。」（天下篇）的處事態度。這是從本體論中說的境界觀的具體落實，其實也就是莊子的人生哲學觀點了。

但是這些說辭意境仍高，理論的扣合仍有跳躍，然而從氣化宇宙論中說的境界觀的具體意義則更清晰，最高境界的觀點在氣論的思維脈絡中被莊子表達得更爲清楚，遍在的氣存在，是一切存在的存在本質，理解這形上學的命題之後的人存有者觀念，就可以以「天地與我並生，萬物與我爲一。」（齊物論）來認識與表達，天地萬物的個別存在都是以無始以來的氣存在爲其生滅的基地，因此萬物的存有與否，等於是氣的或聚或散，而「道通爲一」（齊物論）的本體論觀點也可以在氣論的思維中獲得明確的論理脈絡，就是存有本身在存在上是「以氣而一」的，轉上一層，天地萬物的存有意義也是「以道而一」。於是由氣化世界觀的理解而轉出的人生智慧便可以爲「安時而處順」（養生主）的態度，因爲「道與之貌，而天與之形」（德充符），故「無以好惡內傷其身」（德充符），這是得道者對於身體特徵的淡然處之，（「遊心於淡」），因爲這都是造物者的安排，同時，得道者對待生命死亡的現象，也仍視之爲同一，這便是莊子的氣論在境界論中表述的進行方式。

3. 莊子的氣論在功夫論中的建構

莊子在功夫理論中的說明，仍然是道氣並重的的建構方式，道的內涵提供功夫操作在精神上的觀念目標，氣的知識提供功夫操作在身體上的處理原則，從形上學的命題中，建立起合於宇宙論與本體論根本智慧的功夫操作，是有幾個步驟的：

（1）由道論中獲得存有的原理而轉出處世的智慧。在求合於道的精神活動中，首先要去除人間價值的執著，這便是〈大宗師〉中南伯子葵問功夫時，人答之以「吾猶守而告之，三日而後能夠外天下。」的第一個步驟，及顏回「坐忘」功夫中的「忘仁義」、「忘禮樂」的階段，及〈應帝王〉篇中言：「順物自然而無容私焉，而天下治矣。」於是有〈逍遙遊〉中堯讓天下於許由而許由不受且以之為實之賓的觀點等。

（2）由氣論中獲得存在的智慧而知道對身體的處理。對於構成自我存在的身軀觀念，不再以小我的範圍限制它，對於提供存在功能的四肢百官的使用，不再以一己之需為操作的方向，在解消了對自我的氣存在的執著之後，便能夠開闊存在的領域，配合合道的精神活動而打開視野。這便是〈人間世〉「心齋」功夫中所言：「若一志無聽之以耳，而聽之以心，無聽之以心，而聽之以氣，聽止於耳，心止於符，氣也者，虛而待物者也，唯道集虛，虛者心齋也。」，也是〈大宗師〉南伯子葵一段功夫中的：「吾又守之，七日而後能外物，已外物矣，吾又守之，九日而後能外生，已外生矣，而後能朝徹，朝徹而後能見獨」，也是〈大宗師〉言「坐忘」功夫中的：「顏回曰：墮枝體、黜聰明，離形去知。」等階段的理論建構。

（3）由道氣並觀的存有實相中追求道通為一及遊乎天地一氣的境界。此時自我存在的執著已完全去除，自我的存在範域與整體存在界等同，而精神活動的內涵同於存有的本身，這便是人間世「心齋」功夫中的顏回可以「得使之也，未始有回也，可謂虛乎！」的境界，也是〈大宗師〉中南伯子葵一段功夫中的「見獨而後能無古今，無古今而後能入於不死不生。」的境界，及顏回坐忘後的「同於大通」的境界。

以上對莊子使用氣觀念的簡單鋪陳，此處仍要強調兩個重點：其一為：「氣化世界觀的實然固是一事，然而對於價值觀念的決斷還是要在本體論的道觀念中落實。」。其二為：「氣化世界觀的出現是對於整體存在界的實狀實有所說，因此透過價值命題的貞定之後，無論是功夫論、境界論、甚或人性論的觀點等，都必須通過氣觀念的處理，以作爲哲學觀念發表的基地。」。以上對莊子氣論思想使用範型之討論，主要爲說明氣論思想在整體哲學理論體系中的建構脈絡，以下討論孟子。

（二）孟子氣論思想的使用範型

1. 孟子從人性論來建構功夫論的理論型態

先秦儒學理論家孟子的思想體系中，也有氣的存在，但卻不是理論體系中的重要範疇，但因氣之存在的事實，使得孟子在理論建構中仍然對氣有所處理，而且主要是表現在功夫理論的建構脈絡上的。這就顯示，氣論進路的思維，除了可以是形上學領域的問題之外，也可以是功夫理論中的要角。孟子型態的儒學理論是道德自律型的，〔註 50〕道德性的律則就是儒家的本體論的內涵，通常由天與性來說此本體，整體的存在界的存有意義以「天」表之，而人存有者彰顯存有內涵時則以「性」表之，就孟子而言，它的內涵意義即是「仁義」，「仁義」範疇的特徵除了內容上爲道德性的以外，更在於它具備實踐的力量與實現的要求，所以以仁義爲性的儒家哲學體係，都會表現出道德行爲是由內而外的理論型態，因此會得出由自我的要求而發爲行動的功夫論型態。由於孟子的人性論是「仁義內在」〔註 51〕的型態，因此那個有實踐能力且有實踐要求力量的存有原理，便固存地在人存有者的生命活動中存在並活動著，因此追求道德性的功夫意義是「擴而充之」，〔註 52〕充養那本來已

〔註 50〕 參見，傅佩榮教授著，〈儒家論人的自律性——從自律性到人性論〉，《哲學與文化》雜誌，第十五卷，第六期，民國 77 年 6 月。

〔註 51〕 《孟子》〈告子〉章中多有仁義爲內爲外之爭，孟子主張仁義內在，論爭者以仁內義外，就表面文字而言，兩者實有語意約定不同的現象，就孟子觀點的重要側面而言，仍是所有道德性的生命功能都是存有的原理，仁義禮智皆然，這也可以說是孟子的語意約定。

〔註 52〕 「孟子曰：『人皆有不忍人之心。先王有不忍人之心，斯有不忍人之政矣。以不忍人之心，行不忍人之政，治天下可運之掌上。所以謂人皆有不忍人之心者：今人乍見孺子，將入於井，皆有怵惕惻隱之心；非所以是覲之：無惻隱之心，非人也；無羞惡之心，非人也；無辭讓之心，非人也；無是非之心，非人也。惻隱之心，仁之端也；羞惡之心，義之端也；辭讓之心，禮之端也；是非之心，智之端也。人之有是四端也，猶其有四體也；有是四端而自謂不能者，自賊者也；謂其君不能者，賊其君者也。凡有四端於我者，知皆擴而充之矣，若火之始然，泉之始達。苟能充之，足以保四海；苟不充之，不足以事父母。』」（孟子公孫丑章句）
本文是孟子道性善的代表性文字，其中最重要的命題，即孟子言四端心人人固有者。但是現實上是世人有善有惡，因此孟子解釋人之善惡的理論方式，

內在的功能。因爲它是人存有者本來已有的功能，所以是「求則得之，舍則失之。」，〔註 53〕而如果對於人存有者的生命活動不肯以道德性活動爲其內涵時，孟子便以其爲「自賊者也」，因爲它是明確地在於存有者的生命功能裏的

便成爲善惡之所差只在「充之」與否而已。文中有強烈敘述無四端心者非人也之說法，需要疏解：我們若從人之本有此端心立說，而非謂人之已充放之且卓然已成君子之人格者言之，則謂無四端心者非人也之說則可以成立。此外，文中孟子又作出強烈的道德判斷，指出人人本有此端心，因而在道德行爲上若仍謂不能者則是騙子。這是孟子以本有者爲本能者，這是把能的概念，放在存有論上講，或者說，這是把四端心的有的概念，轉爲實踐哲學上的能動的功夫上講，有此本有之四端心的理論意義是：此心本質上即爲一能動的意志，有此心即謂有此動能的意志力量，因此仍說自己不能發動四端心者，必是騙子，所以人之爲善爲惡便眞的只是「充之」與否的問題了。在孟子這個強烈的道德批判下，任何人還要說仁義禮智爲己之所無者，必受孟子攻擊。孟子會認爲你只是不充擴它，它其實早在你心中已有了的。

〔註 53〕「公都子曰：『告子曰：『性無善無不善也』或曰：『性可以爲善，可以爲不善。是故文、武興，則民好善；幽、厲興，則民好暴。』或曰：『有性善，有性不善。是故以堯爲君而有象以瞽瞍爲父而有舜；以爲兄之子，且以爲君，而有微子啓、王子比干。』今日性善，然則彼皆非與？』孟子曰：『乃若其情，則可以爲善矣，乃所謂善也。若夫爲不善，非才之罪也。惻隱之心，人皆有之；羞惡之心，人皆有之；恭敬之心，人皆有之；是非之心，人皆有之。惻隱之心，仁也；羞惡之心，義也；恭敬之心，禮也；是非之心，智也。仁、義、禮、智，非由外鑠我也，我固有之也，弗思耳。故曰，求則得之，舍則失之。或相倍蓰而無算者，不能盡其才者也。詩曰：『天生蒸民，有物有則。民之秉夷，好是懿德。』孔子曰：『爲此詩者，其知道乎！』故有物必有則，民之秉夷也，故好是懿德。」（孟子告子章）本文是孟子人性論的重要文字。告子明確說出他的人性理論，不過我們也可以說告子以他的觀念脈絡來定義著人性，那就是，普遍的人性不決定於或善或惡的範疇中，「性無善無不善也」，在這個命題下，人之表現爲何即成他的人性，因此「性可以爲善，可以爲不善。」，端視主觀取擇或客觀環境之決定爾，其次，每個人也有他自己生來的或善或惡之性，故曰：「有性善，有性不善。」因此我們根本不能建立普遍的人性之善惡理論，這是從現實狀況中觀察而得的，也算是一種歸納論證的方法。然而，孟子所要討論的人性之善惡理論卻不是在這樣的脈絡下進行的，孟子說的，是指只要你本性中有一個可以爲善的實情，那就是所謂的性善，因此人之行爲之善或不善是後來的事，我們不能以人之不行善就說人性中沒有善的本質，孟子還藉引古人之說，認爲只要是人就會有其一定的存在本質，故一定有明確的人性，而人性之說，只能是建立在眞實的情狀上，而人有四端心是一實狀之情，故人性爲善。由此我們可以見出較完整的孟子性善說之建構方式，直接強迫地以人有善念之實狀，肯定之爲人性的本質定義，從而脅迫惡的一面乖乖就範，不能出而主張其是，因爲「善爲性」則正剋制「惡爲性」，因爲，善之爲性正爲一種動力，故而惡者不存於性中，兩者不能並存，否則矛盾。

一個環節，更因爲它才是存有的原理，所以否定了人存有者生命功能中的道德性，等於是否定了人存有者的存有原理，故而是「非人也」。〔註 54〕

2. 孟子論氣在生命功能中的作用

「氣」的存在在孟子哲學體系中的地位，只是另一種有力量的生命本能，它和負責發揚人性的道德性動力存在者「心」，共同發出生命的活動，孟子以及所有儒家理論體系的最重要目標，就是對於生命活動的意義、目的給予方向，這個方向由性定之，性是人存有者之所以如此存有的原理，性的內涵是仁義禮智，所以存在的根本意義就是以仁義禮智的目的而存在，因而存有者的活動便需以仁義禮智爲其方向，這就是人的定義，也是生命活動的貞定方向。孟子在使用心的概念的時候，就是在說明這個以存有本性爲活動方向的生命功能。但是存有者的存在有仍有耳目四肢之實然面，（耳目四肢的存在是氣的存在，但是孟子理論中沒有明顯說之，所以我們在討論孟子時，暫不直接以氣存在說耳目四肢之實然。）它們仍有來自生理本能的活動力量，孟子在使用氣的概念的時候，就是在說明這種力量。心與氣兩種力量在人存有者活動的時候會彼此作用，因此如何處理心氣之爭時的對待方式，便是孟子功夫理論的要項之一。

3. 孟子以志帥氣的功夫論格式

簡言之，孟子以道德性的生命力量爲功夫論的主導力量，並且要發揮引領生命本能性力量的功能，在生命活動中，只要以此爲主導，則後者將爲前者引領，反之，道德性生命力量不發揮，人存有者會受到生命本能的牽動，則所爲者將或有不應爲之現象發生。〔註 55〕這個道德性活動的功能，孟子以

〔註54〕《孟子》〈公孫丑〉章。同註48。

〔註55〕參見《孟子》〈公孫丑〉章：孟子曰：「不得於心，勿求於氣，可；不得於言，勿求於心，不可。夫志，氣之帥也；氣，體之充也。夫志至焉，氣次焉。故曰：『持其志，無暴其氣。』」『既曰：『志至焉，氣次焉』，又曰：『持其志，無暴其氣』者，何也？』曰：『志壹則動氣，氣壹則動志也。今夫蹶者、趨者，是氣也；而反動其心。』」本文出現了幾個孟學的重要命題。首先，心應統氣。但若其心不得爲主人，則易爲氣之大者所牽動。即，對於功夫操作的概念規定中，孟子是以心爲在存在位階上高於氣的主角，是由心來扮演決定者的角色。這當然是基於人心中有一道德動力之性在的。本文是孟子在討論用心的功夫，文脈從不動心談起，孟子所重的不動心，是守約之不動心，孟子批評的不動心，是守氣的不動心。守約者，以道理之所當爲者爲行事的準則，也就是「自反而不縮，雖褐寬博，吾不惴焉？自反而縮，雖千萬人，吾往矣！」的境界，若以氣守者，行事純任自然好惡之所欲，不論禮儀是非之道德性考

心說之，而生命本能的作用，則以氣說之，氣並不總是爲惡，也並不必然爲惡，只是一種本能性的力量而已，它有待心爲之主導，在心爲主導時它還將發揮強化道德性力量的功能，而成就了人存有者浩大的生命力量，是爲「浩然之氣」，然而這種出現在人存有者生命活動中的最豐沛的力量，一定是要以道德性的活動爲其內涵才會出現的，也就是要和存有的原理相合才會發生，否則力量就會消失，氣的生命本能的功能將不會持續地強化它。〔註 56〕這就

慮，可謂平置在七情六慾的自然本性中作爲判斷的準則，這也是能達到不怕死的境界，但這只是匹夫之勇而已，匹夫之勇孟子不取，不動心之勇是要在智仁勇的格局中的理性冷靜之勇上，非如此境界的不動心，孟子甚至譏笑告子比他還厲害。但那不是孟子所重的不動心之道。所以，氣若不以理性心守之，則只是自然本能之氣而已，孟子不取。當然，理性的判準來自道德的價值判斷。告子認爲如果一般的道理說不過去，就不要強要自己的意志來認可它，自己的認知心不接受的，就不要發動情緒來文飾它，這也是不錯的說法。然而孟子要討論的是有價值判斷能力的心的決定性功能，所以不採取告子的脈絡來討論心與氣的關係，孟子的觀點是，道德價值判斷心尚不能認可的行爲，當然不能發動情緒來強迫己從，不過，就道德價值判斷心已經認爲對的事情，如果只是因爲一時口拙，辯不過人家，就退縮了，這就變成是將自己的道德價值心所得的結論棄置一旁，那這是不行的。接下來，孟子提出志的觀念來糾正這種現象，志是帶著價值感的意志力量，價值感受是決定人的行爲的準則，它的影響力最大，我們的價值判斷心，會表現出一種心志力量，由此一力量能作爲行事的氣勢來源，我們做事要由這個道德價值原則的心志力量來主導，不能反過來由一般的情緒好惡來主導，後者主導的結果會造成連你的價值判斷都有錯誤的現象，這就是「持其志，無暴其氣。」的道理。由上之說，可見出孟子理論體系中的氣概念，是一個等待被主觀意志領導的存在結構，如果不小心駕馭，它會反過來以它生理本能及情緒本能的力量來決定人們的行止，此時人的價值性生命層次就降低了，這也顯見孟子強調人的生命目的，應定執在心的基礎上而不是氣的基礎上的道理，而此心，應爲有道德是非仁義判斷主導能力的心志力量者。

〔註 56〕參見《孟子》〈公孫丑〉章：「『敢問夫子惡乎長？』曰：『我知言，我善養吾浩然之氣。』『敢問何爲浩然之氣？』曰：『難言也。其爲氣也，至大至剛，以直養而無害，則塞於天地之間。其爲氣也，配義與道；無是，餒也。是集義所生者，非義襲而取之也。行有不慊於心，則餒矣。』」本文是孟子討論氣概念的一段重要文字，由此可以見出孟子在先秦儒家本位的理論立場中，對氣的概念範疇之理論觀點，可以與其它學派有重要的差別特色在。註十四之文已指出，孟子認爲氣是低於心的一個存在層次，而本文則將指出，氣也可以提昇到一個高級的存在結構上的道理，但那就需要以正確的方式來充養它，使之成爲「浩然之氣」。而「浩然之氣」的產生是要由義來充養的，是以義爲充養氣的內在根源，其結果就能至大至剛，「雖千萬人吾往也」，但是氣的助長，不能用之非道，否則就會使其自己的錯誤本能發展起來，是揠苗助長之也。這樣的對氣的處理，其實仍是以氣爲第二序的，義才是第一序的，

是孟子以四端心的充養爲要，及以「持其氣無暴其氣」的以志帥氣的功夫論格式。

由上可知，孟子思想中的氣存在，是一個等待被道德性的心志力量引領的生命功能，它沒有必然爲惡的人性論基礎，人性論的內容仍定於善，整個宋明儒的人性論與功夫論都是這樣的格式，即便是張載提出氣質之性的觀念，就仍有可復之天地之性以爲其本，〔註 57〕總言之，存在的原理是誠是善，惡不在天道論中，則惡更不在人性之中，則功夫之操作的格式不論是復是致是克是志，都擁有合於道德性存有原理的先在條件，我們以爲這便是孟子功夫的根本型態，而爲整個宋明儒學功夫論共同使用的原型，於是當宋明儒學家大規模地吸收了氣論思想的宇宙論架構之後，雖然各家對於心氣關係各有所定，或對功夫次第各有所爭，然而這個從人性論中說來以及從天論中說來的道德性存有原理，便擁遠是其功夫之所以可能完成的先在前提了。

孟子其實沒有明顯的氣論，孟子有的是在心性論中處理了氣存在的作用，但是孟子的處理原理卻成了儒家學者在宋明時代的重要氣論原型，氣論的思維模式在漢儒時代已經是理論建構的主導性範疇了，但是漢儒的人性理論多與孟子不類，對於功夫理論中的處理氣的作法當然就不同，更何況漢儒的氣論思維較孟子要繁瑣得多，更不以孟子爲典範，然而宋明儒則不然，宋明儒的人性理論以孟子道性善爲標的，而形上學思想中在氣論的思維方式上接受莊子的原型，至此，宋明儒對於氣論思維的理論建構的課題，便是如何消化莊子的氣論，及妥善處理漢儒留下來的廣大的氣論思維遺產，而置入孟子的性論。因而理論上的交戰點，當然就是本體論的型態之爭了，宋明儒以誠、以易、以善、以理、以太極、以生生，以各種先秦以來儒家本體論的概念範疇來鞏固本體論的陣地，以與道佛爭辯，船山便是這個浩大工程的最末環節，我們在氣論進路的形上學方法說明中，將莊子與孟子的理論原型作一展示，對於船山氣論進路的形上學觀點，實已呼之欲出了。

這是孟子論氣的通義。而義即道德價值判斷心的一種，是心的一個表述面向，心的表述面向還有仁禮智等。

〔註 57〕參見唐君毅先生的討論：「即其言氣質之性，而謂其依於天地之性而有、並可變化，以返於天地之性，亦進乎此。」《中國哲學原論・原性篇》，頁 333，臺灣學生書局，民國 73 年 2 月校訂版。

第二章　王船山易學進路中的形上學思想

前　言

船山的易學理論，在中國易學史上堪稱規模龐大，北京大學朱伯崑教授說：「王氏有關易學哲學的著述，其數量之多，不僅超過朱熹，也是易學史上罕見的。」〔註 1〕因此以船山易學哲學爲船山形上學的研究進路，從其易經思

〔註 1〕參見《易學哲學史》，第四卷，頁六。朱伯崑著，臺北藍燈文化事業股份有限公司，民國 80 年 9 月初版。

關於船山易學理論方面的作品，本論文所參考使用的版本，是《船山遺書全集》，由「中國船山學會」、「自由出版社」聯合印行，中華民國 61 年 11 月重編初版。以下註釋中所依據之《船山遺書全集》即指此叢書。

船山易學的著作十分豐富，而其關涉形上思想的作品也很多，船山三十歲作《周易考異》，（第二冊）這是關於周易一書的文字訓詁的考證之作。同年作《周易稗疏》，（第二冊）此書一方面對經文作同樣的考證之工作，一方面對易傳部份進行義理疏解，而船山周易哲學的重要觀點也已在此發生。三十七歲作《周易外傳》（第二冊），在經文方面完整地解釋六十四卦卦爻辭義理，在易傳方面則逐文逐句地注解了〈繫辭傳〉，並全文說明〈說卦傳〉、〈雜卦傳〉、〈序卦傳〉，可謂全力發揮了他對周易包括宗旨、來源、作者、占筮、學理、八卦、六十四卦、揲蓍、理、象、數、圖……等等問題的看法，以及強捍地表達了對易學史上各家及中國哲學中道家、道教、佛教等各家的形上思想之批判性意見，可以說《周易外傳》一書已是傳山易學的完整性著作了，後來的作品，只在周易理論的建構方式上有所進步而無否定，但在批判它家的立場及觀點上則無多少改變。

船山五十八歲作《周易大象解》（第二冊），這是一部針對《易傳》〈大象傳〉所作的疏解之書，船山認爲大象傳講卦象的義理與周易本義不合，而是孔子精義入神之作，是爲學人講述爲人之道的作品，故而船山發揮之，以爲聖人

想中勾勒出他的重要形上學觀念，毋寧是最恰當的研究進路之一。其次，船山志承張載，張載在北宋諸儒中率先以氣論論學，而船山本人論學時代又在明末氣論思想流行的傳統中，故而船山哲學理論多數扣準氣概念發言，因此由船山對氣論思想的角度切入以掌握船山形上思想，仍是極爲核心的研究進路。本論文之作，以發揚船山形上思想中的精義爲標的，因此論述之理路，將以船山易學與氣論思想爲其形上學體系建構的進路，本章專論易學進路的形上學理論建構部份。次章論氣論。

易經哲學中卦理的研究可以只是占筮之學，然而儒學理論家藉易經哲學的符號與術語系統討論形上學思想的作法也是事實，易學理論體系中的太極、陰陽、八卦、六十四卦、三百八十四爻中的發生發展問題，一方面是純占筮之用的卦理的問題，另方面則是儒家論天道流行的形上學觀點的問題，船山已把易學視爲儒家天道論的表達系統，所以他對卦理的研究等於他對形上義理的研究，他藉卦理發生發展的原理來說明儒家的天道理論，也就在這裏發展了儒家哲學中易學進路的形上思想之理論型態，本章即以展現船山此一研究成果爲主，企圖爲船山建構其立基於易經哲學的形上思想表達系統。是爲船山易學進路的形上學系統。

本章首節將說明船山對於周易這部著作的基本看法，並從中反省這樣的觀點所影響到的形上學理論基本預設問題；第二節將說明船山對卦理卦象的

作注解。五十八歲至六十七歲間完成《思問錄》內外篇（第十七冊）及《張子正蒙注》（第十七冊），前者是綜合性的學思散作，但也包含眾多的易學哲學觀點，尤其是氣本論的形上學觀點。後者是注解式的體裁，同《周易外傳》逐句注解繫辭傳一般，也是逐句注解《正蒙》，可以說是對張載以氣爲宗的形上思想、及剛健的易學觀點、和對道佛批判意見的完全繼承。六十七歲作《周易內傳》（第一冊），《周易內傳發例》（第一冊），這兩部著作已是船山易學的總結之作，內傳的體裁與外傳同，但更精細，且篇幅更多。發例則爲一篇完整的船山易學綱領的文章。因此本文的觀點討論，將以《內傳》及〈發例〉爲主要材料，在形上原理不足以支稱《周易》觀點的時候，將以《思問錄》及《正蒙注》爲輔助材料，在周易原理不明確時，將以《外傳》及《稗疏》爲輔助材料，在內外傳觀點有所衝突時，將作比較性的討論。至於《考異》一書，因較不涉及義理，故可不引用。

船山儒門易學之立場鮮明，攻擊它教亦不遺餘力，然其解老、莊、佛之作品，確極內行，今人有謂船山在道教及佛理上亦有極深造詣者，若然，船山還會在易學作品中發表如是之見解，則實難解，此一問題本論文將一併處理。關於船山所著《老子衍》、《莊子通》、《莊子解》、《相宗絡索》等書皆收錄於全集第十八冊中。

基本看法，並強調船山以《周易》卦理為天道的必然理數結構，從中反省理數必然的天道觀對船山形上學思想的影響；第三節將說明船山在處理占筮問題及揲蓍之法上的基本看法，並強調船山仍保留住神妙不測的《周易》天道觀，從中將可反省這樣的天道觀對其形上學體系的影響。第四節將處理船山在卦象間關係所設定的觀點，強調其中若干個重要的關係原理，是基於一些形上學的觀點而設的，並反省其與船山氣論思想的理論關係。

本章概分四節，各節重點如下：

第一節　崇德廣業四聖同揆的周易著作觀

說明船山以崇德廣業為《易經》一書之寫作目標，並且是以伏羲文王周公孔子四位聖人體貼同樣心意而共同完成的周易經傳著作，由是之故，易學本體論之觀點便決定於作易者之目的，易道彌綸天地，於是易學天道觀便是一個崇德廣業的天道論。以此為基礎的周易著作觀，船山也提出了對於周易經傳各項體例問題的看法。

第二節　卦象固有理數必然的周易象數觀

說明船山所認為的《周易》卦象系統，是固有於易學天道的實狀描繪，而其卦理發生中的理數關係，是由聖人則於河圖而來的天地之數之必然演繹而出之易道全體之徵象。是故本節專以船山象數學為討論主題，指出船山的易學象數學在形上學觀念中的理論意義。

第三節　陰陽不測作用神妙的周易天道觀

說明船山由易學所說明的天道之神妙作用，乃非人意之所能窺測者，是以筮法所依者為少於天地之數的大衍之數，即為對此神妙天道的不敢以數限測。而占筮之過程乃人謀與鬼謀並用的結果，故其於一陰一陽作用之際，有天道的神妙而非人道之可以術數限測者。

第四節　乾坤並建錯綜為象的大化流行論

說明船山對於《周易》六十四卦的關係原理，是認為重卦之出現乃為三爻卦之每爻重二而成者，故非為兩個三爻卦之互重為六爻卦者，而乾坤兩卦則各以十二位陰陽具足兩間，一以陽顯一以陰顯而顯隱互有，因此其餘諸卦間之關係也是以隱顯互現之互錯原理，及上下週流之互綜原理，而為象組關係，而非〈序卦傳〉中所言之象序關係者，因而使整個六十四卦之卦象關係，顯示為整體存在界在一氣周流互有隱顯的氣化流行之世界觀觀點。以下分述之。

第一節　崇德廣業四聖同揆的周易著作觀

本章首節將說明船山對《周易》著作的基本看法，透過這些觀點中所反映的船山的易學基本觀點，則可知其易學形上學思想的觀念預設在於：船山一開始在文獻上就把易經和易傳當作聖人體貼天道、敘述大化流行的有體系之理論作品，所以易學也就是儒學，只能以儒學的基本心靈來閱讀及理解，並且應該在易經與易傳二而一的作品中認識儒家教化之學的所有原理。因此是凡不同於此一態度的易學理論之作品都是他要絀退的對象，這就導致他對易學史上各家思想要有批評的原因。不僅如此，儒門本位的易學理論是天地間唯一的正理，是凡在世界觀理論中所有不同於易理原理的理論體系，也是他要攻擊的對象，因此，道佛的形上體系他當然要批評。這整個的思考心靈，就導致了他定要進行援易弘儒以反道佛的理論工作了。因此在本節將船山對周易基本看法釐清之後，將可以作爲理解船山易學進路的形上學觀點之若干預設基礎。

在船山易學哲學的起點處，他發表了對於整個《周易》這部書的看法。首先：《周易》是爲崇德廣業之目的而作的，易學應爲先秦儒家學者爲崇德廣業修己治人而作的一部書，它包含了天地人三才之道，從天道以至人事之所有精義都在此發揮，是所有儒者應持守奉行的行動準則與智慧根源，而這一部著作是在四聖一脈經傳同義的格式下所完成的。第二、對於《周易》的學習和使用，是要在學習之中作爲修身之道，以及在占筮的使用中用於安定天下的事業中，因此占筮即爲學習，學習即爲崇德廣業。第三、《易經》一書現存版本中的經傳兩部，在內容上從卦象、彖爻辭到易傳中的九傳，〔註 2〕都有著易理上的一致性，是從伏羲到文王、周公、孔子四位聖人體貼同樣的心意而傳承不已的集體創作，因此所有關於易學哲理的發揮與討論之作，都應以周易原書的內容爲依據，違此者即爲異端。這三個重點也將是本節要討論的主題。

然而，關於船山這樣的《周易》著作觀，我們的看法是，船山的《周易》史觀並不正確，〔註 3〕但作爲一整套船山易學哲學體系的起點，這樣的史觀又是必要的基礎，我們可以將之當作是船山易學哲學的預設，可以作爲船山其它易學理論推演的必要前提。但是在《周易》史觀上我們應接受更客觀的研

〔註 2〕船山否定〈序卦傳〉爲聖人所作，故只肯定其中的九傳，詳見本章第二、四節之說明。

〔註 3〕參見《周易研究論文集》，北京新華書店，第一至四輯，1987 至 1990 年。

究結論，至於對整個中國易學史的看法，在我們所採取的形上學進路的研究態度上，則已經將其視為中國哲學的形上思想體系不斷創新的思想發展史，而不以船山把他家視為異端的態度來對待之。相反的，我們也把船山易學當作中國哲學史的一次創造，而創造當不在其周易著作觀的預設上，而是在於從其預設所引發的所有觀點者。以下專以船山對《周易》著作的觀點以為討論主題，並分四點述之：一、崇德廣業、四聖同揆的周易寫作觀。二、占學一理、以學為重的周易教化觀。三、經傳同義、傳為經解的周易解讀學。四、對船山之易學基本觀念的形上學考察。

一、崇德廣業、四聖同揆的周易寫作觀

《周易》包括〈經部〉〈傳部〉的整部書是怎麼作出來的呢？依船山的觀點，《周易》之作是明確地經過四位聖人體貼天道必然之情狀而共同完成作的。而四聖完成《周易》的目的，即在教化人民以「崇德廣業」一事而已。這就是船山有名的「四聖一揆」的觀點。關於四聖對《周易》的貢獻是這樣的：

1. 伏羲觀天象明理數作八卦。
2. 文王對伏羲畫八卦的繼承，而以三才之道為原理發展為六十四卦的卦象及彖辭。
3. 周公對文王彖辭的繼承，而發揮變通效學的道理，而作六十四卦三百八十四爻的爻辭。
4. 孔子對周易經部的繼承，而寫作繫辭等十傳以發揮《周易》精蘊。

船山以「畏文、周、孔子之正訓」為終生易學工作之職志，發揚先秦儒門易為宗旨，他所建構的龐大易學觀念系統，又反對了易學史上自漢以降的各家學說，這一種反對方式又是不允許各家觀點並存的獨佔型態，他是要建立一整套的儒學形上觀念，並且經由易學詮釋為入手途徑，因此將易學之起源收攝在孔門之作中，進而將易學形上觀念完整地建構在儒門成德之教的理論基礎上，而普遍化及統攝化此一儒門形上觀為唯一有效之形上體系，如此才可絀退其它易學思想觀念以及佛道兩家之形上觀點。基於這樣的理論需求，以孔子之作統一周易之書，成為船山易理必走之路。船山著名的易理命題即為「四聖一揆」說之提出，他於《內傳發例》中說：

> 伏羲氏始畫卦而天人之理盡在其中矣。……文王起於數千年之後，……得即卦象而體之，乃繫之彖辭，以發明卦象吉凶得失之所

> 由。周公又即文王之彖，達其變於爻，所以研時位之幾，而精其義。孔子又即文周彖爻之辭，贊其所以然之理，而爲文言與彖象之傳，又於其義例之貫通與其變動者，爲繫傳說卦雜卦，使占者學者得其指歸，以通其殊致。蓋孔子所贊之說，即以明彖傳象傳之綱領。而彖象二傳即文周之彖爻，即伏義氏之畫象，四聖同揆，後聖以達先聖之意，而未嘗有損益也明矣。〔註4〕

同樣的義理在《內傳》及《外傳》中也有說明，〔註5〕船山宗旨明確，即以伏羲爲陰陽二爻及八卦之作者，而文王爲六十四卦卦象、卦辭〔註6〕之作者，周公則作爻辭，而夫子即爲〈彖傳〉、〈象傳〉、〈繫辭傳〉、〈說卦傳〉、〈雜卦傳〉的作者，後三傳之作，乃夫子爲上下彖、象傳〔註7〕之義理作更寬廣之說明，而彖、象二傳之義理，船山以爲即是六十四卦卦爻辭之最正確解釋，此即其言「後聖以達先聖之意，而未嘗有損益」之意。而周公作爻辭是參照全卦卦象、卦義、卦辭，而進行統合在一卦之中的變化之道的解說，故而爻辭也通卦辭。而六十四卦則全爲文王發揚那些已蘊含在伏羲所畫八卦之義理中的當然之作，依著此一後溯之說明方式，四聖相承，而其義理之最終的統合解釋即在「繫辭傳、說卦傳、雜卦傳」之中，是故船山得以以畢生之精力，由此三傳之詮釋爲進路，舖陳出整體易學形上思想之內涵，以及完成六十四卦卦、爻、彖、象之逐句解經之工作。

〔註 4〕參見〈周易內傳發例〉，《船山遺書全集》，頁 647。

〔註 5〕參見《內傳》中言：「伏義氏始畫卦也，……至於文王……益求諸天人性命之原，而見天下之物、天下之事、天下之變，一本於太極陰陽動靜之幾，貞邪誠妄、興衰利害，皆剛柔六位交錯之理，乃易其序，以乾坤並建爲之統宗，而錯綜以成六十四卦，舉萬變之必形者，可以約言，而該其義，則周易之彖辭，所由折衷往聖，而不可易也。周公復因卦中六位陰陽之動，而爲之象辭，則以明一時一事之相值，各有至精、允協之義，爲天所禍福於人，人所自蹈於吉凶之定理，莫不於爻之動幾顯著焉，彖與象皆繫乎卦，而以相引伸，故曰繫辭，繫云者，數以生畫，畫積而象成，象成而德著，德立而義起，義可喻而以辭以達之，相爲屬系而不相離，故無數外之象，無象外之辭，辭者即理數之藏也。」（《周易內傳》，〈繫辭上傳〉注解，《船山遺書全集》，頁 495）。至於《外傳》中文字尚多，暫不繁引。

〔註 6〕船山以「彖辭」名卦辭，在其全部著作皆如此使用，此先說明。但他似無明言卦名爲文王之作，然依其「四聖一揆」之旨，卦名決無他人參作之理明矣，更且，卦名即在卦辭之中，則船山以卦名爲文王之作，應已明顯。

〔註 7〕此處之〈象傳〉應以〈小象傳〉爲主，至於〈大象傳〉雖仍聖人之作，但因另有殊義，不宜置於此處理解，詳見本章第三節之說明。

至於船山如何確定其「四聖一揆」之命題呢？我們以爲與其從船山已說已證之說法或理論，來爲其引證或據以駁斥這個命題，都已不是船山易學研究的理論工作之重點，姑且不論是否有伏羲畫八卦的遠古史實，根據近人的多方研究，周易經傳的作者及時代都不可能是文王、周公、孔子三人就可涵蓋盡全，〔註8〕這個看法，應該已是當代易學學術研究者的共同定見，至於船山此說，我們只當是他的易學理論體系所需之前提，眞正重要的是，船山如何由此一前提能建構他的完整一套之易學理論以及形上思想，並且在我們並不以中國哲學史中所曾出現之任何一家形上思想爲所有理論所最終應該歸向的標的時，我們應該注意的，就是討論船山如何以理論建構的深度，去說明易由太極至六十四卦的天道論過程，以及關聯在易學理論中心的一套形上思想，及其藉之以與他家辯論的理論內容。

當我們能以這樣的平等心態來對待所有的理論體系時，對於船山「四聖同揆」的錯誤前提，其實它已經不會在一開始就破壞船山的理論進行，因爲這個命題只是等於船山揭示了一個他所採取的易學原理的基本立場或進路，這就是先秦孔門之教的理論進路，那就是一個崇德廣業的作易心靈，而這個心靈又將成爲易學天道論的定位來源，而終究成立一個德性義的天道本體觀者。同時以此爲基礎，我們應該研究的重點在於，船山如何接著說它？把它說成什麼？以及說得是否一致？並且是否足以推翻他家之說。

至於船山是否提供了他自己的「四聖同揆」之命題的理由呢？其實是有的，只是實在不像是一種理論，反而像是在進行一場辯論，他說，假使文王、周公對易理的理解與伏羲不同，那麼他們兩人應該另造一個非由八卦系統可以必然推出的六十四卦系統，〔註9〕就像揚雄及司馬光所作的一樣，而假若孔子的易傳不是三聖的義理詮釋，那麼孔子也應該講一套新的學說，就像京房、邵雍等人所作的一樣，而文、周、孔三人卻仍守著六十四卦的系統並爲之作傳，可見此一脈絡是一個必然的系統，否則三聖的才智豈非不如這些易學家了。〔註10〕船山最後訴諸「才智說」的道理來辯論，這也有趣得很，這就是

〔註8〕參見《易學哲學史》，朱伯崑著，臺北藍燈文化事業股份有限公司，民國80年9月初版。

〔註9〕船山認爲由八卦已蘊涵六十四卦，這是必然的結構，所以作六十四卦者是作八卦者的繼承者，否則就應該畫出別的圖象結構。六十四卦如何必然地由八卦中出現，請參見本章第二節。

〔註10〕參見該文：「四聖同揆，後聖以達先聖之意而未嘗有損益也明矣。使有損益

他的理由，我們還是姑且忽略這個理由吧。

關於四聖同揆之說，《發例》中又言：

> 文王之卦伏義之卦也，文王取其變易神妙之旨，而名之曰易。是故周公之爻辭得以興焉，舍文王而無易，舍文王而無伏義氏之易。故易之所以建天地、考前王者，文王盡之矣。〔註11〕

當船山如此強烈地宣稱他的易學觀點之後，他其實已把遠古的中國易學源流，在夏商兩代的連山歸藏系統，排除在易理之正統路徑之外，而不是以周易與之並列作爲一種共同存在的不同易學理論解釋系統，而是獨斷地宣稱只有周易之義爲易之義，而周易之義則又是夫子易傳之義，當然，易傳之義則是船山之義而已。船山不是要藉易學觀念及辭彙再造一門新的知識體例，而是要壟斷易學觀念辭彙的唯一解釋權，所以，不僅連山、歸藏易要否定，即便是周朝以降的說易之作，只要不符孔門之教，則亦排斥，更遑論漢以後的非孔門之易學新義了。《發例》中又言：

> 秦焚書而易以卜筮之書不罹其災，故六經惟易有全書，後學之幸也，然而易之亂也自此始，孔子之前，文周有作，而夏商連山歸藏二家雜占之說，猶相淆雜，如春秋傳之繫辭，多因事附會，而不足以垂大義，而使人懼以終始，孔子贊而定之，以明吉凶之一因於得失，事物之一本於性命，則就揲策占象之中，而冒天下之道，乃秦既夷之於卜筮之家，儒者不敢講習，技術之士又各以其意擬義而詭於情僞之利害，漢人所傳者非純乎聖人之教，而秦以來雜占之說紛紜而相亂，故襄楷、郎顗、京房、鄭玄、虞翻之流，一以象旁搜曲引而不要諸理。〔註12〕

這樣的批評觀點，就是「四聖一揆」之後所必然暴致的理論效應，我們將在隨後的章節中，將逐一地把所有相因而引發的問題及其解決繼續作一說明。

二、占學一理、以學爲重的周易教化觀

討論船山之「占學一理、以學爲重的周易教化觀」的觀點，是在說明船山對周易占筮的本質的看法，占筮固然是周易提供的一種活動，但有其崇德

焉……合四聖於一軌，庶幾正人心息邪說之意云。」〈周易內傳發例〉，《船山遺書全集》，頁647～648。

〔註11〕參見〈周易內傳發例〉，《船山遺書全集》，頁649。

〔註12〕參見〈周易內傳發例〉，《船山遺書全集》，頁650。

廣業的深意在，即是占筮是爲完成聖人之道而設的活動，因此船山認爲易學史的發展中那些特別突出占筮活動的象數派易學者，僅強求鬼謀之符效之事，是迷於小道邪術，應予匡正。

前述「四聖同揆」的命題，是將易學收攝於孔門之教中，然而孔門之教最重成德之學，且表現在其形上思想、倫理德目以及社會政治哲學的全面理論系統之中，因此船山必須進而再將《周易》全書解釋成成德之教的作品。這其中，一個體裁上最大的問題就是周易本身是一部卜筮之書，卜筮之活動在宗旨上可以與成德之教無關，事實上，船山就屢次指出民間占筮之道是連盜賊淫人都可以來求問而得利益的行爲，因此如何把卜筮體裁的周易一書再解釋成成德之學的教材，這便是船山「崇德廣業的周易寫作觀」下必須處理的問題。這就是爲完成「四聖一揆」的內容上同揆於成德之教的理論條件。

船山的處理方式，首先是承認占筮之行爲是求問於「鬼謀」，即求問於神祕界之告知，然而鬼謀中有人謀，且神祕界的告知者則僅是一作用神妙的天道流行作用而已，而非眞有活靈活現的鬼神義。（此說詳於本章第三節。）就占筮活動的認識而言，船山要強調的是，此一求問之行爲是爲了仁義之事而求問，是爲了天下安危無法詳斷之時而作的求告之事，而不是把占筮當作求問個人吉凶禍福的行爲而已。當規定了占筮的意義、目的之後，船山即將易書之「占」，轉換成是求「學」教化之理之事，即以占筮與學道爲一事，此即「占學一理」的原則。而當占筮行爲之後，對所獲得的經文之卦爻辭之「吉凶」之意義，即以德性行爲之「得失」爲其意義來理解它，並作爲自己行爲的建議。船山言：

> 易之爲筮而作此不待言。雖然抑問筮以何爲，而所筮者何人何事邪。至哉張子之言曰，易爲君子謀不爲小人謀。然非張子之創說也。禮，筮人之問筮者曰，義與？志與？義則筮，志則否。文王、周公之彝訓，垂於筮氏之官守且然，而況君子之有爲有行而就天化以盡人道哉。自愚者言之，得失易知也，吉凶難知也；自知道者言之，吉凶易知也，得失難知也。所以然者何也？吉凶兩端而已，吉則順受，凶無可違焉，樂天知命而不憂，前知之而可不憂，即不前知之而固無所容其憂，凶之大者極於死，亦孰不知生之必有死而惡用知其早莫哉。惟夫得失者統此一仁義爲立人之道，而差之毫釐者謬以千里。雖聖人且有疑焉，一介之從違生天下之險阻，其初幾也隱，其後應也不測，誠之必幾，神之不可度也。故曰明於憂患與故；又曰憂悔

吝者存乎介。一剛、一柔、一進、一退、一屈、一伸，陰陽之動幾，不疾而速不行而至者，造化之權衡。操之於微芒，而吉凶分塗之後，人尚莫測其所自致。故聖人作易，以鬼謀助人謀之不逮。百姓可用，而君子不敢不度外內以知懼，此則筮者筮吉凶於得失之幾也。……，不可云徒以占吉凶，而非學者之先務也。〔註13〕

船山承認易書是爲占筮而作，但占筮的目的是爲求仁義而非爲求私欲，求仁義即謀求聖人崇德廣業之事業，而非爲一己之吉凶而謀問者。就一般人而言「得失易知也，吉凶難知也」，一般人所看得到的自己的得失，只是在利害層次上的得失，利害之事以利害之心面對，則任何人都知道利害，所以這種意義的得失很容易看清楚；但是做了這件事情後，它的後果發展之吉凶禍福，就不是他們的智慧所能判斷的了，因此一般人的占筮活動，是爲切身行事之後果的吉凶而謀問的。然而就儒門中的君子人格而言，「自知道者言之，吉凶易知也，得失難知也」。他們有足夠的智慧來判斷一件事情如何處理之後的各種連帶發展，因此對於所採取方案的結果之吉凶禍福是很清楚的，但是君子所重的不是己身的吉凶禍福，作爲一個君子之人，面對任何結果，都只有樂天知命而已，他們眞正關切的，是「是非」之利害的得失，意即攸關天下安危、或道德禮義的典範表率之處理得當與否之事，如何知道仁義所當爲之事的關鍵處是困難的，所以聖人以「神道設教」，以「鬼謀助人謀」，在那麼複雜的事件牽連網絡裏，儒家的君子是會有著對重大判斷有所猶疑之時，此時即占之，不論得於所占之任何卦爻辭之義，即是爲解決此一大事的建議，而此一占筮之行爲，則在其占筮之初，即全是爲著仁義之目的而作的了。此義在它文中有著更簡潔的說明：

易爲君子謀，不爲小人謀。君子之謀於易，非欲知吉凶而已，所以知憂知懼而知所擇執也。〔註14〕

且易之所謂利者，非小人之利。求榮而榮，求富而富，欲焉而遂，忿焉而逞者也。故曰利物，非私利於己之謂也。曰合義合於義，即利所謂。不以利爲利，以義爲利也。故凡言貞吉者，言既得其正而又吉，或謂所吉者在正，而非不正者之可幸吉，此即戒矣。〔註15〕

〔註13〕參見〈周易內傳發例〉，《船山遺書全集》，頁651。
〔註14〕參見〈周易內傳發例〉，《船山遺書全集》，頁671。
〔註15〕參見〈周易內傳發例〉，《船山遺書全集》，頁672。

文中皆在揭示易道之目的，全爲君子謀動於利天下之事而已。而易道自有其神妙不測的功能，以提供君子謹言愼行之參考。至於小人求告的結果，一句話，沒有好的結果，因爲「或謂所吉者在正，而非不正者之可幸吉，此即戒矣。」。當然易道神妙之事以及前文所言：「故聖人作易，以鬼謀助人謀之不逮。」之說，它其實牽引出極重要形上學問題，也是儒家與作爲宗教的道教理論的重要形上命題之差異處，船山對此有鮮明的談話，其占筮中的「鬼謀」之義，我們將在第三節中說明，而「鬼神」之存在性能，我們將在第三章談船山氣論進路的形上思想處處理。

占筮行爲之宗旨既定，占筮之方法則爲儒門君子所應當學習之事。至於占筮的形上學原理，船山是另有看法的，這在本章第三節中將予處理，此暫不論。但是關於占筮活動與結果解讀的關係，船山仍要強調，占筮所得之辭要透過卦爻辭的學習才能用於理解事件意義的，如果不具備豐厚的義理素養，即使占有所得，則仍無法藉之以解決所面對的問題。此亦即「占學一理以學爲重」之義，船山言：

> 易之垂訓於萬世，占其一道尒。……故占易、學易，聖人之用易，一道並行不可偏廢也。故曰居則觀其象而玩其辭，學也；動則觀其變而玩其占，筮也。子曰：卒以學易，可以無大過。言寡過之必於學也。又曰：不占而已矣。言占之則必學以有恆也。非學之有素，則當變動已成，吉凶已著之後，雖欲補過，而不知所從，天惡從而祐之以吉無不利邪？……二者皆易之所尚，不可偏廢，尤其不可偏尚也。……以問焉而如嚮，則待有疑焉而始問，未有疑焉無所用易也。……學則終始典焉而不可須臾離者也，故曰易之爲書也不可遠，徒以占而已矣，則無疑焉而固可遠也。故篇內占學並詳而尤以學爲重。〔註16〕

此處即是強調學習易道之重要，而所學者，自然便是易傳中所給予的形上原理以及人倫原則，並且，此一學習行爲不能暫停，因爲學習就是爲了實踐，必須終其一生都在鑽研與實踐中進行，日用常行，都要以合義之理來面對、回應，平素所學，則以易書之研讀爲重點，當行爲判斷出現了疑惑時，則以易占之，占筮只在此時有用，而學習易經中的處世之道，則是日日課題。此一課題即成爲成德之學，即是儒家所說的盡性之道。船山言：「極天人之理，

〔註16〕參見〈周易內傳發例〉，《船山遺書全集》，頁653。

盡性命之蘊，而著之於庸言庸行之閒，無所不用其極，聖人之學易也如此」〔註 17〕此處言性與易道的形而上命題，是以易爲整體存在界的眞正本體，是存有的本來的面貌、眞正的意義，故而易即性即存有原理，此一原理以人倫言時是崇德廣業，以天道言是德性本體。故而聖人崇德廣業的活動的所有內涵，在學易之道理中已盡全地表述了。易道之學即爲盡性之事，船山於此，即已將學易之事的意義，合併入儒家學者在人倫事業上的努力課題中了，而使得學易之事，與儒門教學的教化成德之事成爲同一件事情了。見其於注解〈繫辭上傳〉第五章末言：

> 此章推極性命之原於易之道，以明即性見易而體易乃能盡性，於占而學易之理備矣。根極精微，發天人之蘊，六經語孟，示人知性知天，未有如此之深切著明者，誠性學之統宗，聖功之要領，於易而顯，乃說者謂易爲卜筮之專技，不關於學，將置夫子此章之言於何地乎。〔註 18〕

於占卜之事而轉入爲學易之事，在學易之事中，結合儒門盡性之教學，至此，占筮之占義再次旁落，其重要性愈發不能與學易之事相比，尤其是將易經哲理放在卜筮之專技上發揮的理論建構工作，必須批判。其又言曰：

> 道外無性，而性乃道之所函，是一陰一陽之妙以次而漸凝於人，而成乎人之性，則全易之理不離乎性中，即性以推求之，易之蘊豈待他求象數哉。〔註 19〕

學易之事是要在人之本性中來體貼易之道，從盡性之路以求合易之道，則學易之理盡現於此，這是以人存有者之本性中，易道具足，易道之理與人存有者之存有原理相通，研讀易理的要領在人存有者的天性中，而不是從「象數」（爲船山所斥之小道的象數）之路來研究易道的，至此，從本體論的角度而言，則易占之占筮方法，以及卦爻象之理論內涵都可退入第二線了。而且占筮行爲的求其吉凶之意義更加隱沒，儒門君子依於易道的所言所行已全爲修德之事而已。其言：

> 推人所受於天之性而合之於易，見易爲盡性之學，……吉凶聽其自然也，修之者吉，修其性之良能也，悖之者凶，悖其性之定理也，

〔註 17〕參見《周易內傳》，〈繫辭下傳〉注解，《船山遺書全集》，頁 594。
〔註 18〕參見《周易內傳》，〈繫辭上傳〉注解，《船山遺書全集》，頁 524。
〔註 19〕參見《周易內傳》，〈繫辭上傳〉注解，《船山遺書全集》，頁 518。

所性全體之外無有吉凶。於此占即於此學矣。〔註20〕

善以成性而性皆善，故德業皆一陰一陽之善所生，修此則吉，悖此則凶，吉凶未形而善不善之理可以前知，不爽乎其數，易之占，率此道也。〔註21〕

此二文中有極強的性善本體論的義理，我們將在下章論「繼善成性說」一節中再集中討論。然而易道以德業之善爲其內涵，則船山性善之占以學爲重，學即崇德廣業之事之理已極明白了。

三、經傳同義、傳爲經解的周易解讀學

船山易學理論基礎工程的周易著作觀中的第三步工作，即將周易易傳各篇的寫作主旨與周易經部匯爲同一，並且使易傳十篇各自扮演周易哲學適當的詮釋者的角色。以完成「四聖同揆」的形式上同一的條件。在這一部分的理論工作中有四個項目：

（一）彖爻一致

（二）序卦傳非聖人作

（三）新易傳十翼觀

（四）大象傳別爲一義

（一）彖爻一致

首先，「彖爻一致」的意思是說《周易》一書中的彖辭與爻辭，都是在同一個卦象中的體用角度之發揮，因此兩者是基於同一卦象之卦德而作的，所以解釋卦爻辭的原理不能有差別。船山提出此說的理論功能，是用於六爻一象之整體有其一致性的原則來說的，這是要使文王之彖辭與周公之爻辭同一起來。當然船山依其「四聖同揆」的原則，是很容易解釋兩者應該相同的，因爲〈繫辭傳〉中明講了「觀其彖辭，則思過半矣」的話，而船山就把它解釋成爻辭必依於卦辭而作的意思了。船山言：

昔者夫子既釋彖爻之辭，而慮天下之未審其歸趣，故繫傳作焉。求彖爻之義者，必遵繫傳之旨，舍此無以見易明矣。傳曰觀其彖辭，則思過半矣，明乎爻之必依於彖也。故曰彖者材也，爻者效也。……

〔註20〕參見《周易內傳》，〈繫辭上傳〉注解，《船山遺書全集》，頁515。
〔註21〕參見《周易內傳》，〈繫辭上傳〉注解，《船山遺書全集》，頁522。

> 說易者於爻言爻，而不恤其象，於象言象，而不顧其爻，謂之曰未達也。……爻之義無不盡於象中，而何讀易者弗之恤邪？篇中以爻不悖象爲第一義。〔註22〕

（二）序卦傳非聖人作

其次，船山認爲〈序卦傳〉並非孔子所作，而孔子作十翼並不包括序卦傳，船山能有此一說，是因爲他自己有一個完整的八卦至六十四卦的形成理論，在這一套理論中同時建立了卦象間關係的原則，在這個原則中，卦序的問題與〈序卦傳〉的理論完全不合，故而船山以〈序卦傳〉非孔子所作，由此亦可見出他在易理形成理論上用功之深以及意見之強烈了。簡言之，序卦是一條鞭似地將六十四卦以一種排列發展的方式串聯起來，以此說明一卦與一卦間的關係，也說明了六十四卦卦序的形成原理，而船山自己的卦與卦間的關係是重視錯綜關係，是一卦之象與它卦之象的錯綜性能而形成了卦的象組關係，而不是因著一序列的人事或天道的發展過程才建立的卦義與卦序的。（此義將詳說於本章第四節。）此外，由於取消了序卦而造成孔子作十傳的漏洞，船山自己則發明了去掉〈序卦傳〉後而仍有十傳的說法，即將傳統的象傳再析爲三，即大象爲一傳和小象上下爲二傳。以下即船山之說：

關於〈序卦傳〉非聖人作：

> 序卦非聖人之書，愚於外傳辨之詳矣，易之爲道自以錯綜相易爲變化之經，而以陰陽之消長、屈伸、變動不居者爲不測之神。……故確信序卦一傳非聖人之書，而此篇置之不論，且上下經之目非必孔子之所立也。〔註23〕

（三）新易傳十翼觀

關於新的易傳「十翼」觀：

> 故曰序卦非聖人之書也。若夫十翼之說，既未足據即云十翼。文言一，上下彖傳二，大象一，上下象傳二，繫辭上下傳二，說卦傳一，雜卦傳一，序卦固贅餘矣。〔註24〕

（四）大象傳別為一義

〔註22〕參見〈周易內傳發例〉，《船山遺書全集》，頁660～1。
〔註23〕參見〈周易內傳發例〉，《船山遺書全集》，頁676。
〔註24〕參見〈周易內傳發例〉，《船山遺書全集》，頁678。

最後，船山依其對六十四卦的形成理論，導出〈大象傳〉所言之卦理，與六十四卦之義不同，但因爲〈大象傳〉所說的義理，仍爲聖人之教，故說〈大象傳〉是別義爲說，而且是依於六十四卦卦象義理引申之後而別立之說。卦象已成之後原就已提供對卦理的新解釋的合法空間，故而夫子以教化之由而造新說來教學的作法是合理的。不過，如果要拿〈大象傳〉中言卦象之形成理論來理解六十四卦的形成，這就錯了。根據船山所建立的卦象形成理論來看，一個六爻卦是由一個三爻卦每爻加一而形成的，而〈大象傳〉是依據兩個三爻卦卦象相重而形成的，這便是〈大象傳〉論卦象的錯誤之處。關於六十四卦由八卦而來的理論，我們將在第二節中詳細說明，這裏只指出有此一說即可。船山於晚年作《周易大象解》詳盡地替夫子發揮他在大象傳中的義理，但於篇序中卻仍明確指出〈大象傳〉非《周易》本義的意思。船山言：

> 大象之與彖爻自別爲一義。取大象以釋彖爻，必齟齬不合，而強欲合之，此易學之所由晦也。易以筮而學存焉，惟大象則純乎學易之理，而不與於筮。蓋筮者知天之事也，知天者以俟命而立命也。樂天知命而不憂以俟命，安土敦仁而能愛以立命，則卦有小有大有險有易有順有逆，知其吉凶而明於憂患之故，吉還其吉，凶還其凶，利害交著於情僞之感，以窮天化物情之變，學之道雖寓其中，而固有所從違以研幾而趣時，所謂動則現其占也。夫學易者盡人之事也，盡人而求合乎天德，則在天者即爲理，天下無窮之變，陰陽雜用之幾，察乎至小至險至逆而皆大道之所必察。苟精其義窮其理，但爲一陰一陽所繼而成象者，君子無不可用之以爲靜存動察、修己治人、撥亂反正之道。故否而可以儉德辟難，剝而可以厚下安宅，歸妹而可以永終知敝，姤而可以施命誥四方，略其德之凶危而反諸誠之通復，則就天、地、雷、風、電、木、水、火、日、月、山、澤已成之法象，而體其各得之常，故乾大矣，而但法其行，坤至矣，而但效其勢，分審於六十四象之性情，以求其功效，乃以精義入神而隨時處中。天無不可學，物無不可用，事無不可爲，由是以上達，則聖人耳順從心之德也。故子曰五十以學易，可以無大過矣。大象，聖人之所以學易也，無大過者謙辭也，聖人之集大成以時中而參天地，無過之盡者也。聖學之無所擇而皆固執者也。非但爲筮者言也，君子學聖人之學，未能至焉，而欲罷不能，竭才以從，遺其一象而即爲過，豈待筮哉。所謂居則觀其象也，嗚呼

> 此孔子之師文王，而益精其義者，豈求異於文理乎，神而明之存乎其人，非聖人而孰能與於斯。讀易者分別玩之，勿強相牽附以亂象爻之說，庶幾得之。〔註25〕

易道的範圍廣泛，講天地運行則有卦爻演變之理，講人倫事業則有盡性之道，在整體的的易理中，此二者應是一致的，即船山言占學一理之事者，然而接近天道的方式，其進程是豐富的，特別是像夫子般能從心所欲的境界者而言，夫子在成就了自身完滿的人格體證之後，他對人倫教化的處置，已成行爲的典範，他能以人所不測的高明方式表現天道性命的要理，在易道的完整義理架構中，夫子仍能別出蹊徑以傳達天道的精神要義，他隨手取則於六爻卦象的表徵，從而抽調出六爻之位體而無體的流行變化之性能，發明以一二三爲下、四五六爲上的上下卦象的構成圖式，而進行著一種關於天人性命之學的新的說明體裁，這當中所以能成爲聖學之標的，全在乎於夫子之已能以己之心以證天道繼善成性之理，故而發揮性理之精要，而以如此方式表達，故而其中的卦象之道不是易道象數中之原義，但其中的精義仍是教化的至理之提出，因而對於〈大象傳〉之學習，仍應爲學其聖人教人盡性知命之事，故〈大象傳〉仍以學爲重。

以上三說，從作者、著作目的、作品關係、解讀原則、使用態度等等側面說明了船山的周易著作觀，這些觀點都將影響到船山建構易學進路的形上哲學觀點，因此上述觀點在形上學問題脈絡中的影響値得檢視，此即下段之討論重點。

四、對船山之易學基本觀念的形上學考察

船山在〈周易內傳發例〉一文之結尾中，自述了他的易學觀念的宗旨，這也是他一生寫作易學學理的心態與理論建構的基本立場。他說：

> 大略以乾坤並建爲宗，錯綜合一爲象，彖爻一致、四聖一揆爲釋，占學一理、得失吉凶一道爲義，占義不占利、勸戒君子不瀆告小人爲用，畏文、周、孔子之正訓，闢京房、陳摶、日者、黃冠之圖說

〔註25〕參見〈周易內傳發例〉，《船山遺書全集》，頁675；另參見下文：「天、地、雷、風、水、火、山、澤八卦之象也，八卦之德不限於此，舍卦畫所著之德，僅求之所取之象，是得枝葉而忘其本根。於是雷火盛而爲豐，山風蠱而爲蠱，一偏之說，遂以蔽卦之全體。而象與爻之大美微言皆隱矣。」（〈周易內傳發例〉，《船山遺書全集》，頁674）

> 為防，誠知得罪於先儒，而畏聖人之言，不敢以小道俗學異端相亂，則亦患其研之未精，執之未固，辨之未嚴，敢辭罪乎。易之精蘊非繫傳不闡。觀於繫傳，而王安石屏易於三經之外，朱子等易於火珠林之列，其異於孔子甚矣。衰困之餘，力疾草創，未能節繁以歸簡，飾辭以達意，汰之鍊之以俟哲人。來者悠悠，誰且為吾定之者。若此篇之說，閒有與外傳不同者，外傳以推廣於象數之變通，極酬酢之大用，而此篇守彖爻立誠之辭，以體天人之理，固不容有毫釐之踰越。至於大象傳，則有引伸而無判合，正可以互通之。傳曰默而成之，不言而信，存乎德行，豈徒以其言哉。躬行不逮，道不足以明，則夫之所疚媿於終身者也。〔註26〕

船山易學有強烈的批判性主張以及完整的解易體系，其基本立場明確，即在於將易學定位在周易文王、周公、孔子的先秦儒門易之系統中，而排斥漢以後之所有創造性的解易思想體系，使周易主要作為一套盡性知命的成德之學，是自伏羲、文王、周公至孔子等四位聖人，在體貼相同的哲學觀點下，前後傳承而完成的共同著作，這就是它有名的「四聖一揆」的說法，為著此一基本立場的揭示，船山重新建構了八卦至六十四卦的象數關係系統，並且整體地說明了他所認為的卦爻辭義理，及其與易傳的彼此關係，尤其重要的工作，是對易學史上的各家學說，都提出了批判性的看法，他的工作成果，使得船山易學成了先秦周易之學，而盡廢中國易學史在先秦以後的所有重要的創造性成就，就學術史發展的眼光而言，他無疑走的是一條回復之道，但也因為船山對周易在先秦精神的捍衛之作，才使得先秦儒門易的精神再次獲得豐沛的生命力。而經過船山剔除的易學史上各家易學學說之內在眞義，則與船山哲學形成了重要的理論差別，並可以藉此對中國易學形上觀及儒釋道三家之根本理趣之差異，引發出重要的檢別判準。

船山認為，《周易》經部的卦爻辭體例，在卦辭中已定了一卦的主題及其吉凶，而其爻辭乃以卦辭為主而談其變化，至於〈彖傳上、下〉及〈小象傳上、下〉，則為完全符合卦爻辭之眞義而作的釋義。當然，這個眞義是船山已以孔門之教來範圍周易卦爻辭之義，因此在占筮的程序之後，占者所得之辭，即為〈彖傳〉及〈小象傳〉中所言之義，吉凶得失之理在此。由於此二傳文為孔子之作，所以占者所得者其實即為一份德性生活的建議之言，而與世俗

〔註26〕參見〈周易內傳發例〉，《船山遺書全集》，頁684。

之禍福無關，又因為孔子之此二傳乃君子體貼天道即可自得於心，所以君子可以不必占筮也能知所進退之道，只要時時觀象玩辭，知通性與天道之原理，就是把握《周易》之學的正途。因此對《周易》之占即是對易傳之義理之領會與實踐，因此船山對占筮的態度是以學賅占，占學一理，一於先秦儒之天道性命之理。

由於船山在周易的經傳體例、占筮原理、形上原理、以及卦爻的形成過程等，都有著自己一套的觀點，因此對《周易》全書，也因整體思想的一致性的原則之維護，而有一些重要觀點。包括，他認為〈序卦傳〉不是聖人之作。〈大象傳〉關於卦象的理論原理與六十四卦形成的原理不符，是別義而成論，而非周易本義。八卦是伏羲之作，而源起於河圖，且六十四卦之卦象已隱含在其中，而六十四卦之卦名及卦辭是文王之作，而六十四卦之爻辭則是周公依卦辭行變化之道而作成的，因此卦爻辭之內容有著緊密的義理一致性。而孔子作十翼，是包括〈繫辭上〉、〈繫辭下〉、〈文言〉、〈大象傳〉、〈彖傳上〉、〈彖傳下〉、〈小象傳上〉、〈小象傳下〉、〈說卦傳〉、〈雜卦傳〉等。而〈序卦傳〉則非聖人之作。當然，這些觀點都是船山的預設，不過，船山為著這樣的預設觀點卻下了極大的功夫，從易理詮釋、逐句解讀、遍註周易的工作上，一步步落實上述所有觀點的細部義理，船山研易的精神，卻實是不得不令人敬佩。

船山的易學史觀是他的易學理論的必要預設，但不是周易經傳的客觀寫作史，雖然這個周易著作觀有著太多可以挑剔的地方，但作為船山理論的必要前提者，這個預設的心靈卻指向了若干形上學命題的重要思考方向，即在於：

1. 將以四聖共同的心靈，為易道本體論的建構內涵。
2. 學易之道中所有的天人性命之理者，即為易學本體論的內涵。
3. 這個崇德廣業的作易目的，終於成為天道論中的德性本體，成為整體存在界的目的性存有原理。
4. 非以此一目的性原理而作的易學形上學體系，及道佛形上學觀點者，其不符天道本體，應斥絀。

既然崇德廣業的作易目的是天道本體，則表現此一本體情狀的易學象數學體系也應是天道情狀之描繪，故而周易象數觀是一套卦象固有理數必然的天道架構，而卦象間關係即成為易學形上觀的大化流行論，即整體存在界的內在發展演變的關係，而又因爲這些作用之中有著一個作用神妙的特徵，故而君子不可盡知，而必事於占，然占者問於義以效學崇德廣業之事，此即船山整個由易學進路以說形上學觀點的主要架構者，後三節述之。

第二節　卦象固有理數必然的周易象數觀

「卦象固有、理數必然的周易象數觀。」是指船山對於周易象數與易學天道論關係的看法，船山認爲周易卦象是天道固有之象，故而此象可說天道原理，而周易理數是聖人則於天道的必然演繹關係系統，故可由其必然性關係以說其象，再進而說天道者。本節即將處理船山由易學術語系統的卦象發生發展原則，以建立其易學進路的儒家形上學思想的問題。由於船山是以易學中卦象發生的理數結構爲天道本然之情狀，因而易理是天道的唯一真確的說明體系，因而經船山解釋下的天道理數之本然情狀，將可作爲船山攻擊他教天道觀的理論基礎。本節將著重在船山如何演繹此一天道固有的卦象建構過程。此一卦象之建構，即藉卦象之理說天道的架構，此一架構即天道作用中的必然圖式，即指由易學形上學觀點以說明大化流行的作用，而此作用則必然地在此架構之中之義。

《周易》作爲卜筮之書的原貌，是以六十四卦及每卦六爻的卦爻辭提供占筮者以爲求占的基圖，但是包括易傳作者的所有易學家都會去處理六十四卦如何形成的問題，並且把這個問題的解答當作是卦爻辭之所以是如此的解答，更進而在這個求解的架構中，周易經文成爲易學哲學家藉以勾劃天道理論的解讀原典，易〈繫辭傳〉是這個工程的起點，它也稱職地說明了一整套易理原則的內容，也在〈繫辭傳〉中明確地把易理的天道哲學建立在一個由太極、兩儀、四象、八卦以至六十四卦的表達架構裏，於是，作爲占卜之作的周易經文，由於易傳的加入，《周易》一書成爲了講天道原理的著作，並且以周易特有的理、象、數的方式來表達，理是天道的原則，它先從天道的高度說出了世界的發生發展與結構的原理，也決定了藉以表現天道的六十四卦的意義及圖式。象是卦象的面貌，說明了一卦之爲何象此，及卦與卦間之象與象的關係的道理，以及全體卦象之如何表現之道理，因而說出天道的表現徵象。數在理與象的原理中扮演著程式的角色，因爲易理之卦象是以數的關係而形成與發展著的，可以說易之理與象都是存在於數的結構中才能伴隨著而有義理化及圖式化的發展，而且當卦爻之象辭已成，占卜之進行，也全是數的推算才有的，於是數又成為易學天道論的各範疇間之關係原理，而關連著天道與人事及卦象與卦理。

當《周易》全書因經傳合出之後，其原來的卜筮角色便已提升為一套綰合天道論、人倫思想及社會政治哲學的作品了，而其中藉以說此的理論進路「理、象、數」三途，便成為接著易道之理不斷發展的中國易學家重構、創新的思維泉源，而易學之學理的發展，便在各家如何扣合易傳原典的經文，且匯集在對於八卦及六十四卦的表現型式中，各自講述其對易道中理、象、數的義理，而發展著易學形上學的理論。然而，在長遠的中國易學史發展過程中，因解易之故，隨著表達知識方式的推進，後來的易學家，又發揚了以圖表的方式，來說明易理，結合理象數的進路，以理象數圖的結構變化發展為進行的方式，而表述出一套由理象數圖共構成形的天道變化及運行之理出來。〔註27〕本文要處理的船山的周易哲學，就是要談在周易哲理之中，船山如何架構出八卦及六十四卦形成的天道原理，在這裏，天道有理、有數、有象、有圖，此四者是中國易學哲學中所使用的描述天道運行中的基本分析範疇，同時也是船山進行易學天道理論的分析範疇。以下將分四點說明：一、卦象固有於易。二、陰陽爻的象數學基礎。三、由河圖說卦象的理論建構。四、六十四卦形成的重爻理論。

一、卦象固有於易

論於「卦象固有於易」者，乃以周易卦象系統的表述結構，是易學天道論中之天道本有者，此說在形上學理論中的意義在於：「對於整體存在界的認識，它固有著一套卦象的存在結構。」，而在易學理論中的意義則為：「從易學概念範疇來說天道之時，天道固有著一套卦象的表達架構。」，船山言：

> 易有太極，固有之也，同有之也，太極生兩儀，兩儀生四象生八卦固有之則生，同有之則俱生矣，故曰是生，是生者立於此而生。〔註28〕

文中說於太極、兩儀、四象、八卦者，皆為周易的卦象系統中事，然其既同有又固有於易，其為同有者，是太極渾淪的氣化宇宙論觀念中事，本章第四節將論之。其為固有者，是本節要強調的觀念。固然性的意義在於，象是天地之自然情狀，是天地萬物之所在的整體存在界之固有之象，找出此象並說

〔註27〕以圖說易主要發揮於宋易圖書派的傳統，參見《易學哲學史》第二卷，朱伯崑著，臺北藍燈文化事業股份有限公司，民國80年9月初版。

〔註28〕參見《周易外傳》，〈繫辭上傳〉，船山遺書全集，頁1009。

出此象，這是易學思維的特徵，易學哲學本身即是一套象的思維方式及象的表達系統，因此得其象者當然是得其天道固有之象者，我們無法再以理論證其爲何爲固然，但是可以以理論落實地說明此固然卦象在天地萬物的發用情狀，即本章第四節將說明的大化流行論者。

得其象者之後，以數說之，數是象的模繪，而象中現理，故以理說象，數又是理的言說形式，數綰合象與理，表出卦象與卦理，而以占筮求之之時，揲蓍之法仍以數爲之，揲蓍之數仍爲象與理的說明形式。故此固然實爲實然，是天地之實象之以象狀之、以理述之、以數紀之。船山言：

> 由理之固然者而言，則陰陽交易之理而成象，象成而數之以得數，由人之占易者而言，則積數以成象，象成而陰陽交易之理在焉，象者理之所自著也，故卦也爻也變也辭也皆象之所生也，非象則無以見易，然則舍六畫奇耦往來應違之象以言易，其失明矣。〔註29〕

說其固然即表示船山要說明的《周易》象數觀是天地之情狀的本然描述，周易象數之可以爲天道之本然情狀者，當在其象數理論與天道論之合匯之處，然而周易本就是彌綸天地之道的著作，船山要說明的是這個固然之象數觀的固然內涵，即其由「河圖」說八卦及六十四卦之出現之必然理數原理者，及其由「參天兩地」以說明陰陽爻之出現者，而周易象數是「卦象固有、理數必然」者，便成了船山周易象數學的先在規定了。此一規定義在天道論言，是「由理之固然者而言，則陰陽交易之理而成象，象成而數之以得數。」。關於陰陽交易之作用情狀船山述之於由河圖以生三爻畫的八卦理論中，當然這是把大化的作用，以象數的徵象系統表述，而由河圖之數學架構中，說出其中有象之出現，則此象者，由點數以成之畫象也，象本由點之數所成之畫象而象徵地說其爲象，故象成而數之則有數，這是由卦象發生之天道論側面言。若由揲蓍之法而言者，則先由數之演算而以陰陽爻象紀之，象成而由象所徵顯之六爻卦象之理即在。不論三爻象或六爻象，都直接與易學天道原理相接通，三爻卦則象徵八卦之象，八卦象是天地自然情狀之象，六爻卦是六十四卦之象，六十四卦是易學天道變化至人事發用的原理，因此這個由河圖而來的象與數的系統所徵顯之所有卦的、爻的、變的、辭的之諸事，都是因象之有而言者，所以易學原理中的象的原理，是易道的一個根本原理，是易學原理的展現系統，易學之表述皆因象而有，故捨象無易，象者易學理數中固有

〔註29〕參見《周易內傳》，〈繫辭下傳〉注解，《船山遺書全集》，頁580。

之事者也。固有是固有於天道，當它以河圖之數表之之時，則又是在於河圖中的理數之必然者。船山又言：

> 以筮言之，則由三變以得一畫以爲初，漸積至十八變而成卦，疑初爲始而上爲終，然卦者天地固有之化，萬物固有之理，人事固有之情，筮而遇之則占存焉，非因筮而後有卦也。〔註30〕

「卦象固有、理數必然之象數觀。」是固然於卦象原理者，而非固然於占筮原理者，占筮之中計數而後得象，象合於卦而知其理，然而卦象與卦理卻有著本來固然之同一關係在者，即其言「卦者天地固有之化，萬物固有之理，人事固有之情。」者，卦者即卦象及其理數之說明者，固然是易道的表現固（本）在於此，這是聖人作易畫象時的本然規定，聖人即在象中要說明天道本然情狀，象之自身之發展關係有於河圖中的必然演繹性在，但象的解說系統是說著天道的固然之情之事則是聖人的先在規定，聖人以象表出一個天道人事的解說系統之後，易之全體就在象中，其言曰：

> 非象無彖，非彖無爻，非彖與爻無辭，則大象彖爻辭占皆不離乎所畫之象，易之全體在象明矣。邵子曰：畫前有易，不知指何者爲畫前也，有太極即有兩儀，兩儀即可畫之象矣。〔註31〕

象是全體地表述天地人事之道的表述系統，所以對於周易之學的認識過程中不能略去象的這一部份，象就是卦爻象系統，它從河圖中言是一個必然演繹的系統，而河圖是聖人則以畫象的依據，由河圖繪卦象是一個必然過程而已，尚不足以在經驗上落實其固然之理者，說其具體經驗者則要在船山言於乾坤並建錯綜爲象的大化流行論中，從氣化宇宙論的觀點中才能讓理數固然的象數觀之所以固然之原理予以落實。此處只先說出船山以周易象數即描繪天地萬象的本然情狀之表述系統者，而《周易》象數既然作爲天地情狀的固然之理，則其必有一理數必然的有體系性的內在關係者，此即其由陰陽爻以至六十四卦的整個象數學系統以說者，以下續論之。

二、陰陽爻的象數學基礎

整套的卦象是一個固有的天道徵象系統，然而卦象系統內的理數關係者，便是一套必然的數理系統，這一套必然的數理系統，船山是以河圖之象

〔註30〕參見〈周易內傳發例〉，《船山遺書全集》，頁666。
〔註31〕參見《周易內傳》，〈繫辭下傳〉注解，《船山遺書全集》，頁581。

數來說它的，當然，河圖之必然性為何仍是問題，然而此一問題則即如整套卦象之為固有者的問題一樣，船山之解，不過依於：「河出圖，洛出書，聖人則之。」如此而已，河圖本就是聖人則圖以畫象的依據，卦象本就是天道固有之象，此二者船山易學哲學的先在規定也，本身之前提無法再究，究者究其內容說明而已。內容者從陰陽爻之出現以至六十四卦之繪成的理數必然之推演者。以下即先從陰陽爻之繪出而說之，陰陽爻乃依數之必然而成，是依天地之象之數而作，從船山的周易象數觀中言，自陰陽爻的出現開始，易學就一直是天道理數必然之狀的理論建構體系。

從天道的角度說明易理的形成應由太極說起，但是太極概念在易學哲學中同時是易道本體論的概念，又是整個形上學問題的概念，而船山則多於氣論中討論，因此關於太極概念的討論我們將在下節及下章論「氣論」時再一併處理。不過，即於船山說河圖理論而言，則整個的河圖之象，即是太極概念的代表，河圖全體是太極，這是船山「太極渾淪」概念下的必然結論。

至於就卦象之理而言，構造卦象的基礎在爻的形成，爻的基本性質是畫，畫以象而有別，畫象的基本型只有兩種，即為陰爻象與陽爻象，此二爻終因易理的推進而組合成六十四卦的卦象出來，因此它的自身意義便為易道言卦象之理這一部份的基礎，關於如何形成陰陽兩爻象的道理，船山把它放在解說「參天兩地」的〈易傳〉文義上來說明。《周易內傳》中有言：

> 奇耦之畫，函三於一，純乎奇而為六陽之卦，以成乎至健；於三得二，純乎耦，而為六陰之卦，以成乎大順。奇耦至純至足於兩間，故乾坤並建而統易，其象然、其數然、其德然，卦畫之所設，乃固然之大用也。〔註32〕

> 六合之全體皆天也，所謂大圜也，故以數數之，則徑一圍三而一函三，地有形有氣，在天之中，以相淪洽，而有所不至，則缺其一而為二，奇畫中實，偶畫中虛，其象也倚任也，天地之理氣不可以象，象故任數以為之象，參兩云者，聖人參之兩之也，天地渾淪之體，合言之則一，分言之則二，聖人以其盈虛而擬天之數以三，地之數以二，卦畫之奇陽偶陰，既明著其象，而揲筮之法用九用六，四其九而三十六，四其六而二十四，陽十二其三，陰十二其二，一以參

〔註32〕參見《周易內傳》，〈繫辭上傳〉注解，《船山遺書全集》，頁497。

> 兩之法行之，數可任而象可立，道因以著，蓋人事之得失、吉凶，惟所用之盈虛有當有否，故數可倚之以見道。〔註33〕

前引文中所言「函三於一，純乎奇……於三得二，純乎耦。」的一段話，是船山說明陰陽爻義理的重要術語，全文則爲討論乾坤兩卦由象數上的實然而得之卦德上的應然，再轉出言兩卦爲易道卦畫之天道本然之情狀者。其中言陰陽兩爻象的象數義理要在後文中才能明晰。由後引文之意義來看，船山是藉天象及地象來象徵地成立陰陽爻的認識與繪製的。天地之象不能直接入畫，故藉數的方式來表現，從而發現以三說天，以二說地，正好能夠象徵天地形氣之實虛的特徵，也能藉而表現出天道的義理出來，故即以「參天兩地」之實虛意義來繪製陰陽爻之畫象，而畫象成。

在我們解讀船山的陰陽爻概念時，他早期作品中，我們又見《周易稗疏》中有兩段文字是談到這個問題的。其一在解說〈繫辭傳〉中言：

> 一奇也，陽爻之畫“—”也，二隅也，陰爻之畫“- -”也，即所謂天一地二也。〔註34〕

其二在解說〈說卦傳〉中言：「『參天兩地』」文句時說：

> 三二者本數也，參兩者參之兩之，從而分析以數之也。天本無三，地亦非二，以形言之，天包地外，天大而地小，以氣言之，陽盈而陰虛，地得天三分之二，故謂之二，由地之二而見天之三，此聖人所以以三數天以二數地，而爲九、爲六、爲三十六、爲二十四、爲二百一十六、爲百四十四，皆倚此以立也。其畫之爲象，則陰爻- -三分而缺其一，陽則兼有二而實其中，以成乎三，其畫—所謂以一函三亦函地二，而更盈其一也。聖人因陰陽已然之跡以起數，而非天地之有數，參之兩之者人也，故數不可以窮神，而術者知數而不知數之所自起，宜其徒亂天地之常也。」〔註35〕

前文以天一地二說陰陽，後文以天三地二說陰，姑不論孰是，都顯示了船山要以數說爻的努力，依其晚年在《內傳》所作之說，前引二文中應以後文爲船山建立陰陽二爻的由數形成之說法的重點。並且藉此把陰陽爻之數的意義凸顯，以配合天地之數的說法，而能進一步結合到八卦起源於河圖的說法中。

〔註33〕參見《周易內傳》，〈說卦傳〉注解，《船山遺書全集》，頁612。
〔註34〕參見《周易稗疏》，〈繫辭下傳〉，《船山遺書全集》，頁771。
〔註35〕參見《周易稗疏》，〈說卦傳〉，船山遺書全集，頁776。

簡言之，關於最基本的陰陽爻義是：天爲陽，地爲陰，天以三爲數，地以二爲數，完整的一爻爲三個單位所組成，陽爻中實，陰爻中虛，陽一函三，陰三缺一，故於陰陽之象中，陽爲：“⚊”，陰爲：“⚋”。船山以此解說陰陽二爻之象之形成原理。是故，陰陽爻象之基本義涵爲奇偶數之別。而且，若聯接到形上學的觀念中時，奇爲中實之陽氣，偶爲中虛之陰氣者，假藉天地形氣之象而以數表之。《內傳》中又言：

> 陽曰天，陰曰地，奇數陽也，偶數陰也，……以陰陽之本體而言之，一二而已矣，專而直者可命爲一，翕而闢者可命爲二，陽盈而陰虛，陽一函三而陰得其二，……〔註36〕

就船山解讀〈繫辭傳〉中天地之數之一、二、三、四、五、六、七、八、九、十而言，它們在易學卦理上的重要意義，與其說是一到十之數，不如說他們只是奇偶之性而已，奇偶之數中，奇者爲天數，偶者爲地數，而就陰陽爻之爻義而言，奇數爲陽爻，其性一函三，中實，一者全體，全體之數以三計，一函三者全體之數皆在。偶數爲陰爻，其性三函二，中虛，全體之數三，只有其二，三函二，中虛。因此，陰陽爻基本上是一種畫象，每一象都由三個單位組成，假藉天地之象的參天兩地，來說明陽畫象之以一函三及陰畫象的以三函二，而在對應於天地之數的搭配上，所有奇位之數以陽畫象釋之，偶位數以陰畫象釋之。這便是船山卦理中的陰陽爻之象數學上的義理。

「陰、陽」作爲二爻象的辭義時，它是屬於這個畫象的術語，而「陰、陽」作爲形上學理論中的概念時，它的義涵就更廣闊了。有「理」義、有「性」義、有「氣」義等等，如果我們認爲一位中國哲學的思想家，當他具備了易學的基礎而要來談形上思想時，尤其是在宋明儒學家的範例中言，那麼，他在形上思想中解釋「陰、陽」概念，應該和他在易學之卦理中解釋「陰、陽」概念有其一致性的話，那麼，以船山的例子而言，我們就必須檢視他能否將兩種進路的理論統一起來。簡言之，他在易學之卦理中所談的「陰、陽」概念，基本上是一種「數」的進路，而他的形上思想，一言以蔽之，是「氣化的形上學」架構，兩者是否能融通一致，這是一個有重要意義的問題，就此而言，我們說卦象系統是天道的抽象架構，而氣化世界觀則是天道的具體落實性的說明原理。因此陰陽爻的數的解說進路，是在《周易》象數觀的內在關係性原理中說的抽象法則，它是必然，故是抽象，是抽象的必然性天道架

〔註36〕參見《周易內傳》，〈繫辭上傳〉注解，《船山遺書全集》，頁536。

構。而陰陽爻以氣說時，它是處理具體的大化流行之情狀，這是經驗上的實然之事，此事不能必然地掌握，因爲天道作用陰陽不測，故必以筮法占之，而占中有人謀鬼謀且必用之以道，故以氣論進路論述之陰陽二氣義者，及以象進路論述之陰陽爻象者，兩說之角度不同，故而一以必然之數說之，一以不測之氣說之。它們不同，卻也不矛盾。

三、由河圖說卦象的理論建構

船山對於三畫卦的八卦之製作，最明確的意見是：伏羲依河圖作八卦乃天地自然現象的必然定理。此處即將說明船山以河圖之點所成之「數」，與數的不同位置所成之「象」的對待關係，來結構出三畫卦的八卦之形成原理。

三畫卦的形成問題，基本上就是八卦象的繪製原理的問題，陰陽爻還只是未落實的畫象的觀念，它的作用還要在卦象中才明確起來。三畫卦的八個卦象，在易學理論中是周易六十四卦的基礎，如何將六十四卦處理成天道發用的架構，都要在八卦中說明。船山對八卦的說明，是以由數組成的河圖之象來結構它，是一個基於數與象的關係而描繪天道架構的理論進路。船山晚年所作的〈周易內傳發例〉一文，已是其定見，其言：

> 傳曰：河出圖洛出書聖人則之，……而河圖者聖人作易畫卦之所取，則孔子明言之矣。八卦之奇偶配合，必即河圖之象。聖人會其通，盡其變，以紀天地之化理也明甚。……至於因圖以畫卦，則以肖天地風雷水火山澤之全體大用，該而存焉。圖之象，皆可摩盪以成象，圖之數，皆可分合以爲數。而五位五十有五，參伍錯綜而後八卦以成，故圖者卦之全體，……卦與筮，理數具足於圖中，……聖人則圖以畫卦，八卦在而六十四卦亦在焉，……是知聖人則河圖以畫卦，非徒八卦然也，六十四卦皆河圖所有之成象摩盪而成者，故曰聖人則之。」〔註 37〕

本文宗旨在於指出船山以河圖爲八卦之繪製原理，意即謂河圖中由點數之成串、由串位之對待關係所構成的圖象，正是周易象數理論中八卦之卦象及卦理之來源，而河圖所能構成的八個卦象，則正是要模肖「天地風雷水火山澤」之八種基本天地之象。而由河圖來構作八卦的方式，是「象之摩盪與數之分

〔註 37〕參見〈周易內傳發例〉，《船山遺書全集》，頁 654～6。

合」的方式，即分倨於圖象五位之處，所各有的兩個由點串所顯現的「數」，其得以數的義涵而進行分分合合之組合，也同時有以此「數」之奇偶性而轉出的陰陽爻「象」的「氣」的義涵互相摩盪而組合。組合是基於不同「位」之組合，組合而成後則爲象之意義，因此八卦之象得由此出。而這是八卦之象由理數必然之河圖中演繹而出的，然而卦象本固有於天道，故而此象得說天道，而此象又得基於氣化宇宙論的原理，而爲氣的表現型，因而可在象的氣身分上說其彼此摩盪而有交變之情狀。

船山建構八卦由數說象的理論進行方式，是先立基於《繫辭上傳》第九章言天地之數一段文字中，藉天數一三五七九共二十五，及地數二四六八十共三十，兩者合爲五十五之天地之數來說明天地變化之道。首先，船山以這五十有五的天地之數即是繫辭所言河圖之依據，河圖以一六、二七、三八、四九、五十，分倨上下左右中五位，而由其中的七五一而得乾，六十二而得坤，八三十而得坎，九四五而得離，一三二而得兌，二四一而得艮，九六八而得震，八七九而得巽。此時，河圖中之一至十之數，當它們以每三個數字組合成一個數組時，便是一個三畫之卦象，因此其在卦象上的意義變成是數之奇偶性所代表之陰陽象，當一數之陰陽象形成，則隨著三數之組合而三畫之三爻卦的卦象也形成了，於是八卦成焉。

這裏，《周易》八卦以河圖天地之數而出現，八卦之象在圖中產生，圖是天地之道的必然之數所構成，故而八卦之象便是天地固有之象，周易冒天地之道的說明方式即是以天地基本的三畫卦的八卦方式來說明的，這八個三爻卦分別象徵了天地之間最基本的八種天地自然之象，即是天地山澤風雷水火。故而八卦象是天地固有之象，而由八卦演爲六十四卦的過程則是人事之道在進行於其中的，其有必然性，但也有人事作用之意義在，是說這個六十四卦的演繹，同時指涉了人事的規定，是把人事往來之理，仍由必然象數系統來規定之。不過它必然地隱含在河圖天地之數與象中，則仍是不可置疑之事。

船山關於由河圖成八卦之論點，自其早年作《周易稗疏》一書起，意見已定，其後在《思問錄》及《周易內傳》中皆有發揮，因內容繁瑣，我們先引《易傳》原文，再全引其文於後，易《繫辭上傳》第九章言：

> 天一，地二，天三，地四，天五，地六，天七，地八，天九，地十。天數五，地數五，五位相得而各有合。天數二十有五，地數三十。凡天地之數五十有五，此所以成變化而行鬼神也。

船山於《周易稗疏》言：

五十有五河圖之畫也，天地謂陰陽也，成變化言乾坤六子所由成也，乾之化爲巽離兑，坤之變爲震坎艮，……天之一三五七九，地之二四六八十，從其用而言也，合則中實而奇，分則中虛而偶，奇者大而見少，偶者小而見多，地之三十以分見多其實則少於天三之一也。相得一六、二七、三八、四九、五十，相與以得，位各有合者，越其位而合三爲一卦也。一五七合而爲乾，二十六合而爲坤，三十八合爲坎，四五九合而爲離，一三二合而爲兑，二四一合而爲艮，九六八合而爲震，八七九合而爲巽，因其合之象而定其位，通其氣，相薄不相射，以成變化，而天地所以吉凶生死乎萬物者行焉，此聖人所以因河圖而畫八卦。〔註 38〕

船山於《周易內傳》中言：

天一至地十，……此言八卦之畫肇於河圖，……五十有五，河圖垂象之數也，陽曰天，陰曰地，奇數陽也，偶數陰也，……天垂象於河圖，人乃見其數之五十有五，陽二十五，而陰三十，各以類聚而分五位，聖人乃以知陰陽聚散之用，雖無心於斟酌，而分合之妙必定於五位之類聚，不溢不缺以不亂，遂於其得而有合者，以類相從以幾相應，而知其爲天地雷風水火山澤之象，則八卦之畫興焉。因七五一而畫乾，因六十二而畫坤，天道下施爲五爲七，以行於地中，地道上行爲十爲六，以交乎天位，乾止於一不至於極北，坤止於二不至於極南，上下之分所謂天地定位也，陽盛散布於上，至下而聚，

〔註 38〕參見《周易稗疏》，〈繫辭傳〉，船山遺書全集頁 764。另參見船山於《思問錄》中言：「河圖出，聖人則之，以畫八卦。則者則其象也，上下乾坤也，一五七乾也，六十二坤也，乾盡乎極南而不至乎極北，坤生乎極北而不底乎極南，乾皆上而坤皆下也，故曰天地定位上下奠也。左右坎離也，八三十坎也，位乎右不至乎左，九四五離也，位乎左不至乎右，中五與十互相函焉以止而不相踰，故曰水火不相射。一三二兑也，二四一艮也，一二互用參三四而成艮兑，故曰山澤通氣。兑生乎二，故位南東，艮成乎二，故位南西，艮兑在中，少者處內也。而數極乎少，少則少也。九六八震也，八七九巽也，八九互用參六七而震巽成，震自西而北而東，巽自東而南而西，有相迫逐之象焉，故曰雷風相薄。震成乎八，故位東北，巽成乎九，故位西南，震巽在外，長者處外也，而數極乎多，多則長也。朱子曰：析四方之合以爲乾坤坎離，補四隅之空以爲兑巽震艮，亦此謂與，」（《思問錄》，〈外篇〉，《船山遺書全集》，頁 9691）

> 所謂其動也直也，陰氣聚於上，方與陽交於中，而極其所散，所謂動也闢也。因左八三十而畫坎，因右九四五而畫離，離位乎東不至乎西，坎位乎西不至乎東，五與十相函以止而不相踰，所謂水火不相射也。因一三二而畫爲兑，因二四一而畫爲艮，一二互用參三四而成艮兑，所謂山澤通氣也，山澤者天地之中最爲聚而見少者也，少者少也，甫散而非其氣之周布者也，少者在内，雷風水火之所保也。因九六八而畫爲震，因八七九而畫爲巽，八九互用參六七而成震巽，所謂雷風相薄也，馳逐於外也，雷風者陰陽之氣，動極而欲散者也，故因其散而見多也，多者老也，氣之不復聚，而且散以無餘者也，老者居外以周營於天地之閒也。八卦畫而六十四卦皆由此以配合焉，其陰陽之互用以成象者變化也。其一屈一伸爲聚爲散或見盈而或見詘者鬼神也。此天地之所以行大用而妙於不測也。聖人始因河圖之象而數其數，乃因其數之合而相得以成三爻之位者，著其象故八卦畫而易之體立焉，……然則河圖者八卦之所自出，燦然眉列，易有明文，圖有顯象。〔註39〕

船山說明八卦出於河圖之根據，依其自己所言，是在〈繫辭上傳〉言天一地二章及河出圖洛出書章中，故其言：「傳曰：河出圖洛出書聖人則之，……而河圖者，聖人作易畫卦之所取，則孔子明言之矣。」。顯見船山是以《易傳》〈繫辭〉之文以證其易學理論。然繫辭是否爲孔子所作，是有爭議的，一般而論，皆以繫辭等十傳爲孔門弟子的集體創作，因而包含了春秋以後至戰國時期的各家思想的成份，此章言天地之數之言，即其中較有可能受到它家之觀念影響者。因此我們只能說，這是船山企圖以天地之數及河圖理論來說明八卦之造作方式，船山可以以自己的智慧來造作八卦成立的說法，我們只對這種說法進行理解，並檢討這套說法所帶來連串的理論辯爭之效力，至於船山所舉證的聖人之說的依據，我們只能擱置一旁，不予肯定。

從本節第一段的討論進行到這裏，我們可以說：船山的「陰陽」概念，在其易學知識系統中，最基本的身份是奇偶之符號，故而是數的概念，這是因爲船山以河圖爲八卦之來源，而河圖乃以數成圖，其由一至十之數字排列成爲河圖，數與數間因排列位置的關係，船山則從中找出由三爻畫形成之八卦，實即由三個數字形成八個三畫卦的各三爻，每一爻由數表之，數再轉換

〔註39〕參見《周易内傳》，〈繫辭上傳〉注解，《船山遺書全集》，頁535～9。

爲奇偶，奇偶再轉換爲陰陽，三個數的組合轉變其意義成爲陰陽爻組成的三爻卦，組合的方式則如前述，組合過程的解釋則因爲陰陽爻義之出現，而成爲「氣化宇宙論」中的摩盪過程。這樣的一種天道理論建構的方式，是先透過符號的出現，再結合經驗的觀察，而藉由有體系化的表達系統，而使得知識得其出現。大約依象數而說理論的易學知識領域都是這種形態的進路，我們從中可以學習的，是易學家構作結合符號與眞實世界的理論努力，以及在符號系統完成之後重新解釋經驗世界的效果，這個過程中所反應的知識成立意義，就是易學思維特徵中的象與數的思維方式。

四、六十四卦形成的重爻理論

六爻卦的形成理論要由三爻卦談起，一個六爻卦的形成原理建立之後，則六十四卦的出現已爲必然可致之事，船山對於六十四卦的形成理論，也有一個明確的意見，它又是河圖理數的必然展示結果。這是本章不斷強調的理數必然之《周易》象數觀的重點。而此處我們將說明的重點，是船山所認爲的六十四卦系統中的六畫卦之形成理論，簡言之，它是由三畫的八卦之每一爻個別地再加一爻而形成的，而不是一般所謂兩個三畫卦之相重而得的，此即船山的「重爻觀」而非「重卦觀」者。此一說法在卦象理論上的意義在於：三畫卦體之「體」乃有其在天象中的必然性，因此使其天地人之三位有「位」的定性義，即此一「位體」，有其由《周易》象數說天地存在之架構系統上的眞實實在義，在說卦象發展的過程中，有其基地性的地位，故而六畫卦只能是在原來的三位上作重爻的發展，而無所謂三畫卦之重卦之理在，重者乃是爻之因體而用之道，非卦之疊累之義。因此八卦以天地之象爲名，以其在存在界中有定體之義，而六十四卦的卦名則多爲人事之名，以其非言天象之體，而爲由體發用之人事作用現象者。

船山認爲：六十四卦的形成是一個天道的過程，而由揲蓍之法以求得一卦的過程，是一個人謀與鬼謀共同合作的結果，從天道以至六十四卦是由八卦發展而來的，發展原理是天地人三才之道以及兼三才而兩之的重爻之道而成的，六十四卦是在三畫的八個卦之每一畫上各加一畫而成的，此爲三才之道的因而重之，而不是兩個三畫卦的兩兩相重，船山認爲八卦之象爲天地必然之象，是易道的體，六十四卦是它的用，是象徵具體的天地萬事萬物，在易六畫而成卦的發展中，仍然是一個天道的運行過程，故而仍是守著必然之理，此理即是以三畫之八卦為六畫卦之一、三、五三位，而將陰陽爻依次加重於第二、四、六三位之中，因而使得每一個三爻卦都能正好發展出八個六爻卦來，六畫象成，則六爻卦現，其數則為六十四。

依著此一方式，易道自河圖以數為圖，而由三數演成三畫，以組成八卦的方式，是一種必然之圖象數的關係，因此能象徵天道施化的八種基本自然之象，同時也是易道之體，即以此八種自然之象為推演天地萬事萬物的基礎，接著三畫卦又依三位之才而兩之的方式，重為六位的六爻卦，此為其用。此一由體發用之推演方式，是由河圖之中就已經必然地蘊涵了六畫卦的六十四卦系統。此後又因理之所在，天下萬物無單陰孤陽而能存在之理，故而在六畫卦中必然是一位兩面、隱顯互在的十二位具足之六陰六陽之一體。此一體依錯綜關係共有四型，或只錯不綜而有兩型，而六十四卦系統成為三十六象的組合，而易道之理、象、數、圖即依必然而且自然的方式組合在一起了。如其言：

初二地位，三四人位，五六天位。每位必重〔註40〕

六爻之中有天人地三才之位，每位必重者，指其在體用關係上必須有因變動之理而帶來的發展作用，故重者因其必然之數而發者，由其實然之體而有者，為其應然之用而變者。船山言：

成列謂三畫具而已成乎卦體，……八卦具而天地之化跡具其中矣，因而重之者，因八卦之體仍不改，每畫演而為二，以具陰陽剛柔仁義之道也，爻者效也，重三為六，則天地之化理人物之情事，所以成萬變而酬酢之道，皆呈效於其中矣。三畫者固然之體，六畫者當然而必然之用，……重一為二，合二於一也，故屯蒙以下五十六卦類以事理立名，明其切於用也，舊說以三畫之上復加三畫為重，……自別為一義，若以伏犧畫卦及筮者積次上生而成六爻者言之，則非內三畫遽成乎八卦，而別起外三畫以層累之故，傳言參三才而兩之，合二爻而為一位也，重者一爻立而又重一爻也，故此於八卦言象，於重卦言爻，而屯蒙以下皆性情功效，爻之動幾非象也，則非一象列而又增三畫為一象，……初三五，八卦之本位，二四上，其重也，……重卦次序，於義不必有取，……蓋象成而後義見，此方在經營成象之初，未嘗先立一義以命爻，易之所以以天治人而非以人

〔註40〕參見《周易內傳》，〈繫辭上傳〉注解，《船山遺書全集》，頁507。

> 測天也，故於八卦言象，而於重言爻，重卦但備爻以該三才之道，初不因象而設，爻備而復有象，象在爻後，則象傳大象之說，取二體之德與象立義，自別爲一理，……〔註41〕

本文乃說明一個三爻畫的卦之所以發展爲一個六爻畫的卦之原理，文中的發揮皆以體用關係說之。而此一以重爻說六爻畫而非以重卦說六爻畫的原理既定，則〈大象傳〉的說法自爲別義，故其言：「則彖傳大象之說，取二體之德與象立義，自別爲一理。」。

關於易學卦象之形成，船山由河圖以說之的內涵已表之如上，然而此套象數發生的必然性系統，畢竟仍是抽象性的描述，當然此一抽象性的描述則又是固有於易學天道論中的情狀，不過卦象的理數必然之說，是天道本身之常變原則，而非人道之已得其常，其常在天，而人之得知此常者是經過聖人的教化，而此卦象必然之常道在具體的生活世界中的意義尚未顯明，其顯明之道有二、其一爲：從功夫論本體的君子崇德廣業以用易之道，即盡性則知易之道。其二爲：從氣論說陰陽不測作用神妙的大化流行原理者。這是理論上的義理說明。前者已論於前節，後者將論於次節，總之，此卦象之說及其理數之說，是一個天道的抽象說明系統，尙不足以明其具體的作用實情，若以爲以人智測天可得其具體的必然實狀者，則是昧於天道作用神妙之實，天道作用之實固以象顯，然而人智之掌握應在具體行動之中，具體行動有兩型，其一爲以義問占，其二爲崇德廣業。這是行動上的觀念之掌握。由此而完構易學天道的在人配天之事業，若徒欲以理知天，則天道之義將旁落，船山念茲在茲，故又其言：

> 在天而爲象，在物而有數，在人心而爲理，古之聖人于象數而得理也，未聞于理而爲之象數也，于理而立之象數，則有天道而無人道。〔註42〕

船山對易學哲學中的理象數關係問題的看法，是更根源地基於他的整體易學觀點的，他的易學觀點中認爲易經是聖人體貼天道之作，不僅《周易》卦爻辭之作是天道正理的描繪，周易象數的產生本身就是天地自然情狀的抽象解說，《周易》之內容，全體是天地實狀的描繪，對天地萬物之描繪則應以其自身所顯示的理象數來進行，所以在天有象，在物有數，聖人觀此天地萬物之

〔註41〕參見《周易內傳》，〈繫辭下傳〉注解，《船山遺書全集》，頁567～70。

〔註42〕參見《思問錄》，〈內篇〉，船山遺書全集，頁9647。

象與數而體貼其理，因而有《周易》之作。於是周易是天地人三才共參的實理，所有實理都應以此為建構的路徑，此中則有聖人崇德廣業的易道本體論之目的性原理在。船山此一有道德實踐義的易學方法論觀點，是要為批判易學異端者而建立的，不論是京房、虞翻、邵雍等，都有一套自己發明的形上學預設系統，而在自己的系統中排比各自的解易觀點，船山因此批評其為有天道而無人道，然而此一天道船山則並不肯定，以其有放任自然之嫌疑也，所以也不是真的被指為天道者。關於船山對於徒以私智測天道的易學批判性觀點，我們又將論之於第四章中。

關於本節所論的「卦象固有理數必然的周易象數觀」的理論成立條件，當然不在其內部演繹系統中，文中所說者，只為船山為此所建立的理象數圖間之演繹原理，而邏輯上船山接下來要面對的理論問題，則是象數系統與世界實然間的推演關係，此即本章第四節將說者。此處，我們要補充一個觀點，即是，象數觀的成立，當另在易學之以象思維的認識論原理中，此一以象思維的認識論上的成立條件，本文中雖未論及，但作者認為，這應該是未來的中國哲學研究中仍可開展的新領域。

第三節　陰陽不測作用神妙的周易天道觀

船山對於由易學進路的形上學觀點發表了許多看法，即便是由易學觀念叢所發表的天道本體的觀點也有許多側面，然而說到天道觀者，就是說到整體存在界的存有原理者，是以易學觀念叢來發表形上學觀念的作法。本章首節是以作易者之心靈，轉為說出整體存在界的目的性原理，次節是以易的表現結構——卦象——之理數關係，來說天道表現徵象的必然架構，本節則是說著天道作用之際的作用特徵——神妙不測——者，下節則說此神妙不測的作用特徵，在具體地落實到氣化世界的作用情狀，即「乾坤並建錯綜為象的大化流行論」者。船山有一個「神妙不測的易道本體論」的觀點，意思是說，對於這個由易言天道的本體，它在作用上有一個特徵，即神妙不測的特徵。不測是針對人存有者的觀察掌握能力而言者，至於這個天道本體的運行情狀，仍是有一個必然的理數在，前節說明這個必然之理數，本節說明這個神妙之作用，此二者並不矛盾，此說已論於前節。船山的這個天道作用之不測的特徵之觀點，是表現在「說易道」、「說占筮之鬼謀義」、「說揲蓍之大衍義」

三個側面中。對於這個神妙不測的易道本體及其在易理中之作用，以下將分三點說明。一、神妙不測的易道本體。二、占筮活動乃由天道啓示之神妙天道作用觀。（此即說占筮之鬼謀義）三、揲蓍之法對天道神妙之體貼下的運算法則之意義。（此即揲蓍之大衍義，當然，這便是船山對於周易占筮法則的邏輯推演與義理解釋者。）

一、神妙不測的易道本體

卦象的結構是天地的必然理數，這是整體存在界以易學思維中的象數表現徵象來說明時，它提出的一個必然性架構者，這個必然性的前提則又是聖人則圖繪卦彌綸天地之道的來源。然而，在論及整體存在界的存在活動之具體情況的或此或彼時，這個具體的活動情狀卻依循一個天道的特徵，即是「唯變所適神妙不測」的原理。於是六十四卦的三十六象彼此間有著「太極渾淪、乾坤並建、錯綜爲象」等氣化世界觀中的氣的作用之形上學原理在（下節明言），以體現這個變化的易學天道觀。因此不測者是指其特定時空下的表現型態爲人智之不測，而不是指易學天道發生的基本結構圖式——六十四卦之卦象卦理——的不測，也不是指易道本體的「崇德廣業」之德性本位的天道觀之善或不善上的不測，此乃必爲常道者。在這個意義下的「陰陽不測作用神妙的周易天道觀」中，當然也將影響到對於占筮原理及揲蓍法則的製作原理的看法，以下先說此一不測的天道作用觀。

船山因對天道變化的遵崇，明確地在其易學理論中保留許多天道不測的神妙空間而不作逞強式地分析，包括：占筮有鬼謀；六爻卦有「錯綜對待」、「周流六虛」的神妙不測之變化；易理不能只被用來建立規格化的推算曆、律（曆法、音律）及人事變化的體例；易理自身是天道，但人謀之中有其掌握上的不可確定性等等觀念。這都顯示，船山在易學理論上以不測解未知，且對未知持恭敬與保留的態度，然後可以給出人道活動的廣大空間。其言：

> 易惟以此，體其無方，爲其無體，周流六虛無有典要，因時順變不主故常，則性載神以盡用，神率性以達權之道至矣，一陰一陽者原不測也，以此益知一之一之云者，非一彼而即一此，如組織之相間而拂乎。神之無方乖乎道之各得明矣。〔註43〕

〔註43〕參見《周易內傳》，〈繫辭上傳〉注解，《船山遺書全集》，頁523。

易有體，即其作用無方、唯變所適之天道本體之原理，故其變化情狀之具體落實者，以人存有者的知能掌握時是無從掌握的，故曰「無體」。故而易道本體表現在易學卦象的關係構作中及氣化世界的大化流行之發用情況中時，也是唯變所適地不定於現象的任一型態中。故而或爲陰之作用或爲陽之作用，有它自身之陰陽不測神妙不已的特徵在，所以天道在顯現爲現象的過程中，不可以固定的發展規則視之。它都是在其德性本位的目的性原理的目標下，作爲神妙變化的原理，發而爲用以顯其象，而人存有者體貼易道，藉著占筮之活動掌握其神妙之變，並由盡性功夫而來的權變爲尚，即爲人道體貼天道的活動原理。這就使得易學天道論中對於「人之參」之重要性提升並加強了，也即在於此，是爲船山對易學史上各家批判之重點所在。

天道的作用是「或陰或陽唯變所適」，而非「必陰必陽有則可識」者。然而，天道只在變化過程中有其爲人所不能測知的神妙，若論及天道本體之基本原理，則仍然是一個繼善成性的意義過程，故而有著人與天地參的完全空間在著，所以在人事的智慧之把握過程中，人謀的要件必須被完全地保留。其有二義：一爲：占筮者依天地之數而得大衍之數，而由大衍之數依變化原理找出揲蓍之法，終得由揲蓍過程將人謀作用的意義加入參天造化的意義中，這是藉聖人的智慧，透過必然的理數而對天道之掌握。二爲：以仁義爲占筮之活動目的，以天下安危之得失爲占筮吉凶的斷準者。此二義即「人謀鬼謀」與「占以學爲重」者，此二義即以天道不測故占之，及天道有德故以學而占之意者。其言：

> 惟夫得失者統此一仁義爲立人之道，而差之毫釐者謬以千里。雖聖人且有疑焉，一介之從違生天下之險阻，其初幾也隱，其後應也不測，誠之必幾，神之不可度也。故曰明於憂患與故；又曰憂悔吝者存乎介。一剛、一柔、一進、一退、一屈、一伸，陰陽之動幾，不疾而速不行而至者，造化之權衡。操之於微芒，而吉凶分塗之後，人尚莫測其所自致。故聖人作易，以鬼謀助人謀之不逮。百姓可用，而君子不敢不度外內以知懼，此則筮者筮吉凶於得失之幾也。〔註44〕

本文言：「惟夫得失者統此一仁義爲立人之道，而差之毫釐者謬以千里。雖聖人且有疑焉。」者，首重二義，一爲立人之道在於仁義，故學於易者知得失以仁義之當否言；二爲行爲之準確度難以掌握，聖人猶有疑者。則即於此第

〔註44〕參見〈周易內傳發例〉，《船山遺書全集》，頁651。

二義中即爲天道神妙不測之作用特徵者，故有聖人之作易，以鬼謀助人謀之不逮者。此助之功猶有二義，一爲聖人則於河圖以必然之理數定出天道作用的定然架構，以易道固有之卦象以爲占筮所遇之對象。二爲聖人則於天地之數定出大衍之數，而作出揲蓍之法，交由君子問義之占，在占筮之中，有陰陽不測作用神妙之天道流行，在無心成兩之際以助於人之占告者。

作爲一部總結性的先秦儒門哲理性作品，船山對周易義理的信心是十分堅定的，但也就在此處出現了兩組極爲強烈且在表面上互有排斥的形上學命題，第一，周易哲學在卦爻象及彖爻辭和易傳之作中的天道理數，船山強烈地主張其說即爲天地萬物的必然情狀及實然描述，周易象數學是認識世界實然情狀的學問，因此能理解周易象數，則天道理數已盡在其中；第二，天道本體有其眞實無妄但神妙不測的超越特性，天道繁奧，非人類所能與謀盡知者，但因易道本體的廣大悉備與理數必然的特性，因此儒者可以透過占筮問義的途徑獲得啓知，以掌握其必然之數而採取正確的行動。我們的看法是，理數必然與神妙不測在理論表面上的矛盾性，是因爲對於天道的推崇與對於人智的限制而生的，矛盾的解消則在於應正視船山以問義不問利來詮釋周易之占筮意義，是說天道的奧妙雖然盡在易學知識的說明系統中，但是具體情況的演變，人智仍有時而窮，但爲盡性於天地之間以追求理想的成德之教，是故必須選擇準確的途徑，以爲天下安危作出有利之舉，故而透過占筮的天告，以完成行動的抉擇。此舉顯示了船山形上學的特殊型態，是屬於德性本位的本體論規定，以及容受神妙作用的天道觀之合匯，而船山對於所有其它易學理論之批判，更有相當多數是在這個脈絡下進行的。

前言之占筮之作用的存在即因人智之有限而有，人智之有限乃因天道之作用神妙而生，故而天道之神妙作用與占筮之活動有著內在的重要關係，即藉占筮之活動以使天道之神妙不測得以明顯化而可知其情者。以下述之。

二、占筮活動乃由天道啓示之神妙天道作用觀

占筮活動在易學理論上是問告於鬼神的行爲，然而鬼神者其實只是神妙的大化流行之作用原理而已，此義詳於次章第三節。關於船山對占筮活動之理論意義之處理有兩個原則：

1. 筮遇之而占存焉非因筮而有卦也。（占筮活動是基於卦象存在的必然性而有的人爲工程，故卦象卦理先於占筮的揲蓍法則。）

2. 占筮過程是人鬼共謀的事業。（占筮活動顯示承認有神妙的天道在過程中作用著，以爲占筮之進行的實情，因此占筮活動是天道的神妙與人道的理性共同運作下的活動。）

（一）筮遇之而占存焉非因筮而有卦也

六十四卦的形成是一個天道的結果，而由揲蓍之法以求得一卦的過程，是一個人謀與鬼謀共同合作的結果，六十四卦之易理已備於卦爻象中，而揲筮之法所決定的並不是卦象形成的原理，而是在已有的卦象之理之存在之後，由「數」的推算工程來相合此卦理，當揲蓍之步驟一爻一爻地完成，六畫之卦象隨而出現，這是一個人鬼同作的事業，而六十四卦之卦象、卦理本身確是不折不扣的天道內事，是依著天地之數由河圖排列伸引而必然出現的，兩者意義不同，故而船山以卦的全體即是圖，而蓍策者則只是圖的偏用，並非卦象發生原理。其言：

> 以筮言之，則由三變以得一畫以爲初，漸積至十八變而成卦，疑初爲始而上爲終，然卦者天地固有之化，萬物固有之理，人事固有之情，筮而遇之則占存焉，非因筮而後有卦也。〔註45〕

此即明言，人存有者乃嘗試以占筮的活動去求效於天道的必然理數之情狀，故言疑言遇之，因而聖人找出這個易道的「卦者天地固有之化，萬物固有之理，人事固有之情。」豈不令人感念，此即前節「卦象固有理數必然的周易象數觀」中之卦象卦理之諸原理結構者，惟其有此天地必然理數之基本圖式結構在，人存有者才有從事占筮活動的理性活動之前提，嘗試尋求當下存在處境的意義結構，而選擇適當的行動方向者。

（二）占筮過程是人鬼共謀的事業

船山是肯定筮法存在的必要性的，因爲它有著展現聖人神道設教以爲教化事業的意義在。其言：

> 以易爲學者問道之書，而略筮占之法，自王弼始。嗣是言易者不一家，雖各有所偏倚，而隨事以見得失之幾，要未大遠於易理。惟是專於言理，廢筮占之法於不講，聽其授受於筮人。則以筮玩占之道，不能得先聖人謀鬼謀百姓與能之要。〔註46〕

〔註45〕參見〈周易內傳發例〉，《船山遺書全集》，頁666。

〔註46〕參見〈周易內傳發例〉，《船山遺書全集》，頁678。

這是船山重視筮法的理由，是以筮法爲聖人之道中事者，是故對於揲蓍之法船山也盡心研究並提出自己特出的觀點。占筮是問疑於天的人類活動，問告之際顯示有一神妙作用的天道存在，這個神妙有兩層意思，其一爲天道之神妙已顯示爲卦象變化隱顯之「一陰一陽之謂道」，它將作爲一切人倫活動的主導原則，但它自身的運行方式是一方面顯現爲卦象集體存在的結構性常道上，另方面爲顯現在卦象彼此變化關係的不主固常的變化之道上。這是其一。其二爲在具體當下的人類占筮活動過程之間，這個揲蓍之法的設計，就是要提供一個開放給天道規劃的神妙作用之空間，因而揲蓍之法是以人謀鬼謀共作而設計的占筮法則，這當中當然顯示易道有鬼謀的作用意義存在，只是其中仍有人存有者的理性參予之空間，故而整個占筮活動的過程意義，是藉人謀鬼謀而由數求象以合卦理以言占學之道的意義。由於這個易道的神妙性作用的存在意義被船山如此凸顯，故而船山反對一切強要明確測知當下必然現象的易學理論體系之建立，認爲必須保留以易求占的一定神妙性空間，不可執爲定數，因爲陰陽作用神妙不測，故反對以象數之定理來說易，所以對於易道在處理現象的發用時，不可以象數的推算直接演繹現象的實然，徒任私智而不要占筮。其言：

> 神者，道之妙萬物者也，易之所可見者象也，可數者數也。而立於吉凶之先，無心於分而爲兩之際，人謀之所不至，其動靜無端莫之爲而爲者神也。使陰陽有一成之則升降消長，以漸而爲序，以均而爲適，則人可以私意測之，而無所謂神矣。〔註47〕

占筮，就船山言，它是有著人謀與鬼謀雙重成份的行爲，在多次將蓍草分開爲二的過程中，是鬼謀的作用在進行的，在蓍草分開方式的計算公式進行中，是人謀的因素在影響的。《易經》這一部著作及易學的道理因爲是講天道的，而天道有其人爲所不能測知的神秘性在，故而《周易》〈繫辭〉傳中所言之演卦的過程，就是體貼天道不測的原理而成的。其中所謂的鬼謀的參與，依船山易學之理，並不是同意有著民俗學義中活靈活現的鬼神之涉入，而是通通還原在天道理論中的不測之本能上來理解的，天道之不測表現在萬有不齊的現象之中，一切都是天道的表演，即是聖人亦只能體貼而不能盡知，而在占筮作爲之中，此一隨意之分揲之行爲，即仍在天道理數之框架之中，天以其不測之理數，自然成其所分之數，人以此數再進行著演算的功夫，此人謀鬼

〔註47〕參見《周易內傳》，〈繫辭上傳〉注解《船山遺書全集》，頁523。

謀共參之義，而不是接受有著由鬼靈撥弄的揲蓍之作用的。如此之鬼謀只是天道變化的神妙理數中事，而人謀則一方面表現在揲蓍之法則乃依天地之數轉出的大衍之數所構作的，及聖人則圖繪卦而有辭的《周易》書中，是人存有者的易學天道觀下的理性產物；另方面表現在卦象已顯的卦爻辭解讀過程上，是人存有者以崇德廣業的心靈才能解讀有成的。其言：

> 六位爲三才之道，陰陽爲高卑之實，河圖分五十有五於五位，天地所設也，畫其象、名其卦、繫以辭、而斷以占，著變化於云爲，聖人成之也，大衍五十，而用四十有九，分二掛一，歸奇過揲，審七八九六之變，以求肖乎理，人謀也。分而爲二，多寡成於無心，不測之神鬼謀也，人盡其理，鬼妙其變，所以百姓苟以義問，無不可與其能事，無艱深詰曲之難知，而大行於天下矣。若龜之見兆，但有鬼謀而無人謀，後世推測之數，如壬遁之類，有人謀而無鬼謀，三才之道不存焉，可揣吉凶而不能詔人以憂患之故，聖人之制作所以不可及也。〔註48〕

文中又再強調人謀鬼謀共作的占筮原理，即此占筮活動中才能體貼天道之神妙不測，及以義問占之崇德廣業的目的性原理，及以河圖作卦象的理數必然之天道象數觀者。占筮活動體貼天道之意義已定，則占筮之法則及揲蓍之法的體貼作用神妙之天道觀的運算意義亦將爲其所定，以下論之。

三、揲蓍之法對天道神妙之體貼下的運算法則之意義

船山討論揲蓍運算法則之意義，說明了天地之數與大衍之數在推演中的不同作用意義，以及兩者數目的差異之必要性，這是對《周易》占筮法則的邏輯推演與義理解釋，其中最重要的觀點仍在於對天道作用神妙不測原理之維護上，這是表現在船山對於大衍之數的天道意義的觀點中的。在筮法中求出一爻至六爻的過程，船山之理論與它家並無不同，差異是在對於大衍之數爲何是五十的說法，以及直接指出易卦在占筮作用中是以數求卦的意義。船山以爲大衍之數是從天地之數五十五中去其五而來的，易道中以天地之數行天地法則而出現八卦及六十四卦，這是天道秩序，而以揲筮之法求其卦象是人道的活動，人道不能盡天道，故必有所不足，這個不足性則以求卦過程中

〔註48〕參見《周易內傳》，〈繫辭下傳〉注解，《船山遺書全集》，頁612。

的數理所據來象徵，於是以筮法所用之數來象徵，此即大衍之數必須少於天地之數的理由，而天地之數在形成八卦的過程中，是在五位相得而有合的架構上來推演，而船山以五位之體是天體，人因有事而求卜於天，但仍不能盡天道，故而人事之道的求卦過程則需從五位之數中各去其一，得其總數為五十，以為筮法所依之大衍之數。此後卦一象兩凡三變得一爻之過程則與它家相同。其言：

> 自此以下言揲策之數，與其制數之理，衍者，流行之謂，大衍者盡天下之理事皆其所流行而起用者也，天下之物與事，莫非一陰一陽交錯所成，受乾坤六子之撰，以為形象，而以其位之宜不宜為理事之得失，凡五十有五成變化行鬼神者，皆流行之大用也，然天地不與聖人同憂，故其用廣而無踰量之疑，聖人能合天地，以為德，而不能全肖天地無擇之大用，是以其於筮也，於五位之中各虛其一，聽之不可測，而立五十以為人用之全體，天道有餘，而人用不足，行法以俟命者，非可窮造化之藏也，故極乎衍之，大而五十盡之矣，其用四十有九者，其一體也，所占之事之體也。……〔註49〕

而當六爻畫成，卦象顯現之時，船山不主張依照朱熹所定的只從變爻來解占的方式，而認為爻以卦為主，應配合卦象、卦義以解所占，並當變爻多時，船山亦不同意以之卦的方式來解所占之事，而仍應在本卦之各爻中，作體會反省，尋求符合所占之事之爻，而自己找到解占之道。船山且舉例說明以變爻解占的作法，當變爻多時，本身有著吉凶不同的文辭，則產生矛盾現象，因此不可執變爻以求筮解，尤其當變爻多至要找尋之卦以為占解之時，船山更認為本卦不用而用之卦，是捨本逐末的行為。其言：

> 以易為學者問道之書，而略筮占之法，自王弼始。嗣是言易者不一家，雖各有所偏倚，而隨事以見得失之幾，要未大遠於易理。惟是專於言理，廢筮占之法於不講，聽其授受於筮人。則以筮玩占之道，不能得先聖人謀鬼謀百姓與能之要。至朱子作啓蒙始詳焉，乃朱子之法一本之沙隨程氏，其三爻變以上無所適從，但以晉文公之筮貞屯悔豫為證，至五爻變，則據穆姜之筮隨，而又謂史妄引隨之彖辭，今按三爻變，則占本卦及之卦之彖辭，假令筮得乾，而三五上變為歸妹，乾彖曰元亨利貞，而歸妹曰征凶，無攸利，又令筮得家人初

〔註49〕參見《周易內傳》，〈繫辭上傳〉注解，《船山遺書全集》，頁540。

> 二四變爲姤，家人彖曰利女貞，姤曰女壯勿用取女，得失吉凶相反懸絕，占者將何所折衷邪？其四爻五爻六爻變皆，舍本卦而專取之卦，本之不立，急於趣時，以靜爲動，以動爲靜，於理不安之甚。蓋所謂之卦者，一出於筮人，而極於焦贛，四千九十六之繇辭，若以易簡而知險阻言之，則三百八十四之爻辭通合於六十四彖之中，已足盡天人之變。如以爲少而益之，則天化物理事變之日新，又豈但四千九十六而已哉？故贛之易林，詭於吉凶，而無得失之理以爲樞機，率與流俗所傳靈棋經、一撮金，同爲小人細事之所取用，褻天悖聖，君子不屑過而問焉，是之卦之說三聖之所不用亦已審矣。惟春秋傳晉文穆姜之占，以之卦爲說，乃皆曰八，則疑爲連山歸藏之法，而非周易之所取。其他傳之所載，雖曰某卦之某，所占者抑惟本卦動爻之辭，且概取本卦一爻以爲占，未必其筮皆一爻動而五爻不動意。古之占法，動爻雖不一，但因事之所取象位之與相當者，一爻以爲主，而略其餘，特自王弼以來，言易者置之不論，遂失其傳，而沙隨程氏以臆見爲占法，則固未足信也。〔註50〕

船山這類觀點的提出，當然和他「經傳同義互爲詮解的周易解讀學」有關，僅僅以一個變爻來看占筮之結果的作法，是爲船山所批判的以易爲可以求得必然定數的態度有關，而船山所強調的「占學一理以學爲重」的觀念中，學易者在觀象玩辭之後又爲求行動之方向才求占之時，是要先通過《周易》原理的全面理解，才能在所占得之卦象上領悟天道的意思，而領悟之原理則在於整體的卦象、彖辭、爻辭及彖、象傳之義理中，而其中的義理則是君子崇德廣業的行爲建議。這樣的周易解讀觀念，當然不會允許僅僅抓住一個占筮之定律，僅以一個單一的卦爻辭來爲求解之道的讀占之法的，這是小人盜賊以問利害之事。

總結本節之所言，對於船山由易而占所表出的形上學觀念中，我們應正視船山有著德性本位的神妙作用天道觀，這是船山形上學的特殊型態。當然，關於易道展示天道發生結構的象數系統的必然性推演，是船山獨斷的周易天道觀，但這也正是船山易學進路的形上學思想的特點，至於船山對於陰陽不測的易道作用本體論的說法，此中所顯的必然性與神秘性的矛盾，應在船山易學理論的整體型態中予以解消，由此而顯的船山易學天道論，正是船山的

〔註50〕參見〈周易內傳發例〉，《船山遺書全集》，頁678。

一套內在一致性的特殊形上學觀點，其理論的效能，則著重在待人道顯天道的崇德廣業之目的性原理中，即在其不測之作用中，透過占筮與實踐的盡性功夫，以達其德性本體之常道者。

第四節　乾坤並建錯綜爲象的大化流行論

本節將說明船山所認爲的周易六十四卦卦象關係的理論，然而所謂卦象關係者，又即是以卦象說天地萬物之情狀的流行理論，意即整體存在界之具體的作用情況原理，是易學天道論中討論天地萬物在作用中的關係性認識原理者。故而卦象關係者，天地萬物之情狀原理也，是天地萬物之以氣言時之存在狀況之原理者，此亦即易學爲彌綸天地之學之義者，在易學中所說之卦象關係即在整體存在界中所說的萬物關係者。此一關係性原理我們以「乾坤並建錯綜爲象」總說之，（實則其關係者乃不只乾坤並建及錯綜爲象而已，詳於文中。）此一關係性原理除在卦理意義上爲卦象關係之外，它又即在氣化世界觀中爲一存在界的具體作用性的原理，是對於存在的情狀作描繪的原理者，故而以「大化流行論」說之。

本節將強調船山由易學卦象關係所建立的世界觀，是一個動態的整體存在界觀念，是由氣存在在卦象間流行的原理，以說明卦象關係，並建立了氣存在的動態世界觀。本章第二節已說明船山所認爲的六十四卦之形成原理，但當六十四卦形成之後，說明卦象間關係的原理者是先以卦象爲氣化世界之模狀的象之本義爲主，在以氣說象的脈絡中，以氣化世界的存在作用原理以說卦象的關係，實則即是說著存在的作用情狀原理者，此亦易學範疇與形上學範疇重構之易學進路的形上學方法論之特徵者，一如第一節之以作易心靈爲形上本體，而本節即以卦象關係爲存在的情狀者。

本章第二節說明了六爻畫之六十四卦的出現意義，它是在由河圖之象而來的發展脈絡中言者，是理數必然之結果，它在相較於三畫卦的八卦系統而言者，是由天象之體發用而出的人事項類，人事項類仍是由天地理數必然之系統而來的發展。然而無論是八卦系統或六十四卦系統者，皆是卦象的存在，意即是徵象的結構，它們的具體作用意義要在氣化世界中才得其落實，故而所有卦象結構仍要在卦象間以氣爲存在的陰陽作用系統中言其理論基礎，此一理論建構的工作將能說明卦象彼此間的作用原理，由此卦象間的作用原理可以建立卦象間關係的理論系統，這一個六十四卦的卦象出現之後的理解卦象與卦象間的關係之原理是形上學的原理。這個形上學原理，船山是以太極渾淪、周流六虛、十二位陰陽，以及錯綜為象、乾坤並建等氣化世界的作用關係原理來說明的，然而我們在認識上必須理解到，這些卦象關係的原理，又即同時是氣化世界的流行作用原理，因此是本章第二節所言的抽象的「卦象固有理數必然」之周易象數學在經驗上的具體落實結果。

以下即以五組範疇理論說之：一、太極渾淪。二、周流六虛。三、十二位陰陽。四、錯綜為象。五：乾坤並建。

一、太極渾淪（即易有太極）

「太極」範疇是船山建立整體存在界的總名之範疇，太極概念的涵攝範域是整體存在界，它本身是指涉整體存在界，如以河圖的圖象說之，河圖的全體即是太極，而八卦六十四卦皆為從中演繹而出者，這是船山的概念使用方式，不使討論存在界的概念只成為抽象的存在，而要直接統攝存在。整體存在界是一氣渾淪的大化場所，太極就是說著這個渾淪的大化，這個渾淪的大化有諸多的作用原理，這些原理以「太極」為最高理解範疇而總說之，細說之則為：「陰」、「陽」、「乾坤」、「八卦」、「六十四卦」等易學概念叢中事。其言：

> 太者，極其大而無尚之辭，極至也，語道至此而盡也，其實陰陽之渾合者而已，而不可名之為陰陽，則但贊其極至而無以加，曰太極。太極者無有不極也，無有一極也，惟無有一極，則無所不極，故周子又從而贊之，無極而太極，陰陽之本體，……故曰易有太極，言易之為書備有此理也，兩儀，太極中所具足之陰陽也，儀者自有其恆度，自成其規範，秩然表現之謂。……非太極為父兩儀為子之謂也，陰陽無始者也，太極非孤立於陰陽之上者也。……所謂蓍之德圓也，乃自一畫以至八卦，自八卦以至六十四卦，極於三百八十四爻，無非一太極之全體，乘時而利用其出入，其為儀為象為卦者顯矣，其原於太極至足之和以起變化者密也，非聖人莫能洗心而與者也。……〔註51〕

〔註51〕參見《周易內傳》，〈繫辭上傳〉注解，《船山遺書全集》，頁555。

太極即陰陽之渾合即陰陽之本體，因其極大無尙故名爲太極，而卦象中之所有者無非皆是一太極之全體者，故以易有太極說之。從易道本體論言，太極即易概念之一說；從天道本體言，太極即本體之稱名；故言崇德廣業、言固有必然、言神妙不測者，皆爲言於太極者；從卦象言，卦象皆由太極之象中所自出者。言其渾合者，言於整體存在界之陰陽一氣之全體作用，乃渾合於太極之一之中者。其另言：

> 乾坤並建爲周易之綱宗，篇中及外傳廣論之。蓋所謂易有太極也，周子之圖準此而立，其第二圖陰陽互相交函之象，亦無已而言其並著者如此介。太極大圓者也，圖但象其一面，而三陰三陽具焉。其所不能寫於圖中者，亦有三陰三陽，則六陰六陽具足矣。特圖但顯三畫卦之象，而易之乾坤並建，則以顯六畫卦之理。乃能顯者，爻之六陰六陽而爲十二，所終不能顯者，一卦之中嚮者背者六幽六明而位亦十二也。十二者象天十二次之位，爲大圓之體。太極一渾天之全體，見者半隱者半，陰陽寓於其位，故轂轉而恆見其六，乾明則坤處於幽，坤明則乾處於幽，周易並列之示不相離，實則一卦之嚮背，而乾坤皆在焉。非徒乾坤爲然也，明爲屯蒙則幽爲鼎革無不然也。易以綜爲用，所以象人事往復之報，而略其錯。故嚮背之理未彰，然乾坤坎離頤大過小過中孚已具其機，抑於家人睽蹇解之相次，示錯綜並行之妙，要之絪縕升降、互相消長盈虛於大圓之中，則乾坤盡之，故謂之縕，言其充滿無閒，以爻之備陰陽者言也。又謂之門，言其出入遞用，以爻之十二位具於嚮背者言也。故曰易有太極，言易具有太極之全體也，是生兩儀，即是而兩者之儀形可以分而想像之也。又於其變通而言之，則爲四象，又於其變通而析之，則爲八卦。變通無恆，不可爲典要，以周流六虛，則三十六象六十四卦之大用具焉。乾極乎陽，坤極乎陰，乾坤並建而陰陽之極皆顯，四象八卦三十六象六十四卦摩盪於中無所不極，故謂之太極，陰陽之外無理數，乾坤之外無太極，健順之外無德業，合其嚮背幽明而即其變以觀其實，則屯蒙鼎革無有二卦，而太極之體用不全，是則易有太極者，無卦而不有之也，故張子曰：言幽明不言有無，言有無則可謂夜無日而晦無月乎？春無昴畢而秋無氐房乎？時隱而旅見者大也，太極之體不滯也，知明而知幽者人也，太極之用無時而息

> 也，屈伸相感體用相資則道義之門出入而不窮。嗚呼，太極一圖所以開示乾坤並建之實，爲人道之所自立，而知之者鮮矣。〔註52〕

言其「太極一渾天之全體」者，即言「太極渾淪」之概念。文中已包羅本節將論述之諸觀念，爲討論之方便，仍分述於下後諸段。惟於圖而觀之，「太極大圓者也」，即觀於周濂溪之太極圖之大圓圖者，乃整體是太極，且其下之數圖又即是此一大圓圖中之事項者，這便是太極以氣存在的身分，渾淪著天地的全體而以圖示之意也，此亦同於以河圖說卦象發生時的全圖是太極之意者。

二、周流六虛

「周流六虛」意指一卦中的六個爻位之陰陽爻象以氣之存在的身分不斷運轉之原理。六爻卦之六位之位義是因用而有，其爲位之體義爲虛，爲虛是指非爲天象存在之實，而爲作用流行之位者，但相對於此天象之實義而言，它仍有作爲理數推演之必然性在，而此一推演則是立基於易道冒天地之用的需要與實然，它有人事項類之用義上之實在性，它由氣上講起的項類之出現，是氣之陰陽作用在六位輪轉中而發生的，爻氣在六爻卦之六位之中上下周流，周流的結果使得六位之卦象變化交涉，變化交涉的結果使得一一項類隨替出現，依於由河圖而來的卦象發生排列之定數，六爻象之卦象則必然爲六十四，因此周流六虛的易學進路之形上學原則，是船山建立卦象關係的理論之一，而此原理之本義，則來自於氣化作用的周流原理。其言：

> 易之陰陽六位，有體者也，而錯綜參伍消息盈虛則無心成化，周流六虛無體之不立者也，故周易者，準天地之神以御象數，而不但象數測已然之跡者也，後之爲易者，如卦氣如游魂歸魂世應如納甲納音、如乾一兑二方圓整齊之象，皆立體以限易，而域於其方，雖亦一隅之理所或有，而求以肖無方之神難矣哉。〔註53〕
>
> ……六虛者六位也，謂之虛者，位雖設而無可據之實。……〔註54〕

周流在於六虛之中之義者，則爲易學天道之作用神妙之效者。言氣化世界之存在的活動唯變所適者，亦言於卦象的氣論進路之理解中，爻位間之氣義流行是上下周流者。

〔註52〕參見〈周易內傳發例〉，《船山遺書全集》，頁656。
〔註53〕參見《周易內傳》，〈繫辭上傳〉注解，《船山遺書全集》，頁515。
〔註54〕參見《周易內傳》，〈繫辭下傳〉注解，《船山遺書全集》，頁601。

三、十二位陰陽

「十二位陰陽」意指一卦中的六個爻位之或陰或陽只是氣之存在之彰顯爲或陰或陽，因此任一爻位其實有隱顯二象的存在，故曰十二位陰陽。陰陽無體，以流行爲用，它只有流行上的或隱或顯之存在義，它的存在是表現上的存在，是作爲兩儀之表現上的存在義，它在存在上只是一氣，它相對於太極渾淪之體義而言是用，是氣之作用型態上的表現形式而已，當它作用時卻有一個必然的作用意義存在，即是兩儀同在之義，因作用而生的六爻之虛位，它的出現是氣在作用於六位之中，一氣之作用有隱顯之別，因此六爻之象有陰有陽，然而陰陽本具足於任一爻位之一氣作用之中，故顯爲陽爻者有陰爲隱，顯爲陰爻者有陽爲隱，故而任一六爻之位有隱顯二象，一位二象六位十二象，船山以十二位說之，十二位仍爲天象義之虛位，但更是作用義之實位，在對卦象之理解與使用中，十二位陰陽之觀念成爲重心，在氣化世界的作用情狀中言，則是陰陽爲一隱顯互現的原理，這也是船山易學進路的重要形上學命題。如其言：

> 六陽六陰往來於向背十二位之中，而發現於六位。〔註55〕
>
> 雷霆風雨相偕以并作，則震巽合矣，日月寒暑相資而流行，則坎離合矣，男女相偶以正位而衍其生，則艮兑合矣，震之一陽自巽遷者也，巽之一陰自震遷者也，坎艮之陽自離兑遷也，離兑之陰自坎艮遷也，遷以相摩則相盪而爲六子，未摩而不遷，則固爲乾坤，故震巽一乾坤也，坎離一乾坤也，艮兑一乾坤也，惟其無往而非純乾純坤成卦，而三位各足以全乎乾之三陽坤之三陰而六位備，因而重之而六位，各足以全乎乾之六陽坤之六陰而十二位備，周易之全體六陽六陰而已矣，其爲剛柔之相摩盪爲八卦者，無往而不得夫乾坤二純之數也，其爲八卦之相摩盪爲六十四卦者，錯之綜之而十二位之陰陽亦無不備也。〔註56〕

四、錯綜爲象

「錯綜爲象」意旨卦象的形成有因隱顯互換而成者，是爲錯；有因上下對轉而形成者，是爲綜。因此卦象間的組合原理，是「象」的關係組，而非

〔註55〕參見《周易內傳》，卷五，〈繫辭上傳〉注解，《船山遺書全集》，頁499。
〔註56〕參見《周易外傳》，〈繫辭上傳〉注解，《船山遺書全集》，頁969。

卦義的排列序。以周流六虛及十二位陰陽之爻氣作用的形上學原理來說明卦象的關係時，卦象出現的脈絡則有兩型：其一為：由十二位陰陽的存在原理而有「錯」的型態；其二為：由周流六虛的作用原理而有「綜」的型態。「錯、綜」二型都使卦象的關係有一組組的內在溝通情形，任一卦必有相錯之另一卦，但有六個卦沒有相綜的另一卦，以一組互為相綜且相錯的卦象關係來排比時，六十四卦中則可以有三十六個象組，是為錯綜為象。這是一個討論卦象關係的命題，是一個純屬於易學理論的卦象關係原理。如其言：

> 又以錯綜之象言之，上經錯卦六，為象六，綜卦二十四，為象十二，共十八，下經錯卦二，綜三十二，為象亦十八。〔註57〕

當六畫卦以具體的天地間之事務之象徵者身份出現後，六畫之象是一個象的新形式，一個新的六畫之象，此六畫象中的每一象依船山陰陽無體、乾坤並建、互為隱顯的原則，它因此必須是在每一畫之自身又有著陰陽兩面之存在性質。即一畫有二位，六畫有十二位，六畫卦以十二位之陰陽隱顯的方式共同存在，因此相錯之兩個六爻卦有著更內在的依存關係，它是在一對卦象之中的兩面表達，又因六位為虛，陰陽周流六虛之原則，相綜之兩卦亦被船山視為具有基本內在關係的同一對的卦象，因此，同一組之六畫卦即有綜二及錯二的四種表現型式。這一個原理船山即謂之為「參伍錯綜」，即謂六位之爻形成六十四卦之方式，是在陰陽錯綜的原理下而形成的。

此一說法在船山早年作《周易外傳》之註解〈序卦傳〉中說之極詳。依船山用語，其象以相綜兩卦為一象，為同用，任一卦皆有相錯之卦，卻不一定有相綜之卦，合相錯相綜之整體為四卦，四卦一純，四卦合體，而就象言，六十四卦中可相綜之兩卦已合為一象，故六十四卦中可有三十六象，此三十六象之每一象則皆有其相錯之卦。船山以此一方式來解現存周易之卦序道理，但晚年於《內傳發例》中又說自己不敢確信為必然。然而我們從中可以尋繹出來的義理即為船山是以其「乾坤並建」之宗旨來談此六十四卦之卦象關係的義理，其宗旨則在於其形上觀點中的以陰陽之氣在流行與表現的存在方式中，必是陰陽一齊同體之性能，故而上下對反之流行是其性能之內事，故相綜關係為同用一象之關係，而其陰陽互為隱顯的形上原理，則決定了卦象中相錯兩卦復為合體，是故四卦一純，六十四卦僅以三十六象現身。

因此，六十四卦之卦象間的關係，是以「象組」為重點，而不是「象序」

〔註57〕參見〈周易內傳發例〉，《船山遺書全集》，頁677。

爲重點，因此船山重象組而不重象序，基於對六十四卦關係原理的觀點，使得船山對卦序之成因有著不同於〈序卦傳〉之一條線式的看法。六十四卦是依非錯即綜的方式一組一組地形成，而不存在鍊鎖關係，故以〈序卦傳〉非聖人作。同時他也不接受上下重卦作爲六爻卦的形成方式，因爲相重之後的上下之象多不符合天地自然之象，所以不能用於談象徵人事的六十四卦卦理。也因此，使得船山認爲〈大象傳〉之作是別義。只因陰陽周流六虛，象成而後自有其獨立存在的新解，故而亦不妨依上下重卦之方式說明六畫卦之卦義。而這必須是聖人出神入化後的智慧才有的發明。

五、乾坤並建

「乾坤並建」意指六十四卦的形成原理，是基於於乾坤兩卦的卦象推引而出的，這是指的象以氣言時的推演。它在易學進路的形上學理論中的基礎在於太極渾淪的觀念中，太極概念在船山的使用上已爲總攝性的整體存在界的概念，而陰陽之存在的意義已爲一氣存在的兩種儀態之表現，故而作爲總說天地人事情狀的六十四卦描繪系統的原理，也必須是既可分說又可總攝者，是以船山以乾坤並用的方式說之，以乾坤兩卦具足六陰六陽之十二位陰陽的兩種卦象原型，來總說所有的卦象型態，所有的卦象型態，在周流六虛及十二位陰陽的原理作用之下，都可以從乾坤兩卦的卦象中推出，而乾坤兩卦彼此陰陽互爲隱顯，兩者在型態上同屬一對卦象組，兩者之型態意義不可分開認識，而其餘三十六象的各象組之型態意義也同於乾坤兩卦之關係原理，故以乾坤兩卦之關係原理來總說六十四卦之關係原理，故而對於周易象數系統中的卦象關係的認識原則，應並建乾坤以爲總說之基地，故標出乾坤並建之說，作爲卦象間關係的最核心觀念命題。如其言：

> 奇耦之畫，函三於一，純乎奇而爲六陽之卦，以成乎至健；於三得二，純乎耦，而爲六陰之卦，以成乎大順。奇耦至純至足於兩閒，故乾坤並建而統易，其象然、其數然、其德然，卦畫之所設，乃固然之大用也。〔註58〕

> 則萬物之發生以爻象言之，則六十二卦、三百八十四爻皆一陰一陽所生，……乾坤之生廣大如此，故周易並建以爲首，而六十二卦之

〔註58〕參見《周易內傳》，〈繫辭上傳〉注解，《船山遺書全集》，頁497。

錯綜以備物化，而天道盡於此也。〔註59〕

質，定體也，以全易言之，乾坤並建以爲體，六十二卦皆其用，以一卦言之，彖以爲體，六爻皆其用，用者用其體也，原其全體以知用之所自生，要其發用以知體之所終變，舍乾坤無易，舍彖無爻，六爻相通共成一體，始終一貫義不得異。〔註60〕

一般易學理論家在處理易卦理論的時後，都是以六爻卦之理、象、數的規定性來立論，而船山特別地從陰陽隱顯的觀念來談易卦之理論時，六爻卦之卦象自從從三爻卦的八卦之本體衍伸而出以後，其已有著新的獨立存在者身份，這一個個完全的六爻卦之卦象，在其任一爻的存在性上，有著具足陰陽的存在之氣，是陰陽同在只隱顯出入的內外之別決定了顯現者之或陰或陽，而不存在一個整體是陰或整體是陽的爻的存在。於是一卦之顯現聯帶著另一卦之隱藏，兩卦相錯之卦象曳著一體內外的本體關係，這使得船山的卦象理論因此極重視相錯關係。乾坤並建從卦理上言指的是將乾坤兩卦統一於一對相錯之兩卦的統一表現性中，以體與德之對待性互爲乾與坤之存在與表現的內外一體之關係，從而將由此兩卦所參伍錯綜而出之六十二卦皆統攝在同樣的錯綜組合之對待關係中，而收攝入此乾坤一體的卦象統一系統中，六十四卦皆以錯綜關係成爲乾坤一對的衍式而從屬其中，更進而在易學形上學中從屬於一太極陰陽的存在全體。其理論上的標的在於藉陰陽一氣之命題而將六十四卦之天地萬象再度收攝入於一太極乾坤的一氣宇宙觀中來。而意使六十四卦之分殊發展有著一體共在之通同統一的性能。「乾坤並建」的氣化宇宙論義理即此陰陽一對待同進出的本體義之發生化，陰陽一氣一體之展衍，是同出同入，是在表現中而不割裂，在分殊中而不分性。簡言之「氣化宇宙論上陰陽一齊」之義也，「本體論上的陰陽一體」之義也。

由上所論，船山在卦象關係的理論建構中所顯現的形上學理論意義有下列幾個重點：

（一）船山的卦象觀已成爲一個動態的整體存在界的存在情狀之模繪。

（二）「乾坤並建」是從氣化世界觀的一氣化行觀中提煉出來的，「乾坤並建」的原理中已顯示船山對於氣存在之陰陽狀並無優位性的觀念，而只有顯隱義的不同。

〔註59〕參見《周易內傳》，〈繫辭上傳〉注解，《船山遺書全集》，頁525。
〔註60〕參見《周易內傳》，〈繫辭下傳〉注解，《船山遺書全集》，頁604。

（三）「錯綜爲象」的卦象關係以三十六象的基本形式詮釋六十四卦，十二位陰陽與周流六虛之說又是陰陽同體一氣化行的引申，周流六虛的爻氣觀中已顯示船山對於氣化世界的氣存在之變動性的重視，使得由六十四卦所描繪的世界成爲動態的世界。

（四）所謂「大化流行論」的提出，即在指明船山的整體存在界是一個氣存在的動態世界觀。

以上這些重點都將在我們討論船山氣論進路的形上學觀點中更加發揮。

第三章　王船山氣論進路中的形上學思想

前　言

本節將以船山在氣論進路中的形上學思想之建構爲討論主題。此一氣論進路的船山形上學，是繼承自張載學的傳統，但也是自漢代以來，中國氣論思想持續發展的結果，當然它經過了宋明儒的環節，而成就了儒家氣論的一個強有力的型態。氣論作爲中國哲學認識世界的一個主要的討論側面，一直發揮著重要的影響力，船山對氣論思想的處理，還主要用來藉以攻擊道佛思想的題材，藉著對氣的形上學理論之觀點，大力地批評了道家、道教、佛教各家的形上學體係，而氣論本來是中國哲學除了佛教以外的共同傳統，船山卻以他在易學進路的儒家形上學觀點的解釋下，批評了他家的形上學理論，所以船山必然也會藉氣論思想建構一套儒家形上學體系。本章之主旨即在揭露船山所處理的此一氣論的思想體系，討論其在中國氣論傳統下的氣思想，所轉化而出的儒家形上學之內涵。

對於任何一位哲學家的形上思想體系，研究者可以從諸多面向去介紹，我們很難說那一種研究架構是對那一位哲學家思想體系的最完整而全面的研究角度，只能從研究者的討論目標上去各自進行而已。本論文在「易學」進路之外又以船山的「氣論」爲研究其形上學思想的進路，並不表示船山的「易學」進路之不足，更不表示船山沒有了其它的進路，而是因爲船山對他家的理論批評，尤其在形上學思想的高度上的批評，多爲藉氣論觀點的解釋入手的，至於藉「易學」理論之批評者，固爲批評的主力，但仍混雜卦理之論與形上學原理之論者多矣，故而必須再由「氣論」的研究角度來認識這些批評的議論重點。而就船山整體的形上學思想體系而言，其實還有許多的研究面向，也不只易學及氣論二者而已。例如對「中庸」、「大學」解釋系統的進路，以及對「宋明儒功夫理論」之爭的解釋進路，都是可以展現其形上學觀點的角度，然而我們重視的是他的形上學內容及對他家的批判的這一個研究角度，而「易學」與「氣論」正是此一工作的焦點，所以我們在船山的「易學」進路的形上學建構之外，還要展現他在「氣論」進路的形上學理論建構的觀點，以作爲整理船山形上學綱領性理解之基礎。

本章概分五節，各節重點如下：

第一節　實有不虛健動不息的世界實有論

說明船山認爲整體存在界的存在是一個氣化的世界，氣之存在有無形之虛象與有形之實象，然其爲實有者則一，且其實有之義乃在其爲一健動不息的流行之世界，其健動故有實，其實有乃不虛，其太虛乃一實而已，形不形之間乃氣之聚散之別，其爲氣之存在乃是一體皆實者。

第二節　陰與陽和氣與神和的本體合一論

說明船山對於整體存在界的存有實況中之本體觀點，乃是一個在氣言之則爲陰與陽和之一氣關係，在理言之則是一個氣與神和之理氣合一論，是故作爲存在者，必定是作爲有理在的活動者，整體存在界便是一個太極渾淪大化流行的太和世界。

第三節　鬼神屈伸生死一氣的生命終始觀

說明船山對於生命存在的生死問題的觀點，認爲生命存在是以整體存在界之理氣存在爲其大結構者，是以生死之事是氣之聚散而已，是氣之伸息爲神屈消爲鬼的一陰一陽之作用而已，故無生滅而只有終始，言終始則言其終而有始始而有終之生命循環而已，不過循環者是一氣周流之循環，而非鬼神魂魄之循環，故不可拘拘於一體之長生。

第四節　性命日新攻取有惡的繼善成性說

說明船山本體論觀點中對於性與善與惡之言說觀點者，是以「繼善成性」說性與善者，於是言善者是在一陰一陽之繼之有常之際中言其有所作用之善義，言性者是在氣聚有形而生爲人爲物之際，而言其理氣結構中之必有此理者言，由於世界是健動實有的，故必於作用之繼之以常之中顯其爲善者之仁義禮智之性，故而人之性善是太極渾淪氣與神和之理氣結構下的必有之事，因而惡之出現只在自繼其善之繼之不有常之攻取之際而有者，而天道作用不息，所以人道之性命亦日新，效其日新繼其有常便是聖人事業，若不知於時位之變而順其爲變者則小人之事也。

第五節　有善無惡人道廣大的志仁功夫論

說明船山對於人道功夫論的觀點，是以整體存在界之價値本體乃爲有善無惡之結構者，然而人道之作用則正在於彰顯此一本體結構之本義，因而人道廣大於天地之間，整體存在界之有善無惡之實義其實掌握在人道功夫之中，而基於有善無惡的本體結構，則人道之功夫提起只在志於仁之作用與否而已。以下分述之。

第一節　實有不虛健動不息的世界實有論

「實有不虛健動不息的世界實有論」是說出船山對整體存在界的形上學觀點的第一個重要命題，主張整體存在界在存在意義的有無上是實有不虛的，在存在的活動上是健動不息的，此二義共構成其世界實有論。船山的理論建構，當然是要用來對付道佛形上學的理論辯論之用，以維護儒學理論陣營中對崇德廣業之事業的追求之理論基礎，而船山以爲道佛理論有悖於此一目標，而從形上學研究的角度言，就是道佛理論對世界存在的實在性看法不同所致。本節即將指出，船山形上學研究中的第一個重要觀點的提出，就在指出這個世界存在的實在性問題，船山在這個觀點上的強調，其實是和張載完全一致的說法，因此其意見的表達也多在註解《正蒙》時提出，船山對於世界實在的觀點的提出是從有無動靜的氣論問題而說的，因此有兩個說明的形式。其一爲：以氣的存在遍在有形與無形之整體存在界中，故皆實有不虛；其二爲：以氣的陰陽作用於動靜之間，是在發用流行中健動不已的作用，故而健動不息，而健動不息義又即實有不虛義之成立的積極條件。以下分兩段討論：一、實有不虛的世界實有論。二、健動不息的氣化宇宙論。

一、實有不虛的世界實有論

將世界存在之有無的問題，視爲儒家學者在形上學理論建構上的重要堅持點，這是張載的作法，《正蒙》〈太和篇〉言：「氣之聚散於太虛，猶冰凝釋於水，知太虛即氣，則無無。」，而船山則注曰：

> 人之所見爲太虛者，氣也非虛也，虛涵氣，氣充虛，無有所謂無者。〔註1〕

太虛之名所指者爲整體存在界，以其眼見所及有無限虛空之現象，故名之曰太虛，這是張載得之於莊子氣化宇宙論觀點的新創名辭，關於張載對太虛之界定與使用此暫不論，〔註2〕船山的注解即指明，太虛是一個整體是氣的存在，因其眼見中有無形之處故名爲虛，並非其存在上是虛。其存在上是氣，氣遍在整體存在界中，故無有所謂無者。這是以氣之存在說存在之非無，於是整體存在界中遍在的氣之實在性與否，變成了整體存在界本身的實在性問題的基礎了。此時船山並未更論證氣之存在本身的實在性問題，氣之實有對船山而言已是一預設，氣將與理共構而爲本體之情狀，故氣之爲實者已爲本然，因此他的理論進行，只處理到以氣之遍在來論證整體存在界之實在，似乎只要說明了整體存在界中都有氣之存在，即可爲整體存在界皆爲實在的明證。由此看來，船山的形上學觀點，即可明確地表述爲「氣化宇宙論」的型態，而在氣化宇宙論的架構中，船山所在意的哲學問題是，如何藉著氣存在的特質以說明有形、無形之際，及動靜之際，皆有遍在的氣，以爲整體存在界皆爲實在的證明。當然，這也是張載的思考方式，其於《正蒙》〈太和篇〉言：「知虛空即氣，則有無隱顯神化性命通一無二，顧聚散出入形不形，能推本所從來，則深於易者也。」，船山則注曰：

> 虛空者氣之量，氣彌淪無涯而希微不形，則人見虛空而不見氣。凡虛空皆氣也，聚則顯，顯則人謂之有，散則隱，隱則人謂之無，神化者氣之聚散不測之妙，然而有跡可見。……〔註3〕

氣是遍在整體存在場域的存在，但氣有希微不形的存在形式，此即人之一般

〔註1〕參見《張子正蒙注》，〈太和篇〉，船山遺書全集，頁9293。

〔註2〕張載的太虛概念見於《正蒙》〈太和篇〉，其言：「太虛無形氣之本體。氣之爲物，散入無形，適得吾體，聚爲有象，不失吾常。太虛不能無氣，氣不能不聚而爲萬物，萬物不能不散而爲太虛，循是出入，是皆不得已而然也。使與太和絪縕之本體相合無閒，則生以盡人道而無歉，死以返太虛而無累，全而生之全而歸之，斯聖人之至德矣。」。至於莊子對氣與虛的關係，曾於人間世的心齋功夫中言：「氣也者，虛而待物者也，唯道集虛，虛者心齋也。」，其言氣的特徵即在虛其自身而待物來者，故而於追求最高境界的與道爲友之功夫中，亦應集虛，即心齋者。張載則直以太虛概念說氣化世界的總名，可謂把握到莊子言氣的宇宙論側面之特徵。

〔註3〕參見《張子正蒙注》，〈太和篇〉，船山遺書全集，頁9286。

感官所見之虛空，但虛空中仍是氣之存在，只是人有感官所見之可見不可見之差別，此一差別不可以有無論之，凡虛空皆氣也便皆有也，氣有聚散之作用，聚散作用中有爲人之可見不可見之現象而已，氣之存在自有其作用之形式，是其神化作用之妙者，此爲船山說明不可見之虛空之仍爲「有」之理論。此其氣之作用之特有形式，此一作用於其存在與否乃無本質上的差別者。張載言：「太虛無形氣之本體。」船山言：

> 於太虛之中具有，而未成乎形，氣自足也，聚散變化而其本體不爲之損益。〔註4〕

此說即對於氣之各種作用形式乃無損於其存在的實在義而言者，至於所謂氣之本體者，可有二義，其一爲討論整體存在界在宇宙論義下的根本材質問題，則爲氣；其二爲本體論義下的存有原理，則爲理氣關係問題中的本體論主張者，此一問題下節論及。至於氣之各種作用形式的「其本體不爲之損益」之情況者，船山言：

> 陰陽二氣充滿太虛，此外更無他物，亦無閒隙。天之象地之形，皆其所範圍也，散入無形而適得氣之體，聚爲有形而不失氣之常，通乎死生猶晝夜也，晝夜者豈陰陽之或有或無哉！日出而人能見物，則謂之晝，日入而人不見物，則謂之夜。陰陽之運行，則通一無二也。在天而天以爲象，在地而地以爲形，在人而人以爲性，性在氣中，屈伸通於一，而裁成變化存焉，此不可踰之中道也。〔註5〕

此說中有許多重要觀念，析爲以下幾個命題：

1. 氣之存在可分爲陰陽之二氣。
2. 氣存在爲存在之本義，捨氣之存在之外則無其它的存在。
3. 天象、地形、人性皆爲氣之存在作用的顯型而已。
4. 散入無形而適得氣之體，聚爲有形而不失氣之常。
5. 通乎死生猶晝夜也，晝夜者豈陰陽之或有或無哉。

就第一點而言，陰陽二氣充滿於太虛之中，而變化裁成萬物，無一或息，但陰陽皆只是以氣之作用而立名爲「有」，故而陰陽二氣之存有義，乃在於它們是氣作用的兩種對立互爲的形式，一爲陽之伸、息作用，一爲陰之屈、消

〔註4〕參見《張子正蒙注》，〈太和篇〉，船山遺書全集，頁9280。

〔註5〕本文爲張載言：「不悟一陰一陽範圍天地通乎晝夜三極大中之矩。」，而船山注者。參見《張子正蒙注》，〈太和篇〉，船山遺書全集，頁9288。

作用，是故二氣就存在上只是氣存在之一氣而已，只因氣存在本身的作用有兩型，故立之爲二氣，故而從氣存有的本體而言，陰陽二氣乃因作用特性而有別，非因存在質素而有別。

就第二點而言，這是氣化宇宙論型態的理論體系所必涵的命題。是指整體存在界之遍在地是氣，如此則任一存在的本體都是一氣意義的存有者，故「更無他物」，此處所牽涉的理論問題不在宇宙論問題而在本體論問題，是在於本體論問題中的理氣關係問題上之孰爲存有意義的根本決定者，此一問題下節再述。就第三點而言，天象地形只是對比地說，從易學概念範疇中說，象是天地之象，形是天地之形，特就天概念直指整體存在界所提供的存有意義而言，才言爲天之象的作用，特就地概念直指天地萬物之存在而言，才言爲地之形的產生，至於人之性者，船山仍以氣說性，性在氣中，顯見船山於存有意義的觀點中有以氣說性的特色在，這也是理氣關係的本體論問題，下節述之。

就第四點而言，「散入無形而適得氣之體」者，言有形之物因氣之散消的作用而成爲無形的氣存在時，反而保存了氣存在的無形之體性，然而，船山言氣存在之體性者，並不以有形無形說之，此說中之體者，不可解爲無形之存在形式才是氣存在的體性，只能解爲氣存在之當其未形之時的一般形式，即無形之形式爲其一般之形式者，而此一般形式之氣則仍是一氣爲本體者；「聚爲有形而不失氣之常」者，指其或聚爲有形之時，仍是氣之存在的本身，是天象、地形、人性意義下說的氣的顯型，而其仍爲氣的作用原理在其中者，故仍不失氣之常，常者指其常理，氣之作用有其作用之理，此其理氣關係問題者。

就第五點而言，「通乎死生猶晝夜也，晝夜者豈陰陽之或有或無哉。」，是說死生之變是氣存在之作用型態，而非存在者本身之有無的改變，這當然又是將無形的存在以氣說之而稱其爲有的重點。同時，此說將導致重要的人生哲學問題，因爲這也是莊子氣化世界觀的理論，然而此一氣化世界觀中的生死觀念固然有著宇宙論上的相同性，卻在本體論建構中儒道有別，因而導致不同的人生態度，此暫不論。至於有無的問題，船山以可見不可見之路徑，以爲敵論者乃由此言無之說則反覆再三，至於其證之爲有者亦以氣之有幽有明之現象之說亦證之再三。張載於〈大易篇〉言：「大易不言有無，言有無諸子之陋也。」，船山則注曰：

明有所以爲明，幽有所以爲幽，其在幽者，耳目見聞之力窮，而非理氣之本無也。老莊之徒，於所不能見聞，而決言之曰無，陋甚矣。易以乾之六陽坤之六陰大備，而錯綜以成，變化爲體，故乾非無陰，陰處於幽也，坤非無陽，陽處於幽也。剝復之陽非少，夬姤之陰非微，幽以爲縕，明以爲表也。故曰易有太極，乾坤合於太和，而富有日新之無所缺也。若周子之言無極者，言道無適主，化無定則，不可名之爲極，而實有太極，亦以明夫無所謂無，而人見爲無者，皆有也。屈伸者，非理氣之生滅也，自明而之幽爲屈，自幽而之明爲伸，運於兩間者恆伸，而成乎形色者有屈。彼以無名爲天地之始，滅盡爲眞空之藏，猶瞽者不見有物而遂謂無物，其愚不可瘳已。〔註6〕

此說中言「非理氣之本無也」，透露了理氣關係的觀點，即其爲一理氣共構之存在，而此一共構之結構，非因無形可視而爲本體之無者，這又是世界實有的論點。此說之重點是張載和船山皆以周易哲理之乾坤陰陽作用於整體存在間的原理，以證說存在之整體的實在性者。其言易有太極者，是以太極說存在之實有，而以周敦頤言無極者是指太極神妙無主之作用性能，並非言有一無實在之存在者，而太極概念在易學範疇中，從存有意義言，是存有意義的總稱之名，其內容在德性本位的天道論中；從存在意義言，是存在的全體，是以「太極渾淪」之命題來涵攝存在的整體範域，太極即存在之整體地言之總稱，故又非無者。其論乾坤者，則由乾坤並建及十二位陰陽互爲隱顯之說，正足以說明存在界之有幽明隱顯之事實，也正足以說明陰陽二氣之遍在存在界，而證明存在界整體是氣的實有義。文中論述道佛之辯者，將於第四章討論。

以上是對於世界實有性的有無問題，從氣之遍在及作用有別上討論，但論於存在時，船山又另有從動靜的角度討論者，此下段及之。

二、健動不息的氣化宇宙論

氣的存在是遍在的觀點，是船山說出世界是有而非無的論證基礎，因而我們以船山的形上學觀點中有著「實有不虛的世界實有論」；然而，實有的世界因氣的作用不息之特質，又有了健動不已的特性，健動不已的世界觀仍是

〔註6〕參見《張子正蒙注》，〈大易篇〉，船山遺書全集，頁9531。

船山對抗道佛理論的重要基地，船山認爲道佛講功夫時是重視止息的作用的，又認爲此說有悖於儒者剛健的社會實踐力，故而對於氣之陰陽作用的動靜問題特別強調，旨在說出動亦動、靜亦動、陽亦動、陰亦動的作用原理，而動靜陰陽之皆爲動的作用原理，乃爲遍在之氣的作用爲一實在之作用立說，於是遍在之氣既恆存又恆動，則終成爲一眞實存有的氣化世界觀。船山論氣之動靜問題，首先指出動靜是陰陽的作用，有作用就有實存性，作用是實存的積極義，只存在而不作用的氣化世界觀是不足以言世界的實存性的。船山言：

> 有形有象之後，執形執象之異，不知其本一。象未著、形未成，人但見太虛之同於一色，而不知其有陰陽自有無窮之應。形散而氣不損。〔註7〕

此說中言「本一」者，是一於氣存在者，有形有象之後，氣仍是其存在的本色，而象未著形未成之前，存在仍實，實者實於氣，因而氣有未形未象及有形有象之不同作用形式，然而氣於未形未象之時，「其有陰陽自有無窮之應」，是說氣有陰陽兩種作用形式，將產生無窮的作用結果，所以那個眼見爲無的氣的存在形式，並非眞無，它是有，且將會作用，它在作用中將轉爲有形有象，這就是氣的陰陽二體的存有意義。「形散而氣不損」者，不只這個氣存在不損，更在於這個無形的氣存在仍在作用中，故而氣因陰陽之不息的作用而取得恆動的實存意義，其言：

> 有無混一者，可見謂之有，不可見遂謂之無，其實動靜有時，而陰陽常在，有無無異也。誤解太極圖者，謂太極本未有陰陽，因動而始生陽，靜而始生陰，不知動靜所生之陰陽，爲寒暑潤燥男女之情質，乃固有之蘊，其絪縕充滿在動靜之先，動靜者即此陰陽之動靜，動則陰變於陽，靜則陽凝于陰，一震巽坎離艮兌之生於乾坤也。非動而後有陽，靜而後有陰，本無二氣，由動靜而生，如老氏之說也。〔註8〕

氣之恆動的實存意義就在此說中之「陰陽常在」、「動靜有時」之中，因此「有無無異也」。此說爲船山對於周敦頤言動靜說之詮釋，重點在扭轉對於「動而生陽靜而生陰」之誤解，誤解爲本來無氣，因動靜而有二氣的認識方式，船山並

〔註7〕參見《張子正蒙注》，〈乾稱篇〉，船山遺書全集，頁9637。
〔註8〕參見《張子正蒙注》，〈太和篇〉，船山遺書全集，頁9287。

以爲道家老子之說即此者。而船山認爲，天地萬物的作用都是陰陽之氣的本有中事，陰陽是氣的存有作用，其在存在上就是一氣，從整體存在界的遍在之本然情狀，來說動靜之後生陰陽者，是把太極與陰陽打爲兩橛，然而在船山的氣世界觀中，太極陰陽都是說氣的總名，存在的只是一氣，氣是徹底的存在本身，沒有所謂太極陰陽的存在意義上的區分，只有在存有的作用上的意義之不同而已，因此說陰陽之作用者，即是說著存在界的本來作用，於是言動靜者即是言陰陽之作用，陰陽表爲或動或靜之作用，使得整體存在界在乾坤並建的理解中，表現出八卦及六十四卦的作用架構，而藉象的思維以說其爲天地情狀。然而陰陽作用是恆動的作用，其動靜有時，無關乎有無，作用是陰陽之本性，其必作用，即使整體存在界必可表述爲有陰陽二氣作用不息的存有眞象者，故而「作用」又成爲船山表述世界實存恆有的基礎範疇。其另言：

> 蓋陰陽者氣之二體，動靜者氣之二幾，體同而用異，則相感而動，動而成象則靜，動靜之幾聚散出入，形不形之從來也。易之爲道，乾坤而已，乾六陽以成健，坤六陰以成順，而陰陽相摩則生六子，以生五十六卦皆動之不容已者。或聚或散或出或入，錯綜變化，要以動靜夫陰陽，而陰陽一太極之實體，唯其富有充滿於虛空，故變化日新，而六十四卦之吉凶大業生焉。陰陽之消長隱見不可測，而天地人物屈伸往來之故盡於此，知此者盡易之蘊矣。〔註 9〕

此說在藉著易理之發用在天地之整全之中的效用，以說明陰陽之氣的整體性作用情況，其重點即在，以乾之「健德」與坤之「順德」，而「陰陽相摩」，而「動之不容已」，而「變化日新」，而「大業生焉」者，則天地間自然人事之一切吉凶大業則都在易理之中言詮了，這是以易之卦德說世界之恆動作用義，所有的作用都指向整體存在界必有健動之義上。文中言陰陽者氣之二體的體義，是建構在動靜二幾的作用中而言爲體的，就存在言，是一氣同體的，就作用言，是在動靜之幾的聚散出入之事中，而成就天地萬象的形不形之事的，故而太極陰陽之氣存在的實體，充滿於整體存在界的虛空之中，且變化日新，作用不已。因其作用不已，是以有實存恆動的世界觀在，其言：

> 太極動而生陽，動之動也，靜而生陰，動之靜也。廢然無動而靜，陰惡從生哉？一動一靜闔闢之謂也，由闔而闢由闢而闔□動也，廢然之靜則是息矣。至誠無息，況天地乎，維天之命，於穆不已，何靜

〔註 9〕參見《張子正蒙注》，〈太和篇〉，船山遺書全集，頁 9286。

之有。〔註10〕

船山以陰陽爲二氣之形式，氣在世界中恆存且恆動，動力的作用有動靜的外在表現型態之分別，但沒有根本的停息之情狀，是故對周子《太極圖說》言「太極動而生陽，靜而生陰。」者，船山之解讀爲：其動亦動其靜亦動。因此在船山觀念中的「陰、陽」二氣，應解成是氣化世界永存恆動的兩種作用形式，這是船山眞實無妄健動不已的世界觀下的哲學觀念。其言「至誠無息」者，亦將「至誠」之道德內涵義賦予健動不息義，以此來說明這個世界的恆存恆動之原理，這就交涉到本體論中的理氣關係問題，及存有意義上的善惡問題了，此說後數節述之。

總結前言，船山在動靜問題上的強調，一如在有無問題的強調上，都是要對道佛作理論對抗之準備者。船山由儒學形上學觀點的角度，強調地建構了一個恆動不息的世界觀，不論從氣之聚散出入有形無形上說，或從詮解周敦頤太極圖說義理上說，或從易卦易理上說，皆在強調作用不息之實存義，使得這個恆動的觀念，成爲世界是實有恆存義的積極性條件，特別是在散爲無形之際的氣存在者，仍有陰陽二氣之作用者在，而有形無形皆在動中之義，更使得船山對於無形仍爲實有之說得以強化，於是配合世界實有的命題，我們可以說船山的氣化世界觀便是一個「實有不虛健動不息的世界實有論」。

世界實有論只是船山氣論進路的形上學思想中的一個觀念側面，整個氣論進路的形上學命題中還有論理、論性、論功夫、論善惡之諸說者在，後數節述之，下節即先從本體論關係項下的理氣關係論起。

第二節　陰與陽和氣與神和的本體合一論

「陰與陽和氣與神和的本體合一論」是要說出船山對於作爲存在的範疇與作爲原理的範疇兩者間關係的看法，是主張「氣與神和」的本體合一論，即作爲存在的氣與作爲原理的神的關係，從存在上講是理在氣中的合一論觀點，從存在的活動上講是理氣爲一的本體合一論觀點。世界在存在上都是氣，氣必有作用，作用的原理是理，故又都有理，故而在對存在的本體的認識上，兩者不可分立地認識。對於船山這樣的本體論命題而言，則將導致重要的人性論、功夫論及宇宙論中的存在者的存在意義等問題，這些我們將在後三節

〔註10〕參見《思問錄》，〈內篇〉，船山遺書全集，頁9647。

中討論，本節則著重在船山的理氣關係脈絡下作討論。其中言「陰與陽合」者，即氣的存在之爲一氣的觀點者，是氣的合一論觀點，此義前節已論，故而本節則專論「氣與神和」的本體合一論。

所謂的理氣關係中的「理」範疇，是泛指作爲原理的規律、意義、目的等的概念範疇，是本體論問題中處理的對象，在船山的使用中言，則以「神」、「性」、「理」三者爲多，本節即將討論此三者與氣存在的關係。然而，船山在承繼了張載易學進路的氣化世界觀下，接受了三個描寫整體存在界的重要概念範疇範疇，即：太極、太虛、太和三者，這三個概念的使用，其實表示了對於這個易學進路的氣化世界觀的三個描寫側面，指出了整體存在界的三個特色，這三個特色決定了船山規約本體論中理氣關係的基礎，故將論之於前。以下將分四段以討論之：一、從太虛言的本體合一論。二、從太極言的本體合一論。三、從太和言的本體合一論。四、從神與性言的本體合一論。

一、從太虛言的本體合一論

就「太虛」概念言，船山是藉之以指出整體存在界之以氣爲遍在的材質者，此遍在之氣材質，有聚、散、形、不形等性能，且在當它散入無形時有現爲虛空的特質，故謂之太虛。然而當船山在說太虛時，如前節所論，則不斷強調其爲實有的世界觀，其論述的進路有二，一爲從氣存在的遍在性言，這是前節所說明的方式，另一即爲從存有原理的側面所說的，這就關涉到本體論問題中的理氣交涉問題了，前節引文言：「至誠無息，況天地乎，維天之命，於穆不已，何靜之有。」〔註11〕這是在討論存在的恆動性問題，是以「誠」的無息的作用，來說明存在的恆動與實有性能，然既以誠說存在，則誠概念本身的價値意識亦得以轉爲說存在，此即得以「誠」的德性義之篤實不欺義以說整體存在界的作用原理了，其另文言：

> 太虛一實者也，故曰誠者天之道也，用者皆其體也，故曰誠之者人之道也。〔註12〕

此說從討論太虛之實有義的文脈，卻又直接轉出到「故曰誠者天之道也」，顯然是直接以德性義的形上本體觀與氣化義的形上世界觀，可爲互爲引解之論，而誠的作用意義有篤實與不息二義，此二義皆可作爲世界實有的證入之

〔註11〕參見《思問錄》，〈內篇〉，船山遺書全集，頁9647。

〔註12〕參見《思問錄》，〈內篇〉，船山遺書全集，頁9646。

進路，則論於本體者即有討論氣之恆動及動之恆誠的兩義了，而此二義則正為其本體合一論的基礎。義即標出此天道本體，即為氣的作用原理，則誠在氣中，誠是理義，而理氣在本體關係上亦必是一。

僅從其文義言，本文是船山結合《中庸》哲學與張載哲學的討論，將太虛是實的張載哲學重要創造性觀點，與中庸誠的形上學本體論觀點予以溝通。本文中船山對中庸言誠的形上思想之理解，是以誠的作用本就是一種篤實的作用，（不息義是誠的另一義，也是前引文的使用）因此使得「誠」概念在價值義上的眞實不欺義，被轉化為存在義上的實有無妄義。故而從對張載言太虛是實的命題中，可以轉而說明天道之誠道義。再從天道之存在義上的實有義的形上學命題之肯定中，將天道之誠義再由存在義換出且合匯入價值義，而主張由人的功夫以貫徹之，因而詮釋了《中庸》以誠言天之道與人之道的哲學觀點。後兩句的文義是說，天道既是誠，誠的天道作用便遍在，遍在的各個作用是用，用者用此誠，此誠是天道，因此誠是存有的眞實原理，即是本體，故曰：「用者皆其體也」，人存有者的眞實活動義便由此一誠道定住，故曰：「誠之者人之道也」。關於以誠說實有的論述，船山另有言曰：「天即道，為用以生萬物，誠者天之道也，陰陽有實之謂誠。」〔註 13〕這都是把德性義的存有原理本身的特性，直接轉為說明氣存在之實有的理論性作法。於是便直接在氣之存在的作用原理中，溝通了原理與存在兩面，使言於存在者即就其作用原理言，即言於氣者即就其理言，則理氣關係便即在氣之存在的活動中，二而一，然而船山的整體存在界的觀念是實有恆動的，故而氣存在與理原理便永遠共構，而成其本體合一論之觀點者。

以上從太虛言的本體合一論之論述進路，是從船山以一個誠的概念，兩合德性本體與實有本體義為一，而作為存有活動的原理，而這就是說太虛之實的言說脈絡，故而說氣存在的太虛藉說德性本體的誠而說其為實有，而說其為實有則是藉誠的不息與篤實二義說的，於是太虛得以誠言，氣得以理言，在對作用的認識上，理氣必為一。

二、從太極言的本體合一論

從太虛說到了理氣關係的交涉處，從「太極」說者亦然，就船山對太極

〔註 13〕參見《張子正蒙注》，〈太和篇〉，船山遺書全集，頁 9288。

概念的使用而言，太極主要是在易學進路中，說明整體存在界觀念的總攝性範疇，即其言於「太極渾淪」者是。然而船山的易學形上學體系，基本上又是一個「易學進路的氣化世界觀」，是由易學概念範疇與易學進路的形上學觀念合構，而以氣存在爲存在基質的形上世界觀，所以作爲總攝這個冒天地之道的易學概念「太極」而言，它一方面總攝了易學觀念中的崇德廣業的本體論觀念，主張整體存在界是由崇德廣業的意義和目的而成就的，故而整個易學知識體系的根本原理，就在揭露與建構這個本體論觀點下的天地之道，所以太極是德性本體的總名，它的內涵意義則包羅了仁、義、禮、智等，或是六十四卦卦名及卦義中的所有人事智慧的規範原則，這是從易學進路的本體論觀點說太極的。另一方面若從易學進路的氣化世界觀說太極，則太極便是一個渾淪爲一的氣世界之存在總名，它的存在絪蘊作用的原理原則，則爲前章第四節「乾坤並建的大化流行論」所表述的內容。因此，由太極概念在本體論上共構了存有原理的崇德廣業側面，與存在情況的大化流形側面而言，作爲船山說解整體存在界之總名的太極概念的特質，再度透露了船山對於理氣關係的二者合一的訊息。其言：

> 繪太極圖無已而繪一圓圈爾，非有匡郭也。如繪珠之與繪環無以異，實則珠環懸殊矣。珠無中邊之別，太極雖虛而理氣充凝，亦無內外虛實之異。從來說者竟作一圓圈，圍二殊五行于中悖矣，此理氣遇方則方、遇圓則圓、或大或小、絪緼變化，初無定質，無已而以圓寫之者，取其不滯而已。王充謂從遠觀火，但見其圓，亦此理也。
>
> 〔註14〕

本文是船山討論太極圖的圖形問題，船山反對執著著太極圖必爲圓形的有形狀的觀點，認爲存在的流行沒有範域之限制，圓形的圖形只爲方便使用，取其作用上的不滯之義也。而我們選取本文的重點在於文中所言「太極雖虛而理氣充凝，……此理氣遇方則方、遇圓則圓、或大或小、絪緼變化，……」之說，說「太極雖虛」，是把太極當太虛的義涵來使用了，這樣的使用是船山理論體系內的脈絡，並不矛盾，也不含混，不需多論，重點在於其言「理氣充凝」及「此理氣遇方則方……」的文字上，對於整體存在界的描繪，即是描繪這個說出整體存在界的總名「太極」者，太極以圖形描繪之時，其形不定，是因爲作用在太極中的原理是理氣充凝的作用，此處船山直接明白地說

〔註14〕參見《思問錄》，〈外篇〉，船山遺書全集，頁9683。

出太極之中有理氣作用，等於就是說明整體存在界歸約於一個總攝性範疇之後，理氣在其中的存在與作用是一體進行的，於是理氣兩者便是同爲總體存在的範疇，由太極統含之，理氣之間在本體上已歸約於太極之一之中了。這是從太極概念的氣存在進路上講的理氣關係，另文則有從太極的崇德廣業之德性本體論上講的太極意義，船山言：

> 無極無有一極也，無有不極也，有一極則有不極矣。無極而太極也，無有不極乃謂太極。故君子無所不用其極，行而後知有道，道猶路也，得而後見有德，德猶得也。儲天下之用，給天下之得者，舉無能名言之，天曰無極，人曰至善，通天人曰誠，合體用曰中，皆贊辭也。知者喻之耳，喻之而後可與知道，可與見德。〔註 15〕

船山解周子之《太極圖說》，將其言無極者以狀詞說之，「無極無有一極也，無有不極也，有一極則有不極矣。」是說作爲天道總原理的太極概念，既無可封限又處處皆顯，如果只在一事一物中極顯其作用，則對天地之際的掌握便將有所遺漏，因此它作爲存在界的意義原則應是肆應無窮的，君子可以之爲行事之原理，此原理即路即道即得即德。這一段話是船山把作爲存有原理的太極概念，藉由君子之躬身奉行，而轉爲作爲行事原理的德性概念之推轉語。太極既可爲君子所用，又其肆意無窮，故而船山接著發表天道與人道溝通的本體論觀念，即：「天曰無極，人曰至善，通天人曰誠，合體用曰中，皆贊辭也。」之說，此即將「無極」、「至善」、「誠」、「中」諸語，通用之於論天與論人之本體上。從太極概念的這個側面的提點，船山已明示在存在的總範疇中，有著德性本位的存有意義原理，這將導致的理論效應則是，不僅本體論中理氣歸一，而且理的內涵有著德性本位的原理，而這正是儒家哲學體系之所以爲儒家的特定型態。

三、從太和言的本體合一論

船山講太虛與太極，本來都不是在講理氣關係的，我們只是在船山對這兩個概念的使用中去解讀他的理氣關係的觀點，然而船山在使用「太和」概念的時候，卻是對準了理氣關係上的應爲合一之事而說出的重要概念，是對於整體存在界必須是「陰與陽和氣與神和」的本體論觀念意義型態而說太和

〔註 15〕參見《思問錄》，〈內篇〉，船山遺書全集，頁 9646。

的。張載言：「散殊而可象爲氣，清通而不可象爲神。」，船山注曰：

> 太和之中有氣有神，神者非他，二氣清通之理也。不可象者即在象中，陰與陽和氣與神和，是謂太和，人生而物感交氣逐於物，役氣而遺神，神爲使而迷其健順之性，非其生之本然也。〔註16〕

就張載言，可象者爲氣，然而未象者亦仍是氣，這是氣之爲實有的情狀，但是存在界中仍有一個清通不可象的神之存在，於是船山解之，認爲可象者有不可象者之即在其中，此不可象者即神，即二氣清通之理，即其言：「神者非他，二氣清通之理也。」，而這個神的存在是不可象的存在，然而凡存在者皆可象，依據船山易學進路的形上學觀點而言，整體存在界皆可以象言，然而象者理也，象本身不再以象論，而是以理言，所以嚴格論之，不應以存在說它，它的存在是在可象之存在之中，而這個「在」，是「即在」的在，是「不可象者即在象中」，神就是氣的清通之理，神就是氣的作用原理，神就在氣中作用，說神就是說氣的作用，故神者非它，非在氣之外的存在，神是理，故理氣合一。

「神」本來只是船山要說氣的作用時所用到的概念，然而就在其使用中，船山體會到神的作用確實存在，而且有重要的特殊作用原則，神的作用特質是整體存在界的本體論問題的解答，而對於整體存在界的完整掌握，便是對於遍在的存在及其作用之研究，這樣的認識整體存在界的態度，也顯示了整體存在界的一個特質，從這個特質的角度來稱謂整體存在界時，便是「太和」概念之所以提出的思考脈絡，這個特質就是：「太和之中有氣有神，……陰與陽和，氣與神和，是謂太和。」，其中的「陰與陽和」是說著「乾坤並建」的原理，是說明氣化世界中的氣之存在爲陰陽合一的觀念，陰陽只在作用上的形式有所不同，就其存在言，都是一氣之事者。其中的「氣與神和」便是說著本體論關係上的氣存在與神作用，只是「存在的活動」中的一件事，這是認識整體存在界的路徑，所以以「太和」表述整體存在界的這個特性，而也就即在這個特性中，理氣合一。

四、從神與性言的本體合一論

以上討論船山對太虛、太極、太和三個概念的使用，都在指出在本體論

〔註16〕參見《張子正蒙注》，〈太和篇〉，船山遺書全集，頁9278。

中的理氣關係上的合一的特質，接下來我們再直接討論船山對於作爲原理的存在、作爲本體論中規約世界實狀的若干概念範疇之說法，來說明它們在存有的目的、意義、規律等項下的問題中的觀念。以下將以「神」與「性」兩個概念範疇爲討論的主題。「神」概念是船山發揮於易學理論中的重要原理，是前章第三節討論「陰陽不測作用神妙的周易天道觀」的核心觀念，此一概念之釐清將有助於處理船山易學觀念中對他家理論批評的一個重點。（詳於第四章第二節），「神」概念更是船山氣論思想中的最重要原理性範疇，是本體論問題中理氣關係項下最常爲船山使用的理範疇之一，而「神」概念作爲鬼神存在項下的意義，又是對於氣化世界觀中的存在者情況的討論主題，神概念可以說是解明船山氣論思想中的最核心的氣的作用原理的概念範疇；此外，船山的「性」範疇的使用，則爲使船山之所以爲儒家的根本關鍵之地，在「性」範疇的所有討論中，收攝了船山對孟子、張載等儒學理論家的核心觀念之繼承，在配合了「神」範疇對氣之作用規約原理下，「性」範疇則在此一作用原理中凸顯了德性本位的本體論觀念；至於「理」範疇我們則不多作討論，「理」範疇並不是船山發揮本體論觀點的主要立論基地，「理」範疇在我們的使用中即作爲討論船山理氣關係中的原理性存在的總名即可，「神」、「性」範疇即爲「理」範疇的兩大主題側面，「神」、「性」概念之解析已足以揭露船山在氣的作用原理的主要觀念表達了。船山對於神與性的概念使用意見明確，我們解讀以下兩文即可明白，船山言：

> 神化者氣之聚散不測之妙，然而有跡可見。性命者氣之健順有常之理，主持神化而寓於神化之中，無跡可見，若其實，則理在氣中，氣無非理，氣在空中，空無非氣，通一而無二者也。〔註17〕

文中對於「神」、「性」概念的使用原則有三：

1. 「神」概念是指稱作用上的不測之妙，相對於性來講是指稱形式上的特徵，這個特徵就是不測的神妙之作用。此一觀點我們已討論於船山對易學理論的處理部份了。然說其神妙是只說出了神的妙義，但是妙的軌跡有無實質內容呢？那這就是性的概念要說明的了。

2. 「性」概念是指稱作用上的健順有常之理，是以性主持神妙的作用，即在氣之不測的作用中作爲主持者。而言其爲健順有常者，即言其有德性義者，此說第四節將論及。總之，性相對於神的作用的形式義而言，是指稱作

〔註17〕參見《張子正蒙注》，〈太和篇〉，船山遺書全集，頁9286。

用的實質內容意義的，可以說對於整體存在界的存有的原理是由性來規約的，這個規約的結果當然就使得船山的本體理論扣入儒學德性本位的形上學命題中了。

3. 神性皆理，理皆在氣中，氣皆有作用，故氣為載理之存在。所載之理以其有神妙的作用言稱為神，以其有主持之常理言稱為性。於是本體論問題中的理氣關係而言，船山以載理之氣的作用之形式特徵上的神妙不測說神，以實質內容上的主持原理說性，於是氣的作用原理得以解明，而此原理都是作用在氣上的氣本身之活動原則，神與性成為船山本體論思想中說明存有原理的兩個總名範疇，細說之，這個屬於神妙的形式原理則落實在周易哲學的大化流行論中之諸原則，包括「乾坤並建」、「周流六虛」、「十二位陰陽」、「錯綜為象」等作用神妙的原理中；而另一個屬於德性規範的內容原理則落實在天道之誠、人道之至善、仁義禮智之性、崇德廣業之實踐要求、及六十四卦義理中的諸多人事倫理規範之原則上。

關於「神」、「性」概念的分判使用原則，船山另文中之言則更為明確，實可以引為定論之辭，張載言：「凡可狀皆有也，凡有皆象也，凡象氣皆氣也，氣之性本虛而神，則神與性乃氣所固有。」，船山注曰：

> 實有其體故可狀。天地之閒所有者，形質雖殊而各肖其所生，皆天之所垂象者也。使之各成其象者，皆氣所聚也，故有陰有陽有柔有剛，而聲色臭味性情功效之象著焉。性謂其自然之良能，未聚則虛，虛而能有故神，虛則入萬象之中而不礙，神則生萬變之質而不窮。自其變化不測則謂之神，自有其化之各成，而有其條理，以定志趣而效功能者，則謂之性。氣既神矣，神成理而成乎性矣，則氣之所至神必行焉，性必凝焉，故物莫不含神而具性。人得其秀而最靈者爾。耳目官骸，亦可狀之象，凝滯之質，而良知良能之靈無不貫徹，蓋氣在而神與性偕也。〔註18〕

以下我們將本文中船山的論述脈絡析之如下：

1. 「實有其體故可狀」，體之實有有二義，一為整體的存在是實有的，故而有實存之原理在作用著，故而在作用落實之處有實存之原理可以狀述之，這是從統體一太極說到物物一太極；另一義為個別的存在是實有的，是實有之氣之聚而成形之後所落實的實存之存在，是以實存之原理必在個別的存在

〔註18〕參見《張子正蒙注》，〈乾稱篇〉，船山遺書全集，頁9615。

中作用，是以有陰陽柔剛聲色臭味之性情功效在顯現，這是說著物物之理因依據於實存之總原理故其亦爲實有之理者。在這個說法中就把「性」範疇賦予了天地萬物了。

2. 「性謂其自然之良能，未聚則虛，虛而能有故神，虛則入萬象之中而不礙，神則生萬變之質而不窮。」，性是自然之良能者，則是自然之實際功能者，是自然作用功能中的實質內涵者，是氣的存在之活動的內容義之原理，是要來主持作用的規定性能的存有原理，它在氣之中，氣未聚時與氣同虛，但氣是實有的，實有的則必作用，必作用則謂神，必作用則生萬變故曰「不窮」，作用時此氣之良能原理必在個別存在的天地萬物之中，故曰「不礙」，此文句中對性與神在氣中的作用型態之描述與前引文義全同。

3. 「自其變化不測則謂之神，自有其化之各成，而有其條理，以定志趣而效功能者，則謂之性。」，此一文即已爲船山定義神性兩概念範疇之根本規定者，因此性即是神之主持而分劑之原則，而神則是氣之必有作用的神妙不測之總說。一氣之存在，必有作用爲神，作用必落實而有其條理爲性，是性以成言，神以用言，性以成言者，本文第四節將再討論。

4. 「氣既神矣，神成理而成乎性矣，則氣之所至神必行焉，性必凝焉，故物莫不含神而具性。」，「神」範疇一直是船山說氣之作用的第一序概念範疇，這是因爲氣之實有義必須由氣之必有作用的恆動義來把握，因此說「氣既神已」，即是說著氣必在神妙不測的作用中實存地爲實有的存在，而「性」範疇之使用則在說明實存者的本體論問題中的意義、目的等根本內容義的存有原理，是言其有所凝成之性者。此二者從本體論問題的理氣關係之論述脈絡上說時，神與性的作用原理是氣之固有者，故曰:「故物莫不含神而具性」。

5. 「人得其秀而最靈者爾。耳目官骸，亦可狀之象，凝滯之質，而良知良能之靈無不貫徹，蓋氣在而神與性偕也。」，在以上的本體論的觀念中，當論及具體的人存有者之氣性問題時，人有良知良能的結論是必然的結論，整體存在界之必有其理，此理以性凝成於人，因而這也等於是那個德性本體的說出，而這又導致人性論及功夫論中的重要觀念出來，此一問題我們將在第四節討論，此暫不論。

以上我們從船山論述「神、性」概念的實情中，得出船山對於一個氣存在的世界觀的本體原理之觀念，更從神、性在氣中的作用方式，得出船山對於本體論中理氣關係的看法，這是一個「本體合一論」的觀念，而這個觀念的基礎，更可以說早在關於整體存在界的幾個總攝性名義之使用中已透露端倪，這便是船山論氣的太虛觀念，論易的太極觀念，以及論本體論中理氣關係之特性的太和觀念。船山的這個合一的本體論觀點，從觀念的內容上講，是理氣關係的合一。而理氣合一的本體論，則將影響到船山說人性、說功夫、說存在意義的形式原則等，而理氣合一即道氣為一，從這個為一的形式上言，船山與道家莊子學的氣化世界觀可以無所差別，然而船山終究是儒家學者，故而其差別就要從這個合一的本體論的內容上來說了，即此道此理之落實為性上的眞實內容上說了，而船山的這個理範疇的內容，是德性的本體論觀點，是性的觀念在主持的重點，是繼善成性、健順有常、崇德廣業等觀念在界說的，這就與莊子的道論中的重視自由逍遙的觀點不同，也是船山與道佛理論的差異之處，而這個性範疇的內容若落在易學概念叢中討論時，則是指謂著諸多的卦義原理，這又與易學史上它家理論不同，因而也是船山有別於其它易學家之關鍵。對於這個合一的本體論所引發的諸多理論效應問題，即船山的德性本體觀與氣化世界觀結合後所引發的理論效應，我們將在本章第三、四、五等節討論，而與他家的差別，我們將在第四章討論。

第三節　鬼神屈伸生死一氣的生命終始觀

「鬼神屈伸、生死一氣的生命終始觀。」是討論船山在氣化世界觀架構下的生命哲學，討論船山對生命存在的看法。船山的生命觀，是一個「氣化生命觀」，因此本節對船山生命哲學的理論上的說明進路，要從氣化宇宙論的進路上來說。其中包括人存有者的存在意義，以及鬼神的存在意義，以及生命存在在一氣通流的世界中的本體論意義等問題。船山的生命觀是要作為對抗道教、佛教生命理論的基礎，因此他也特別注意生前死後的存在意義的討論，以及人存有者一生活動中的價值定位意義等問題。簡言之，船山認為生死有常而不可改，所以不接受道教追求長生的理論進路；而船山對於人存有者的生命價值意義的看法，是積極雄健的崇德廣業的價值追求型態，所以不接受他所認為以寂滅為宗的佛教理論；但是他又發展了「鬼神存在精神不滅」的大生命觀，以此擴大生命存在的理論，可謂在儒家陣營中獨出一幟地標榜鬼神魂魄觀念的理論體系，但是理論的內容又與道教佛教者不同，因此特別值得深究，國內曾有學者認為船山對於丹道之學素有造詣，其果然乎！

〔註 19〕對於船山與道佛比較部份，是第四章的主題，此不多論，本節則以揭露船山對於生命哲學的看法為主，文中將專論氣化宇宙論中人存有者生命存在的理論問題，以及本體論中鬼神存有及人之存有的存在意義等問題。

關於船山對「生命哲學」的討論，當然以生死問題為主要對象，但由於氣化宇宙論的特質，生死問題乃直接迫向鬼神問題，船山的生命哲學問題一直要追究到鬼神問題的解析之後才算完成，然而鬼神問題的解析，卻充滿著概念上的多重歧異性，船山對鬼神概念的使用是跳躍在許多層次上進行的，特別是前節多以神概念為氣的作用原理義說之之後，這個含有民俗義的鬼神存在者概念遂需先予釐清。「神」概念在鬼神並舉時，原屬於神概念的作用之妙義仍存，言鬼神之作用時即有陰陽不測之義，陰陽不測即是鬼神不測之義，此時僅僅是說明整體存在的所有作用，都是不測之妙者的形式上特性言之；而鬼神並舉之後，在哲學問題的討論上，依據船山的使用情況者則有二義，一為作為「理存在」的屈伸作用原理，即陰陽作用者；另為作為「氣存在」的無形存在者，或為「在息之中」的將聚之「神」，或為「在消之中」的將散之「鬼」者，此義直對民俗義之鬼神之解說，但船山則以其哲學理論「轉換」對此鬼神的概念認識。

「生命存在的意義」在船山氣化世界觀中，人存有者是氣之已聚且神性在焉者，神與性是攜帶著氣的存在，它的存在在聚之前及在散之後皆有所存在，即在「太虛無形」、「氣與神和」意義下的存在，於是從人存有者的生前死後論其氣與神性時，即導向船山對鬼神的觀念認識，鬼神是「不在聚中」之人或天地萬物的氣存在，因為它有理的作用在，故推廣言之，即是鬼神之存在，是鬼神概念並舉時之氣存在的意義。於是鬼神之存在與人存有者之存在，其在氣義上為一，而在理義上亦得為一，故得以因交流作用而相感相通，於是人存有者的存在活動領域被擴充於生前死後的鬼神存在界，而其存有意義則亦感通於天地之際了，於是船山的鬼神觀念便全無民俗義者在，且因人與鬼神通，而鬼神在於整體存在界，故而由此所取得的對於生命意義的崇德廣業之要求，便有了更廣闊的理論言說空間了，此即第五節所將論之人道廣大之義者。以下分三段討論：一、生死一氣的生命終始觀。二、整體存在界中的生命存在意義。三、鬼神觀念的多重義理。

〔註 19〕參見第四章第四節註四。

一、生死一氣的生命終始觀

船山注張載言：「湛一氣之本。」時曰：

> 太虛之氣無同無異妙合而爲一，人之所受即此氣也，故其爲體，湛定而合一，湛則物無可撓，一則無不可受學者，苟能凝然靜存，則湛一之氣象自見，非可以聞見測知也。〔註20〕

人所受之氣本爲太虛湛一清通之氣，以爲其體，人以湛一之功夫自爲存處時，則太虛本然之氣象自現，而得還復人之存有之在於太虛一氣湛一清通之本然情狀，這是人存有者與整體存在之氣的本來關係，在這樣的關係中，存在的範圍意義已不在己形己身之中而已，而是以整體的氣存在及其運行有常之理爲生命存在的範域。本文從本體論的一氣妙合，說到功夫論的湛一自現，不僅顯示本體論成爲功夫論的理據，再推一步，即將導出功夫操作之後的境界，便是人存有者眞正的範域，而此一大範域的生命觀，即是船山生死一氣的生命終始觀，如其言：「死生晝夜也，梏之反復則夜氣不足以存，故君子曰終小人曰死。」〔註21〕

言於「死生晝夜也」，則是以終始說死生，言終始者，即謂其終而又始，如晝繼以夜夜繼以晝者然，生命自終始之繼中言者，非以有一神識主體常在輪迴，如佛教說者，而是先廣大生命存在的界域，使清虛一大之氣化世界皆爲人我之存在境域，於宇宙論言，是一氣之世界與我因流行而爲一，從本體論中言，是神性之作用在我之中而通極於全，於是自我存在是在整體之中的存在者，於是生死中之我只是整體存在界的在於個體流行中的偶有終始而已，而整體存在的本身無有終始。船山對於生命存在的生死現象之觀點，是在一個形上學的原理中說的，對生命提出了這樣的看法之後，則對於君子的人格意義及君子的功夫理論都有其重大影響。續言「梏之反復則夜氣不足以存」之說，可有德性義及存在義兩路說之，依據孟子之原意，是在說明德性的功夫若不繼續充養，即使固有之性仍向善動，亦終將成爲小人而已，這是德性上說功夫的路子；若從存在上說，依據船山的死亡理論，是「消之也速，而息不給於相繼則夭。」〔註22〕夭則死矣，然而消之息之之作用常在於天地之間，既夭之後又息，既息之後又消，整體之氣存在常在消息，則個人之氣

〔註20〕參見《張子正蒙注》，〈誠明篇〉，船山遺書全集，頁9388。
〔註21〕參見《思問錄》，〈內篇〉，船山遺書全集，頁9660。
〔註22〕參見《思問錄》，〈外篇〉，船山遺書全集，頁9688。

存在何足道哉，「故君子曰終小人曰死。」，因此依據船山之思考脈絡言，「梏之反復則夜氣不足以存」之說，既可從「消之也速，而息不給於相繼則夭。」之存在脈絡上解，亦即直是德性充養不足之義者。

死生晝夜之說，全是莊子氣化宇宙論的觀點，〔註 23〕此說爲張載繼承，劉蕺山亦發揮此一觀點，在氣化宇宙論的理論架構下，生死是氣的聚散，散復還聚，因此「始卒若環」，死亡之意義是終，終復還始，始終相循，君子盡其一生之正道而死，無有遺憾，但小人則不然，有生之時，不斷爲惡，爲惡的結果，正如孟子言牛山之木一段者，「梏之反復則夜氣不足以存」，故當其命終之時，小人以爲死矣，將不復爲生。

對於船山這樣的觀點，值得討論的是：莊子的氣化宇宙論所轉出的人生哲學是安時而處順的人生態度，這是因爲莊子型態的道家的道論思想是與造物者遊的無目的型態者，在氣化之實然中並不規定任何有優位價值性的目的論，或者說他的價值觀就是寄托在以清明的理智對造化實然之道的觀察與學習中，然而船山所屬的儒學形上思想陣營中，對氣化宇宙論的吸收，從先秦迄宋明，一直就是以一個有最高價值性目的的道論來指導著對氣的認識方向，或爲孟子的善，或爲中庸之誠，或爲易傳之繼善成性，再跳過兩漢，則爲宋明之周子之太極，張子之太和，朱子之理等，在儒道間這兩套不同的道論指導下的宇宙論思想，差異明顯，固然儒道共同使用氣的範疇來建構其宇宙論，但在交涉到功夫論的價值問題，與本體論的意義問題的時候，便會有所差別。以上是船山的生命終始觀，以下討論船山對生命存在之意義的看法。

二、整體存在界中的生命存在意義

船山的生命終始觀，是他對生命哲學最鮮明的看法，在這樣生死一氣的生命終始觀下，仍引發諸多對人存有者生命存在意義的討論，以下分別述之，其言：

> 成形成質有殊異而不相踰者，亦形氣偶然之偏戾爾，及其誠之已盡，亦無不同歸之理。其始也皆一氣之伸，其終也屈而歸於虛，不相悖

〔註 23〕就宋明儒對莊學宇宙論之繼承言，實爲一普遍的通式，參見《二程學管見》，張永儁，〈論宋明理學對莊學的繼承〉，臺北東大圖書股份有限公司，民國 77 年 1 月初版。

害，此鬼神合萬彙之往來於一致也。〔註 24〕

本文說明人存在間的差異原理及合同原理，在氣存在的整體性視野中，有形有質的人與萬物之存在，其彼此間之種類性情確然有異，此一差異的形成是源自形氣偶然之偏戾，此一偏戾的存在在存在地位上是偶然性的，是偶然的即非原理的，任一存在皆有其在原理中之存在意義，即合於整體存在界的存有原理之存在意義者，即誠道原理，故個體雖有因形質之偶然而有所別，然而個體可因功夫之盡誠而歸攝共同性原理而無別，即由本體論意義中的誠的原理，作爲個體存在的功夫嶄向，從而歸回整體存在界的本體眞狀，而即在此一歸攝之下，天下萬物皆有同理，天下萬物皆共同歸攝於誠之功夫中時，則整體存在界便只一氣屈伸，不相悖害，因而那形質之殊異的差異性存在，則仍有其合同之原理在者。從一氣通流中言之，所有存在物的存在原理仍是一氣通流之理而已，故而整體存在之氣作用的原理，以陰陽作用的或屈或伸的形式，既有殊異地規約著個別的存在情況，又通同地融攝於全氣之理中，故而存在之爲有者固有殊異，然而聚散有無之際仍不相悖害。不相悖害者即其合同於整體存在界的共有原理中，此則「鬼神合萬彙之往來於一致也。」之義，此文中之「鬼神」便即一氣作用之原理，即其或屈或伸之義而已。本文中船山再次將作爲本體的原理用於功夫的嶄向上，這是船山的功夫論的格式，我們將在第五節中再討論。船山對於人之存在的意義在其注張載言：「天性在人，正猶水性之在冰，凝釋雖異，爲物一也。」時又有言道：

「未生則此理在太虛，爲天之體性，已生則此理聚於形中，爲人之性。死則此理氣仍返於太虛，形有凝釋，氣不損益，理亦不雜，此所謂通極於道也。」〔註 25〕

本文乃船山說明人性理論者，是說人之性者即此天之體性者，天之體性即整體存在界的本體論之存有原理者，存有原理以理言，爲理氣合一之結構者，它在於一氣之有形無形之全體之中，當它在於人存有者之中時即成爲人之性，故而船山言於人之性者，並非以成形成質之偶有偏至者說之，而是以通極於天之體性的整體存在界之共同原理說之者，簡言之是以道說性，因此從人之生死一遭中看此性時，作爲個別存在者雖然形有凝釋，但皆在整體存在的氣世界中，因此已生未生之際其氣不損益故其理不雜，來自於太虛中的理

〔註 24〕參見《張子正蒙注》，〈神化篇〉，船山遺書全集，頁 9371。
〔註 25〕參見《張子正蒙注》，〈誠明篇〉，船山遺書全集，頁 9385。

氣生時爲人之性，死後則仍歸反之而已，此即人性之通極於道也，故而有盡心知性知天的孟子之說，這才是深知於性與天道之際的本然觀念者。人之性者既與天之體性者一，則盡性功夫的意義便同一於一氣周流之太和絪蘊而已，其實只是整體存在界之自繼其常之義而已，船山則以「全生全歸」的概念說之，其言：

> 使與太和絪緼之本體相合無閒，則生以盡人道而無歉，死以返太虛而無累，全而生之全而歸之，斯聖人之至德矣。〔註26〕

人存在的所有活動本來就是在整體的氣世界中進行而已，人存在的全體之理氣，其生死一遭之後，仍然全體歸返於氣世界的整體之中，這就是與整體的氣世界相合無間的理氣作用本義，此處之人存有者，能盡其有生之理氣在身之作用，則是聖人之德性活動的本義。而此一聖人之至德，即爲人與太和絪蘊之本體「相合無間」之義者，即人之至德之道的功夫論意義，是相合於整體存在界的本體論原理中者，而本體論的原理可以作爲人之功夫論之蘄向者，是顯示這個本體論的原理本身有著實踐的動力，如此才能爲人之活動原理，此義又即合義於第一節所論之「健動不息」義，是作爲存有的原理者必是一個在作用中健動不息之原理者，它在健動，它是理，它是人之性，故而人之性亦以此爲動，而即成爲聖人之至德。故而論於人之性者，必論其動，必指向其實踐的動力義爲止，故性者乃一實踐的動力。〔註27〕而此一在性之動者又即在整體太和中之相合義者，故盡其性之功夫便是體其此性之在全體之中之理義者，故惟盡性者能全生全歸，是爲至德。即如其另言：「且以人事言之，君子修身俟命所以事天，全而生之全而歸之，所以事親。」〔註28〕之義者。

船山對性的觀念既定，則對於處理此一有我之身之理氣結構義亦有所說，其言：

> 聚而成形，散而歸於太虛，氣猶是氣也，神者氣之靈，不離乎氣，而相與爲體，則神猶是神也。聚而可見，散而不可見爾，其體豈有不順而妄者乎，故堯舜之神、桀紂之氣存於絪緼之中至今而不易，然桀紂之所暴者氣也，養之可使醇，持之可使正，澂之可使清也。

〔註26〕參見《張子正蒙注》，〈太和篇〉，船山遺書全集，頁9283。

〔註27〕船山這種性是實踐的動力之說，與傅佩榮教授以「向善」說儒家孔孟之性善義者頗有同趣，參見，〈人性向善論的理據與效應〉，《中國人的價值觀國際研討會論文集》，民國81年6月。

〔註28〕參見《張子正蒙注》，〈太和篇〉，船山遺書全集，頁9284。

其始得於天者，健順之良能，未嘗損也。存乎其人而已矣。〔註29〕

本文是說人之理氣即天地之理氣，其必健順，雖有不常不礙其常者。就理氣關係結構言，個體存在之理氣本就是整體存在之理氣的一個環節，個體存在的所有作用都會作用在整體存在之中，整體存在是一氣之整體，其有神爲之靈，即有理爲其作用原理，此氣此神或因氣聚而在人，或因氣散而在太虛，皆有其作爲整體存在的本然情狀者在，即有其本體原理的健順有常之道在，此原理是存在的本體原理，故而是根本性第一序的原理，是這個原理才有存在之作用上的決定性力量，可以扭轉作用的常不常之際，故而以其爲養必得其醇，以其爲持必得其正，以其爲澂必得其清，其爲人存在之得於天者，其與整體存在之根本原理爲一者，故而功夫之在此作用者，必得其效，故而對於有我之身之理氣結構的認識，必須以整體存在界之理氣作用爲我之理氣作用，而且必須認識到我之理氣作用必即在整體存在界之理氣結構中發生，因此船山發驚人之語曰：「故堯舜之神、桀紂之氣，存於絪緼之中至今而不易。」，此說當非指堯舜桀紂之以神識主體存在天地之間者，此與船山鬼神觀不符，此說應指堯舜至德之精神及其影響至今仍存，而桀紂暴戾之氣爲亂之禍及其影響至今仍存者，至於其理與氣之爲存在者，則已在鬼神屈伸之作用中通流於天地太虛之中，而不還復有一個體性的存在了，則此一或堯舜之神與或桀紂之氣者，不論清濁，不需理解爲一個體性恆存的理氣結構，而其正者自得其常，其不正者，亦不有根本之存在地位，故而堯舜桀紂之善善惡惡之留於天地間者，也只回歸天地整體之太虛一氣中，再入造化陰陽不已。（作者案：本文文義難解，因作者不願將之解爲船山保有個體性無形存在的桀紂之氣，故以文化意識之存在解之，然此解仍有缺點，唯敬待高明之指正。）

然而堯舜有功桀紂有過之作用，是在於整體存在界的作用，在於整體存在界者，上下通流古今爲一，其爲功爲過之實狀一在永在，然其爲功爲過者本存於人者，本就是在人之自作決定者，是《中庸》二十五章言：「誠者自成也，而道自道也。」的意義，因爲始得於天者是性，性是良能，良能者有能也，有此良能是謂有此實踐之動力與要求，非謂有此實現之是非功過者，是在性之實踐義說本然，而不是在事之實現義說已然者。此健順之良能未嘗損，故順不順則在於人，故堯舜乃順而爲功，而桀紂則不順而爲過，然其不順自

〔註29〕本文爲張載言：「聚亦吾體，散亦吾體，知死之不亡者，可與言性矣。」，之船山注，參見《張子正蒙注》，〈太和篇〉，《船山遺書全集》，頁9285。

爲不順，非有本然之性使其不順，故而其不順之暴亦無根本性的存在地位，桀紂有生之年可轉爲順，而其不轉，故暴戾之氣隨其亡逝，而永成其功過之評價，然而爲暴之作用，因其非存有之根本原理，故時可養正，只存於其人之發動功夫與否而已。

總之，對人而言，只有一個大的氣存在的生命觀，人死之後其氣仍存。人生之時，神與氣和，人死之後，仍是一個神與氣和，只其可見不可見之別而已，作爲太虛之氣的作用原理，只是一個健順之理而已，因而作爲一個人存在的氣，也是一個健順之理，順不順是人的個別作用，不礙其本來的健順之性，故而澂之可使清也。此義船山另文繼續發揮道：

> 散而歸於太虛，復其絪緼之本體，非消滅也，聚而爲庶物之生，自絪緼之常性，非幻成也，聚而不失其常，故有生之後，雖氣稟物欲，相窒相梏，而克自修治，即可復健順之性。散而仍得吾體，故有生之善惡治亂，至形亡之後，清濁猶依其類。〔註30〕

生之爲物者非幻有，言其爲有者之實有也，故散者爲歸而非消滅，在人物之生時所聚之理氣，其性之理以整體之氣存在爲理，故性本健順，時時可復，爲性之理是在氣中，死亡之後仍是理氣之實者，只其已散入無形，但仍與爲生之時之理氣有所同一，故生時之理氣不能復其健順之常性者，死後之理氣仍爲濁氣，然其雖爲濁者，卻不是氣之存在的本有秩序，不論其在生爲人者或在死而爲太虛者，只要肯下功夫，則皆可回復其常。此說又是將存在者的存在領域跨通有形無形之界域，而且再次申明有一通於一氣世界之根本秩序者，即整體存在界之存有原理者，是它在作存在秩序的根本決定性影響力量，以此作功夫必有其效，然而若不以此作功夫，則一體之清濁惟人自招，然而人雖有自招其濁之事，此濁者卻不有根本性的決定力量，而時可復矣。此即其言「至形亡之後清濁猶依其類」，然「克自修治即可復健順之氣」者。此又即船山對於人存在於理氣結構中之事所發表的觀點。

三、鬼神觀念的多重義理

以上所論皆爲船山對於人存在於一氣週流之世界中，而有著人之理氣結

〔註30〕本文爲船山注張載之言者，張子曰：「氣之爲物，散入無形，適得吾體，聚爲有象，不失吾常。」，參見《張子正蒙注》，〈太和篇〉，《船山遺書全集》，頁9282）

構與天地太和之理氣結構中之所有理論上的觀點者，以下將討論關於「鬼神」存在於一氣世界的理論意義，首先將說明船山拒絕接受人之死亡之後有一「個體性存在」的「神識」觀念，其次將說明這個被船山轉化了之後的「鬼神」觀念。船山於注張載言：「今浮屠極論，要歸必謂死生轉流，非得道不免，謂之悟道可乎。」時曰：

> 死生流轉，無蕞然之形以限之，安得復即一人之神識還為一人。若屈伸乘時則天德之固然必不能免，假令能免，亦復何為生而人，死而天，人盡人道而天還天德，其以合於陰陽之正者一也。〔註31〕

本文首先將人之存在意義擴大為整體存在界之存在，故而人之存在是在流轉中生死終始為一的存在，故而形不足限之，形既不得限，神豈可限，既無一執守為我之形者可為我者，則豈有一執守為我之神者可為我，而於人死之後繼續存在。存在的都是全體的，個我之神形皆永在全體之中，此為全生全歸之存在意義上說，因此沒有個人的靈魂存在，只有整體氣世界的作用的原理，在人與萬物的存在原理中貫穿，因此個人之神識不存，死後全身之理氣散入太虛，其生之聚及死之散乃氣作用之天理常道，生死有常，不可免夫。神是如此形者亦然，因此也沒有個別存在的個我保存之可能性在，因此也沒有人存在的長生之可能性，這才是人道與天德之真正溝通，皆在陰陽之氣的作用原理中有整體的規範。本文對於關涉到鬼神問題的神識觀念既予破除，即為否定個體性無形存在的基礎，如此一來，鬼神的觀念必須重新定義，船山繼承張載言：「鬼神者二氣之良能也。」之說，其言：

> 陰陽相感聚而生人物者為神，合於人物之身，用久則神隨形敝，敝而不足以存，復散而合於絪縕者為鬼。神自幽而之明，成乎人之能，而固與天相通。鬼自明而返乎幽，然歷乎人之能，抑可與人相感。就其一幽一明者言之，則神陽也，鬼陰也，而神者陽伸而陰亦隨伸，鬼者陰屈而陽先屈，故皆為二氣之良能。良能者無心之感，合成其往來之妙者也，凡陰陽之分不可執一。言者類如此，學者因所指而詳察，乃無拘滯之失，若謂死則消散無有，則是有神而無鬼，與聖人所言鬼神之德盛者異矣。〔註32〕

本文即船山對鬼神觀念的轉換義，是從氣之作用原理的角度以說鬼神觀念

〔註31〕參見《張子正蒙注》，〈乾稱篇〉，船山遺書全集，頁9627。
〔註32〕參見《張子正蒙注》，〈太和篇〉，船山遺書全集，頁9297。

者。「神」是說陰陽聚成於人之作用中，特從其氣之爲伸之作用之理言者，「鬼」是說陰陽之氣散消爲無形時，特從其氣的作爲屈之作用之理言者者。鬼神皆是氣，也皆是理，只依從此一氣之作用的方向所造成有形或無形的結果之差別而分者，是故未成形之理氣、已成形之理氣與復無形之理氣三者在一氣之中相通，故而成形之人存有者之存有之理，因其本自整體存在界中來，故而本爲整體存在界的共原之理，謂天道者，故一氣之理本自在天，其成爲人而爲其性者仍可與天感，此神與天通。另，散入無形之氣曾在人存有者之存在活動中進行，其有人存有者之性能，有人之性理之氣之暫存之形式，即其清濁之類，故仍與未亡之人能有所感，此鬼與人通者。嚴格言之，鬼神是人存在與太虛中存在的理氣感通義而已。因此，鬼神不消亡。然而，根本地說，鬼神只是相對於人存在的氣的存在階段而言者，根本上只是理與氣之存在而已，爲神、爲人、爲鬼之理氣存在都是在清虛一大之理氣結構之中者，人之中有陰陽，鬼、神之中更有陰陽，唯此三者有氣有理在，故而三者可以感通，然而其中有一重要差別在者，人之存在爲氣之聚而有形，鬼神之存在卻都是氣之散爲無形者，散爲無形者根本地言之，其存在之意義只能說是整體性的一氣存在而已，故而沒有專屬某人之鬼，或專屬某天之神，有形無形是聚散的唯一標準，沒有無形之聚，沒有無形之特定的氣聚之鬼神者存在，沒有無形之個體性原理，故無一般意義之鬼神。這才是船山既言鬼神又解消鬼神的理論格式。

如此一來之「鬼神」概念即直接同義於太虛中之作用原理，是以作用型之別而說氣存在之分別者，於是對於鬼神爲二氣之良能的觀念，船山則更靈活地發揮道：

> 人欲鬼神之糟粕也，好學力行知恥則二氣之良能也。〔註33〕

此說是船山論鬼神之氣對人的意義，船山已接受張載以「鬼神者二氣之良能也」的論點，此說原爲解決存在界的鬼神存有者之問題而設的，主張就以氣的作用來理解言鬼言神的事，因此鬼神概念便成爲只是氣的運行形式之意義，人存有者同在此一氣化世界中，以氣的實義而存在，也以氣的形式而運作，人的道德心靈之處事行爲在意義上也就是氣的運行之良能或糟粕意義而已，因此，爲人欲者爲氣的糟粕，爲仁義的爲氣的良能，一切以氣的運作形式而言，因而假若我們要詢問船山價値哲學上善惡之分的問題，那就要檢視

〔註33〕參見《思問錄》，〈內篇〉，船山遺書全集，頁9650。

船山如何討論氣之善惡問題了，因爲就船山的氣化宇宙論而言，人的善惡問題也成了氣的運行問題，此理下兩節將論及。鬼神概念既定，則人存在與鬼神關係仍有數義可說，其言：

> 天地之德不易而天地之化日新，今日之風雷非昨日之風雷，是以知今日之日月非昨日之日月也，風同氣雷同聲月同魄日同明一也，抑以知今日之官骸非昨日之官骸，視聽同喻觸覺同知耳，皆以耳德之不易者，類聚而化相符也，其屈而消即鬼也，伸而息則神也，神則生鬼則死，消之也速而息不給于相繼則夭，而死守其故物，而不能日新，雖其未消亦槁而死，不能待其消之已盡而已，死則未消者槁，故曰日新之謂盛德，豈特莊生藏舟之說爲然哉。〔註34〕

本文爲船山提出「日新的存在觀」，以說明鬼神作用於人存有者之意義者，「日新的存在觀」是船山一氣通流作用不息的氣化世界觀中可以合理導出的理論觀點。從健動不息的世界實有論言之，存在界是健動的，則作爲存在的便是日新的，日新於理氣周流的大化流行中，此即日新的存在觀之可說者，此說最重要的理論義在於論「性」，（論「性命日新」之說將在第四節討論。）本文對日新的存在觀之討論，是針對鬼神作用日新而言者，鬼神只是作用的兩種特定方向之別，鬼神之作用是隨著陰陽之作用而不息的，鬼神本就只是「消、息」作用針對人存在而言的特稱，針對具體的人之存在而言，死是息之不繼，槁是死而未消。然而不論死生消息，存在界的陰陽作用無一時停息，故鬼神對人之作用亦不息，如此則造成天地之德不息的理論效果，這是本體論中「生生之謂易」的理論型態，從此一論述進路轉爲人存有者之人性理論與功夫理論時，「日新之謂聖德」的命題，便又可以成爲儒家君子的生活規範原理了。這是在「日新的存在觀」中，從德性作用的側面強調鬼神與人之關係者，若從存在的作用側面來說，則人之存在實已日日交涉於鬼神之際了，既已有人則已日日作鬼作神了，此義船山言道：

> 已消者皆鬼也，且息者皆神也，然則自吾有生以至今日其爲鬼于天壤也多矣，已消者已鬼矣，且息者固神也，則吾今日未有明日之吾，而能有明日之吾者不遠矣，以化言之亦與父母未生以前一而已矣，盈天地之閒絪縕化醇皆吾本來面目也，其幾氣也其神理也，釋氏交

〔註34〕參見《思問錄》，〈外篇〉，船山遺書全集 頁9688。

> 譬失之而冥探索之，愚矣哉！〔註35〕

在氣之不斷流通之中，生命的存在是不斷流轉的氣之來去，曰往來，將聚爲我之作用中的理氣存在者爲神，已散而離我而仍在一氣世界中作用的理氣存在者爲鬼。所以天地間的所有氣化流動作用絪蘊之理氣存在，其實與人之存在都是一體，都是人存在的大我之身。在日新作用的存在觀中，作用在小我一身之中的理氣結構不斷地與大化交流，於是鬼神的概念便更擴充了，氣化世界中充滿了「由我散出的鬼」，也充滿了「即將爲我之神」。當然，鬼神仍是大化之中的理氣一體，這樣的鬼神概念觀，其實只是一氣化世界的陰陽作用義之轉出，陰屈陽伸，鬼屈神伸，鬼神與陰陽之作用的形式全同，但「標出鬼神之特義」在於「對人存在而言的區別」而已。「稱爲神者」是那個在未成爲人而將成爲人的理氣結構中之無形存在，它有向人而伸的作用方向在，所以相對於人存在而言它是伸息的作用形式，故「以神稱之」，但它的作爲無形的理氣存在之結構本身的作用者，是陰陽並在的作用，陰作用仍屈、陽作用仍伸，在一氣世界中，陰陽作用全在，在相對於即將聚入爲人存在之作用中，全體的陰陽作用也是「伸」。「稱爲鬼者」是那個曾經爲人而今已離於人的理氣存在結構，相對於人存在而言，它曾經在人存在之中發揮屈消的作用形式，屈消的結果是散入無形而離人身，其已離人身之後的存在結構仍是理氣一體，理氣一體的結構必是陰陽作用同在的存在結構，因此稱爲鬼者仍是理氣一體，仍是陰陽同用的存在者而已。

前文從鬼神概念在存在上言之與人我的存在關係者，至於鬼神概念用於自我的作用中事者，船山有言道：

> 鬼神無形聲，而必昭著於物，則苟有其實，有不待形而見，不待聲而聞，一念之善惡，動於不及覺之地，若或使之發露，蓋氣機之流行有則必著之也。〔註36〕

本文中之鬼神概念，已直指人存在的活動意識，人之存在必有活動，其作用中之意識，亦是一個帶著理氣結構的實有之者，是自我存在的一個階段性作用狀態，故作用中之意識之嶄向性必須愼重，因其必將發露，這是氣機流行中之「有則必著」之理，故而對於人存在者之存有活動之愼重，即是對於在

〔註35〕參見《思問錄》，〈外篇〉，船山遺書全集，頁9689。

〔註36〕本文乃船山注張子之言：「鬼神常不死，故誠不可揜，人有是心在隱微，必乘間而見。」，參見《張子正蒙注》，〈神化篇〉，船山遺書全集，頁9350。

我之鬼神之愼重，即是對於在我之活動方向之念中之愼重者，這是將鬼神概念用於作用義之後，以人存在的作用說鬼神者，從而言於功夫蘄向的意義即是在我之鬼神的作用者，其爲作用故必有實，故作用之際必愼之。此一愼之之功夫即誠之者而已，故船山對於人與鬼神溝通之任何活動皆以誠約之，其言：

> 事人誠而已矣，正己而無求于人誠也。誠斯上交不諂不交不瀆，故子路問事鬼神，而夫子以事人告之，盡其敬愛，不妄冀求，必無非鬼而祭之諂，再三不告之瀆無他，不以利害交鬼神而已。〔註37〕

事人事天皆應以誠事之，事鬼神亦然，此一鬼神則是陰陽不測作用神妙的大化之理，事此鬼神以誠，則是以鬼神爲二氣之良能，事此鬼神以諂以瀆，則是以鬼神爲人欲爲糟粕，是正己功夫之錯用，誠者自成也，誠之功夫是正己也，以利害交鬼神者，其活動之理論意義是己之不正者，非關乎鬼神，亦無可利之害之之鬼神，惟人自招者而已。此一態度全同於船山在易學進路的形上學觀點中所言者，是以問義不問利來占筮而與鬼神通者，是在崇德廣業的活動中來問占者，是爲匡正天下而問得失進退之道者。而絕無小人問一己之私之事在，此則易道之邪途，同時是事鬼神之迷路。

關於鬼神存在與人存在間關係的諸多意義已如上述，總結以上的討論，對於船山的生命終始觀，我們可以獲得以下的綱領性理解：

1. 生命存在是氣之聚散故是終始義，因而有人之存在是天地一氣之大生命觀。
2. 鬼神存在是氣之屈伸故是作用義，因而在人鬼關係是存在感通的德性原理。

本節從存在的角度說氣論思想中的人與鬼神的存在觀念，下節從性命的角度說氣論進路中的本體論問題。

第四節　性命日新攻取有惡的繼善成性說

「性命日新攻取有惡的繼善成性說」是要討論船山言性、言善、言惡的言說脈絡，是要在「繼善成性說」的形上學理論的脈絡中，討論船山的「性論」、「善論」、及「惡論」者，而且主要是從船山定義此三者之概念規定的方

〔註37〕參見《思問錄》，〈內篇〉，船山遺書全集，頁9663。

式來討論。這也就是船山氣論進路中的本體論問題。船山論性，是以「繼善成性」的言說脈絡說性，是在成形於人之作用落實處見此性者，故此性有一特徵，即「性命日新」的特徵，此即船山有名的「性命日新論」，本節首要論此。其次，船山論善，也是取其「繼善成性」的天道作用義說此善者，善義之出現在繼之有常中說，說出善之繼之後才有性之成，此即船山特出的「以善說性論」。再次，船山言惡，是以惡之出現在攻取之際說者，在攻取之際若不能繼之以善，則惡興焉，此即船山論惡之「攻取有惡」義。以上三論，是船山在本體論層次中的概念規定，是在氣論進路下規範「性論」、「善論」、「惡論」的形上學觀點，是以本節以「性命日新之性命論」、「繼善成性之善論與性論」、「攻取有惡之惡論」三段討論之。而所有這些概念的意義落實，其觀念來源的理論基礎，則在其詮釋〈繫辭傳〉之「繼之者善成之者性」一文句中，故而本節以「性命日新攻取有惡的繼善成性說」說此。

就船山的人性理論的形上學意義而言，即從形上學角度以說其人性理論而言，船山認為，天不斷地命以性於人，故「性命日新」；而善者言於氣幾之際，繼之有常者善矣，性者成於人之有形之理氣結構的出現之後，是一個有生之性之性義，而仁義禮智則以顯而言，顯於繼之有常之善繼作用之中，繼之不有常則惡興焉，善是幾善，是取用之際之善，惡是幾惡論，是攻取之際之有惡之義，善惡非定性之概念，是動幾之作用中的取用的作用概念，故而言善者在繼中言，道中不言善，而在一陰一陽之中言善，且在攻取中之不繼以陰陽之常言惡，故而若言功夫之義，則是攻取有用之際之自繼其善義，自繼是志仁之事，故而船山的功夫理論是「有善無惡自繼其善的志仁功夫論」。關於功夫理論的問題，本文將在下節討論，而本節所論於本體論中諸概念規定者，則為下節論功夫義之準備。以下將分三段論之：一、性命日新之性命論。二、繼善成性之善論與性論。三、攻取有惡之惡論。

一、性命日新之性命論

船山論性、論善、論惡的討論皆極特出，且《思問錄》及《正蒙注》中之所言已不足以盡窺全貌，因此我們將從其它作品上來討論，其論性之說見於下文之述最為完整：

> 夫性者生理也，日生則日成也，則夫天命者，豈但初生之頃命之哉？但初生之頃命之，是持一物而予之于一日，俾牢持終身以不失。天

> 且有心以勞勞于給與，而人之受之，一受其成形而無可損益矣？夫天之生物，其化不息，出生之頃非無所命也，何以知其有所命？無所命，則仁義禮智無其根也，幼而少少而壯壯而老，亦非無所命也，何以知其有所命？不更有所命，則年逝而性亦日忘也，形化者，化醇也；氣化者化生也；二氣之運五行之實，始以爲胎孕後以爲長養，取精用物，一受于天產地產之精英，無以異也，形日以養，氣日以滋，理日以成，方生而受之，一日生而一日受之，受之者有所自授，豈非天哉？故天日命于人，而人日受命于天，故曰性者生也，日生而日成之也。〔註38〕

本文是船山說性概念的出現是在成形有人處說的，故曰：「性者生理也」，而人存有者日日交流於整體存在界的理氣結構中，故人存有者之理氣結構是日新的，而性者不過是生之理，故而性命亦爲日新者，故曰：「性者生也，日生而日成之也。」。從前節所論之人與鬼神存有最後定位在一氣周流的大化世界中的存有意義而言，作爲人性論中之性義者，亦在周流往來之中，因此不能執定一個在時空結構中有所謂固定的專屬的個別人性的意義結構，要論人性則要在整體存在界的理氣結構中同其爲理同其爲性，而理氣本一，又氣化周流，故而人之性亦在周流之理氣作用過程中是爲一個日日新命的人之性者，這是船山有名的「日新之性命觀」。其言「性者生理也」，即以性爲在生之理，是說只有具有存在有形的人存有者之理氣結構中，才有性這個概念的出現意義。其實說性就是說人存在之理，而人之存在之理在氣化世界觀中，是其理與其氣不斷地在消屈爲鬼與息伸爲神的周流作用中，是故「日生則日成也」，「生」謂人之存在在時間中日日存在，「成」謂性之作用的出現在時間中日日作用以成者，而這些日日新命的成性作用，就和日日爲新的整體存在界之存在活動同其一義者，故謂之「天之生物其化不息」，天之生者即整體存在界之大化流行也，故而人之存在的活動是一個「形日以養、氣日以滋、理日以成。」的活動意義，而這整個天人之際的活動從人之形、性、理的出現義而言，是一個天之降命的作用義，命是一個天的作用，性才是屬於人的存在，是人存有者的存有原理，命言其動作義，性言其內容義，故曰「故天日命于人，而人日受命于天，故曰性者生也，日生而日成之也。」。船山另文言：

〔註38〕參見《尚書引義》，〈太甲二〉，頁299～300，船山全書第二冊湖南新華書店，1988年2月第一版。

當有生之初，天以是命之爲性，有生以後，時時處處，天命赫然以臨于人，亦只是此，蓋天無心成化，只是恁地去施其命令，總不知道，人之初生而壯，而老而死，只妙合遇處可受者便成其化，在天既無或命或不命之時，則在人故非初生受命而後無所受也。〔註39〕

理氣的結構是個合一的本體結構，有人之氣即有人之理，有人之形即有人之性，故當初生之時，人便被整體存在界授與了性，這就是「天以是命之爲性」，在天作用的角度而言，它是「無心成化」，是「妙合遇處可受者便成其化」，是說整體存在界在一陰一陽之作用流轉中，在理勢當然之處便凝結有形而生爲人，然而人之生是妙合而有，人之死亦然，「妙分而無」，都是無心的成化作用過程中事。當然這是從作用神妙處說，在存在上人沒有特殊性，但在存有上人又與天通極一道，故仍有著德性目的的人性內涵，此又爲定性者，只其從個我的宇宙論義之存在言，是氣的神妙作用，故無心成化。在無心成化中，天之作用實有而恆動，天之作用於人之活動亦實有而恆動，天之作用惟理氣之施受而已，理氣之在人惟日新而已，故而天之降命爲性的作用便無一日或息，故而在天者日授命，在人也性日新。故性命日新之義，乃爲德性本體的發用，要在時位中以權變爲尚者，這才是性命日新說的實踐義、積極義。故曰：「在天既無或命或不命之時，則在人故非初生受命而後無所受也。」。參見另文中亦言：「且夫所言生者猶言性之謂也，未死以前均謂之生，人日受命於天，則日受性於命，日受性命，則日生其生。安在出生之爲生，而壯且老之非生邪！」〔註40〕

總之，船山專論之性有兩個重點，其一以日新說之，其二以生之理說之，以生之理說之者即於繼善成性觀念中由成性說性者。船山解於周易「一陰一陽之謂道，繼之者善，成之者性。」一文中，發揮了「以繼說善」、「以成說性」的重要哲學觀點，且在此一脈絡下，說出了是「以善說性」而非「以性說善」的重要觀點，以下論及。

二、繼善成性之善論與性論

船山從易傳基礎上所說的「善概念」及「性概念」之論述脈絡極爲特出，船山並沒有一個定執的善的本善論，而是在作用中說善，而且在作用中才有

〔註39〕參見《讀四書大全說》，卷一，船山遺書全集，頁6245。
〔註40〕參見，讀四書大全說，卷七，船山遺書全集，頁6709。

善，而且有了善之後才有性之可說者，故而亦無一個定執的性概念，即其性命之日新觀者，其論善與性之重要說明俱出於注易傳之「繼善成性」文中，以下將以此一文脈之論述爲討論對象，船山於《周易外傳》〔註41〕中言：

> 人物有性，天地非有性，陰陽之相繼也善，其未相繼也不可謂之善，故成之而後性存焉，繼之而後善著焉，言道者統而同之不以其序，故知道者鮮矣，性存而後仁義禮知之實章焉，以仁義禮知而言天不可也，成其爲體斯成乎其爲靈，靈聚於體之中而體皆含靈，若夫天則未有體矣，相繼者善，善而後習知其善，以善而言道不可也，道之用不僭不吝以不偏而相調，故其用之所生，無僭無吝以無偏而調之有適然之妙，妙相衍而不窮，相安而各得於事，善也。〔註42〕

「人物有性，天地非有性。」者，即性者生之理也之說，即強調說到性就是針對萬物之有而說的，即易傳文「成之者性」之義，故後文曰：「故成之而後性存焉」。

「陰陽之相繼也善，其未相繼也不可謂之善。」者，即言善是從作用之際的繼之有常中說的，大化流行有其根本的流行秩序，人物之存在有其繼不繼此秩序之作用在，即此處是價值判準的所在，因此人物之善惡即在繼之常不常中顯，故曰「繼之而後善著焉」。

「言道者統而同之不以其序，故知道者鮮矣」者，是說「道」概念是說

〔註41〕關於船山的「繼善成性」說中所定義出的性與善之名義，主要在《外傳》中表述較詳，至於《內傳》中之所言已爲引申發揮地說了，故列之於此以爲參考。「道統天地人物，善性則專就人而言也，一陰一陽之道，天地之自爲體，人與萬物之所受命莫不然也，而在天者即爲理，不必其分劑之宜，在物者成大化之偶然，而不能遇分劑之適得，則合一陰一陽之美以首出萬物而靈焉者人也，繼者天人相接續之際，命之流行於人者也，其合也有倫，其分也有理，仁義禮智不可爲之名而實其所自生，在陽而爲象爲氣者足以通天下之志而無不知，在陰而爲形爲精者足以成天下之物而無不能，斯其純善而無惡者，孟子曰人無有不善，就其繼者而言也，成之謂形已成而凝於其中也，此則有生以後終始相依，極至於聖而非外，益下至於梏亡之後猶有存焉者也，於是人各有性，而一陰一陽之道妙合而凝焉，然則性也命也皆通極於道，爲一之一之之神所漸化而顯仁藏用者，道大而性小，性小而載道之大以無遺，道隱而性彰，性彰而所以能然者終隱，道外無性，而性乃道之所函，是一陰一陽之道以次而漸凝於人，而成乎人之性，則全易之理不離乎性中，即性以推求之，易之蘊豈待他求象數哉。」（《周易內傳》，〈繫辭上傳〉注解，《船山遺書全集》，頁517～518）。

〔註42〕參見《周易外傳》，〈繫辭上傳〉，船山遺書全集，頁989。

的總體存有之本體，是說著渾淪的太極之總原理，是在言其整體存在界是「誠」，及言其整體存在界是「實」之義之層次上者，故統而同之以總名說之，而不以具體落實後之人物秩序說之，後者是顯於人之仁義禮知諸義，故知道者鮮，以其不顯故難知。故「以仁義理知而言天不可也」。

「性存而後仁義禮知之實章焉」者，言此在人之繼其有常之存有秩序，是成於有人之後的繼善活動中才會顯現的，此仁義禮知是人之靈，有人之體才有人之靈，故曰：「成其爲體斯成乎其爲靈」，人有體即人有形，人有形即人有理氣結構，有理氣結構者有理有氣也，故曰：「靈聚於體之中而體皆含靈」，故言於體之靈者是就成之者性而後言者，故非以之謂天道者，論天道則不論此個體人我之體也，故曰：「若夫天則未有體矣」。

「相繼者善，善而後習知其善」者，是從人之盡性功夫中說其知天之事者，在人之自繼其常之時，其性之仁義禮知之實才顯，故是作用後其實義才顯者，人存在者若不自繼其善，則存有之原理只在道中，然而知道者鮮，故性中之善義對其而言亦無所感知，其要有所感知者，必在作用實踐之中才得感知，因爲作用實踐是存有原理的顯現契機，未實踐則不可有善之言說者，故曰：「以善而言道不可也」，是指善是在人之成性中言，非能在天之渾淪中言，後者只實有健動而誠者，天非指顯現出人之德性之仁義禮知之序的層次下者，這是作用在具體存在中之事者，是道之用者，故曰：「道之用不僭不吝以不偏而相調，故其用之所生，無僭無吝以無偏而調之有適然之妙，妙相衍而不窮，相安而各得於事，善也。」。道只是相調而用，而其所生有適然之妙，此處尚不言善，不言其意義已顯於人存有者之認識中之善，而在相衍不窮中，事事物物相安有得之後才言善，言其意義已彰顯在具體的人存有者之活動感知中。

性爲論人物之生時而言的概念，它不能在時空中執定有性，它的內涵時時在日新地受命之中，這是船山日新的性命觀，這也是船山氣化世界理氣爲一周流不息的觀點下的結果。然而作爲人性的內涵者，必有善惡的意義問題需要處理，船山在日新的性命觀下對人性之善惡問題的安排，是放在繼善成性的觀念下說明的。善來自於繼，來自於恆動的氣化世界的繼之有常的作用意義中，有繼則可爲善，不繼則無善。善也不是一個恆定的專屬概念，道之中就不言善，道之中只有實有與恆動義，善不善是在一陰一陽的作用中的作用之善不善而已，故曰繼之者善，在繼之作用中善不善的意義才出現，善不善是在作用的意義中顯現的，言道不論善，言道者只言整體存在界之根本存有義，其因誠而有實，其有在動中，故道者總言之概念。不以序言即不以一陰一陽之發顯爲易道發展之具體象數中言者，故道鮮知，若知則已是在一陰一陽之理數必然中之知者，此則是成性繼善中事。簡言之，以人存有者的認識眼光爲基礎，在具體經驗中有意義的開顯處論善，脫離了有意義感知能力的人存有者之彰顯活動時，是天道的自誠，此處不言善，不言其作用開顯的善，只言其本體原理的誠，當然誠也是善，然其意義尚未爲人開顯，故不言善。

天以妙合而有人有物，妙合爲作用，有善在焉，故以善言性，非以性言善。

是在有其作用之常中所言之善而謂爲人性者，故而作用之善之顯於人性之中，而有著仁義禮知之實彰者。若言仁義禮知則不論及天也，天者道，只是實有恆動的整體存在界。以有所成形之體言者，天道太虛，不可言體，言體者言形也。有形者有理氣結構，有一陰一陽之周流作用，有繼之有常之仁義禮知之善不善之事彰焉，此爲人之靈者。人有靈即其性者，其性之善不善是在整體存有之一陰一陽作用之流行中之有繼之作用中言者。故以善言性而性有仁義禮知之人之靈者，是在人之行爲中實知此靈，故曰「善而後習知其善」，此善以人之有而必在，既在則於習中可知也。

以上皆爲以繼說善者，若從道言，只說其作用有常，作用有常，流行於人物之妙合，則於此妙合適體之出現作用中，由人之靈知而言常也，故言善者言作用之常、適、妙等諸義，是在物之性之彰中言善，是常、是適、是妙之諸義之在作用中與善於性者言。

同文續言：

> 於物善也，若夫道則多少陰陽無所不可矣，故成之者人也，繼之者天人之際也，天則道而已矣，道大而善小，善大而性小，道生善，善生性，……惟其有道，是以繼之而得善焉，道者善之所從出也，惟其有善是以成之爲性焉，善者性之所資也，方其爲善而後道有善矣，方其爲性而後善凝於性矣。〔註43〕

說道與性者，是說著整體存在界之存有原理及個別存在者之存有原理，此原理有內容，即其善者，善是存有原理的內容義，但它要彰顯之際是有次序性

〔註43〕參見《周易外傳》，〈繫辭上傳〉，船山遺書全集，頁990。

的，而它的彰顯是要在個別存在者的活動中有所作用才有其彰顯的，故而本文說善是在物言者，而道者無物不有，故無有不善，故先不以善論之。若論於存有意義的彰顯涵度而言，道義最大，善義在繼而後言，故次之，然而善之繼者是天地萬物共有之理，較於個物之性者仍大，故性次之，故曰：「道大而善小，善大而性小。」。故若從整體存在界的存有意義以認識其所彰顯者而言，則在次序上是道中識善，善中識性，故「道生善，善生性。」，而性中所顯者惟仁義禮知者。以上是從存有之整體認識存有之原理的次序者，若從功夫之作用發顯存有之原理時，其次序義則不然，它是「方其爲善而後道有善矣」，是說在人存有者之繼善的作用後，此道中有善之意義才會彰顯，然而道中本有一善，此方爲繼之而得善之條件，故曰：「惟其有道，是以繼之而得善焉，道者善之所從出也。」，然而這只是在存在上說的存有原理之關係，若從作用上則是以善顯道者。而若從個體存在之存有意義之出現言，它是「方其爲性而後善凝於性矣。」，是說即在天生人物之成性作用中，即以善凝性者，故善從存有原理之內容之實者言，而性從存有原理之抽象概念上言，即謂性就是存有原理這個概念，而有善這個內容才有性這個概念，故善是性之所資，而以善凝性者。

進一步言之，以大小言者以之爲有量者，有量者在理氣並一之結構中言者，言道言善言性不離於理氣合一之結構中，有是氣故有是量，有是量故可言大小者。以生言者，存有原理之意義的顯現而已，在作用的流行中有意義之顯者言善之生，有原理之賦予者言性之生。於是天生有人者，是理氣並合之中有善不善之全生而後全歸者也。由是知言善者乃對人物而言者，本非言於道者，道概念是對準整體存在界的活動原理而言者，其中陰陽多少妙不妙皆份際中事，無所不可也。妙合於人時有成，有成則可謂善不善，是人存有者作用於整體存在之範域中的妙不妙之事而爲善不善者，故曰「繼之者天人之際也」。天是一個整體的存在活動層次上言者，故而天之道之範域最廣，其實是所有存在的範域基地，故道大，言其太極渾淪之全體理氣之事，善在其有所作用之常妙意義中言，取義有徑，善不善之言義之取出，有其所在取出之特定言說脈絡，故而於名義之使用中「道大善小」，而性更小。善不善之繼之不繼之之作用中，有常不常妙不妙之情態之顯象，其常其妙者即爲人之靈知之仁義禮知者，善是整個存在界共有的作用言，性是成形而有之人物之顯善之特徵言，故「善大性小」。然而善出於道，先有整體存在界之「實有其有」、

「恆動其動」之實事之下，才有天人之際之繼不繼之善不善之事之出現，故「道生善」，而性者生於此繼中之道者，即生於善，「善者性之所資也」。分開地說「道、善、性」是三事，統合地說，則有繼之善而後可言道之善者，是道生善，故日「道有善矣」，而性者在成言之者，有性之成則善必凝，因有善之作用才有性之實事，知善生性故日「善凝於性也」。

同文續言：

> 先言善，而紀之以性，則善爲性，而信善外之無性也，……性則因乎成矣，成則因乎繼矣，不成未有性，不繼不能成，天人相紹之際，存乎天者莫妙於繼，……夫繁然有生，粹然而生人，秩焉、紀焉、精焉、至焉，而成乎人之性，惟其繼而已矣，道之不息於既生之後，生之不絕於大道之中，綿密相因始終相洽，節宣相允無他，如其繼而已矣，以陽繼陽而剛不餒，以陰繼陰而柔不孤，以陽繼陰而柔不靡，以陰繼陽而剛不暴，滋之無窮之謂恆，充之不歉之謂誠，持之不忘之謂信，敦之不薄之謂仁，承之不昧之謂明，凡此者所以善也，則君子之所爲功於性者亦此而已矣。繼之則善矣，不繼則不善矣。天無所不繼故善不窮，人有所不繼故惡興焉。〔註44〕

整體存在界的存有原理義之內容是善，是天予之，故道中有善。然而是作用顯之，故善顯道。個別存在者之存有原理義之內容亦是善，然其存有原理在存在之後而有，而存在之出現在整體存在界之動後而有，是善之繼其有常在大化中而有之人存在者，故而人之存在的原理是以善予之。故而整體存在之善作用義，先於個體存在之性原理義。而個體存在之性作用中，發顯整體存在之善原理義。

言善外無性是言作用之外無性，言存有之外無性，言在人之理氣結構之外無性可言，性概念的處理範域是在人之生之中而言者，人之生日新，性之義日新，性之義在作用中日新，作用是繼，繼之則有善，在善之繼之之作用中，以善繼性，說善於性，在存在的作用中是不斷地陰陰陽陽之相繼的作用，有作用故有善可言，無作用則不言善，故君子之存處則在剛健有常之應對進退之中，特標出進退之際才是君子養性之道。故言君子之性善者，是言君子之進退之際之繼之與否而言者，有繼之故有善可言，不繼故不謂之善，人若有所不繼則惡興焉。由此可知，船山之言善者不是一個定性的概念，而是一

〔註44〕參見《周易外傳》，〈繫辭上傳〉，船山遺書全集，頁991。

個說動的概念，善之言道言性，皆以此道與性之作用之繼其有常而言者，天無不善只是言其天無不繼，天之道實有而恆動故天無有不繼，無有不繼故無有不善，天無有不善只是個天無所不動的概念，善不是從性言之定性者，而是反過來說性是以善而言之動不動者，是以善說性不是以性說善，以善說性就是以動不動繼不繼說性，就是以性爲一實踐的動力者。不繼則不善即有惡，性概念不執定，性概念常在動中，性者定性不住，只是日新，日新之則必繼之以有常，不繼則枯槁有惡矣，惡亦非定性之概念，惡是作用之中的繼之不以常，用之不以道，是陰陰陽陽的周流之用中的不依時位言者，是以易言之時位不當之事者，故船山之天道論中不強調一個定性有常之常善之道論，但強調有一個作用不斷、繼之有常的恆動之善。本體論中的善非以定性言，而以恆動言，是以實踐之動力要求言者。人性論中的善非以本性言，而以進退有節言，是誠、性、仁、明之顯現作用言。人性論中無有定性之性，性在日新，君子之道在動而觀其變中，君子之性在日新中，君子之養性在繼之有常的剛健不息的修養功夫中。

船山又言：

> 天命之性有終始，而自繼以善無絕續也，……知其性者知善，知其繼者知天，……大者其道乎，妙者其善乎，善者其繼乎，壹者其性乎，性者其成乎，性可存也，成可守也，善可用也，繼可學也，道可合而不可據也，至於繼而作聖之功蔑以加矣。〔註45〕

天命之性言天命之作用，天「命之與性」之作用就是性命日新的作用，是天之作用於人物之「命性」的作用，非言天道者。天道無終始，人存在有終始，言天命之性有終始者言其在人物存在之有終始也。有日新之性命則有性命之可變遷義在，故「天命之性有終始」。但就終始之義言，其終究是終始不滅者，這是從天命之作用言性命問題者。然從人之存在的活動而言，則應強調人之自繼不斷之作用，自繼以善則不可有絕而續之，必不間斷地進行之，使不絕，使永續，君子爲道於天地之間，能永續不斷自繼其善，便是船山對於君子作用於天地間的活動意義之根本理論上的說明，即由人之繼善活動通極於天道之無絕續義，故「自繼其善無絕續」。

「知其性者知善，知其繼者知天。」者，是說從人存有者的自繼其善之活動中，可以盡知所謂之性及所謂之天之根本義，而此中之盡知之脈絡，是

〔註45〕參見《周易外傳》，〈繫辭上傳〉，船山遺書全集，頁992。

從知其性是因自繼其善而顯象出仁義禮知之性之內涵，了解了性之內涵義是如此出現者，則了解善之爲善之根本義，那就是自繼其善之作用不絕的善義，是以善說性的恆動恆作用中才有之善，能知性以知善則能知繼以知天，天之實有恆動意義不過是一個「一陰一陽之謂道」的作用而已，那就是一個繼的作用，人的善體天道的活動是自繼以善，天的作用則是只是一繼而已，故而「知其繼者知天」。

在這樣的天道性命論觀點下，船山簡易地再次總說他在「繼善成性義」下的道者、善者、性者等概念之意義，言「大者」言於整體存在界之存有原理者，以道說此，故曰：「大者其道乎」。言「妙者」言整體存在界恆有之動者，其一陰一陽之相繼不絕之作用即爲存在界之所以存在之根本義，是誠道之義，也就是說善的基地，這才是言說善概念的恰允場所，故曰：「妙者其善乎」。說「善者」只是要說繼，故曰：「善者其繼乎」。在說性時是說存在的有成而言，有成爲形而有的或人或物之理氣結構，有理氣結構則有繼不繼之作用，故而有性之在形之事焉，其有形之現出是有一專形中事，故曰：「壹者其性乎」。其有性是在形成之後之在人物言之性之事，故曰：「性者其成乎」。

以上爲本體論脈絡中之言義，若在功夫論之脈絡上言者，即爲君子之自繼其善之作用而已，則人之性可以善存之，故曰：「性可存也」，而無關乎日新之性命觀，因而性之在自繼其善之作用中得有性者可守而得其善者也，故曰：「成可守也」。成形有性之守是用其自繼其善之功夫，故曰「善可用也」。用善之道只是在繼中繼而已，繼是君子之效學天道之功夫，人存有者有存有的活動能力，故而可以自繼其善，故曰：「繼可學也」。然而君子之活動是人存有者之活動，至於天道者則仍在實有恆動之中自繼其繼，不因人存有之繼或不繼而繼或不繼，天無有不繼故無有不善，人有所不繼故有惡興焉，人得以有繼故繼可學也，繼可學即道可合，然而道雖可合卻不可據，不可據者言道之無不善而人之有惡興之差別所在，此一差別是「道大善小」、「善大性小」之差別，故曰：「道可合而不可據也」。然而人之自繼其善以彰仁義禮智之養性之事是人之可有所爲之事者，也是唯一可爲之事，更是根本應爲之事，故而除此之外別無它事，作聖之功即此一事，作聖之功之事之根本義即此義而已，故曰：「至於繼而作聖之功蔑以加矣。」。蔑以加矣，無以加也。

以上從「繼善成性」之發揮而言於性義與善義者，其中對於惡之解說者，以其不繼於常者有惡興焉說之，不繼有惡即是在攻取之際之有惡興者，惡概念義之出現脈絡是如此，是從本體論言說脈絡中的概念規定中說的。下文論之。

三、攻取有惡之惡論

前文已論善之形上學理路中之意義，善可言則惡可言，船山說惡者爲「攻取有惡」之義，其論惡之言義除前引之文中有言之外另顯於下文：

> 乃其所取者與所用者，非他取別用，而於二殊五實之外亦無所取用，一稟受于天地之施生，則又可不謂之命哉？天命之謂性，命日受則性日生矣，目日生視，耳日生聽，心日生思，形受以爲器，氣受以爲充，理受以爲德，取之多，用之宏而壯，取之純，用之粹而善，取之駁，用之雜而惡，不知其所自生而生，是以君子自強不息，日乾夕惕，而擇之守之以養性也，於是有生以後，日生之性益善而無有惡焉。〔註46〕

前引文中曾言：「天無所不繼故善不窮，人有所不繼故惡興焉。」，惡之興焉爲人之有所不繼而有惡之興，有所不繼非謂不能有繼，從天道言者，作用不停，性命日新，故有所不繼是人之存有活動中的不繼之以常，不繼其陰陽變合之時位適當性者，性命日新則取用有變，變之要義要在易道之參研中詳，變之不繼以善則惡興，此君君、臣臣、父父、子子各有其道者之謂哉，是以惡之興於取用之際，取用有常謂善體陰陽變合之天人之際之繼其有善者言，性命日新日繼其善，則爲君子擇守養性之事業，守養於此，則「日生之性益善而無有惡焉。」。性有彰顯之象而無定性之義，言善指在作用中繼其有常之陰陽時位之變合之取用之道，善是取用有善，惡是取用有惡，善不是性之定性之善，惡也不是性之定性之惡，性命日新的人性哲學中已隱含此一結論了。船山另言：

> 甘食悅色，天地之化機也。老子所謂猶橐籥動而愈出者也。所謂天地以萬物爲芻狗者也，非天地之以此芻狗萬物，萬物自效其芻狗爾。有氣而後有幾，氣有變合而攻取生焉，此在氣之後也明甚。告子以爲性不亦愚乎。〔註47〕

〔註46〕參見《尚書引義》，〈太甲二〉，頁301，船山全書第二冊，湖南新華書店，1988年2月第一版。

〔註47〕參見《思問錄》，〈內篇〉，船山遺書全集，頁9650。

惡之出現是在氣變之幾的攻取之際而有的，故曰：「有氣而後有幾，氣有變合而攻取生焉。」，言「此在氣之後也明甚」，是說在存在之有形與存在之活動之後，攻取之事有其當與不當之操作施爲，然而此非論氣之性者，論氣則只論其一體根本之整體活動義，論氣之性者仍在一氣活動之顯於個物者，於是個物之性義已定，是善，攻取之事是一體之氣之在於個物之後之事，天地之氣以繼善成性之能作用於存在之中，存在之動有幾，幾變之際有所自繼不繼之事，繼不繼不以性論，以性論者告子之愚。這是船山守性於善的形上學進路之定義方式，卻也對惡之出現之理論意義有所界說。

以上三段之討論，乃從本體論脈絡中的概念規定言性言善與惡者，此項概念規定將轉爲下節提出船山於氣論進路之功夫論觀點之所據者。

第五節　有善無惡人道廣大的志仁功夫論

「有善無惡人道廣大的志仁功夫論」是要討論船山的功夫論格式，而論述的脈絡將從天道與人性之善惡問題，及人心之盡道問題入手，以標出在氣化世界觀的形上學體系中，船山對功夫理論的論述方式。前節對於「性」、「善」、「惡」概念的討論，是偏重於純粹從形而上的角度之說法，可以說是在本體論的概念規定下對於性者、善者、惡者的言說脈絡之規範，本節則側重在功夫論的理論建構需求下，討論爲標出船山「志仁功夫論」的形上學基礎。討論的進行將先處理在氣化世界觀下沒有惡的根本性之存在義者，使得爲惡的存有活動缺乏形上學的基礎，其次處理以善言性之有善無惡的性善論，使得爲善之實踐動力成爲人人的內在要求，第三處理人道廣大於天地之間的聖人盡道之學，提出對於人之盡性功夫彰顯天道的存有活動之本體論意義，最後再提出在以上架構下的功夫論之格式，惟「志於仁」而已的船山功夫論型態。本節將分四段討論：一、沒有根本惡的氣化世界觀。二、有善無惡的性善論。三、崇德廣業的人道廣大論。四、志仁的功夫論。

一、沒有根本惡的氣化世界觀

「沒有根本惡的氣化世界觀」是從氣化宇宙論的角度，對於惡行爲之出現，強調其在宇宙論中沒有根本的存在地位者，提出此說之目的是要說明船山對於人之爲惡之事的觀點，以作爲提出船山功夫論格式的理論前提之一。

前節已論天地之理惟一陰一陽之相繼爲善者而已，惡之出現只在攻取取用之際的不以時位言者，則此一惡之爲惡將在形上學理論中缺乏一個存在的地位，船山論善固不以定性言之，然而天地之動必有其繼，繼爲善，則善者仍有其必然之存在地位。精確地說，善是存有原理，而存在的活動是必然的，故而作爲活動的出現而有的善之名義，當然有著必然的存在地位。又因爲善是爲本體論中的存有原理，故而道中有善，性善之說可以建立。於是落實在具體的人物存在者的活動中，也是必然可以彰顯一陰一陽之動的自繼其善之善性之義。然而惡者因爲只在流行之際的繼之不力，及繼之不以時位者言之，故而惡者乃爲可以不惡的無必然性之活動樣相，故而在整體存在界的一氣周流之存有活動中，本來可以不必有惡的出現，因而使得惡之爲惡的存在地位之必然性不存。故而若從本體論的層次來論述船山的善惡觀時，則又是一個有善無惡的氣化世界觀了。關於本體論的有善無惡觀，與宇宙論的惡者缺乏存在地位之事，在理論效果上，則又是有著一體兩面的效果的。以下先論沒有根本惡的氣化世界觀。船山言：

> 聚而不失其常，故有生之後，雖氣稟物欲，相窒相梏，而克自修治，即可復健順之性。〔註 48〕

聚爲有形之人物存在者，本有其常，雖或有氣稟物欲之偏失，但是此一偏失並不具根本的存在地位，即其非在存有原理中的存在方式，故而人物自身若能盡其克制之道，便即可復其健順之性，即使存在的活動歸攝至合於存有原理的活動脈絡中了。健順之性之必可復者，是儒學功夫理論必須建構的理論，即便是荀子之性惡觀下，亦得提出「聖可積而致」之說，〔註 49〕更何況上承孟子路數的船山。然而，氣稟物欲之出現仍是現實世界中的實然，船山在理論上必須對治，對治之道，即是將根本的存有原理賦予了善，在天地之大德必動的形上命題中，將善與動合，強調繼之者善的觀念，於是惡者缺乏形上基礎，即其在宇宙論中缺乏存在地位，使得回歸於健順有常之道亦在理論上予以保證了。其又言：

〔註 48〕參見《張子正蒙注》，〈太和篇〉，船山遺書全集，頁 9282。

〔註 49〕參見荀子性惡篇，其言：「聖可積而致，然而皆不可積，何也？曰：可以而不可使也。故小人可以爲君子，而不肯爲君子；君子可以爲小人，而不肯爲小人。小人君子者，未嘗不可以相爲也，然而不相爲者，可以而不可使也。故塗之人可以爲禹，則然；塗之人能爲禹，未必然也。雖不能爲禹，無害可以爲禹。」

> 氣者理之依也，氣盛則理達，天積其健盛之氣，故秩敘條理精密變化而日新，故天子之齊日膳大牢以充氣而達誠也，天地之產皆精微茂美之氣所成，人取精以養生，莫非天也，氣之所自盛，誠之所自凝，理之所自給，推其所自來，皆天地精微茂美之化，其醞釀變化，初不喪其至善之用，釋氏斥之爲鼓粥飯氣，道家斥之後天之陰，悍而愚矣。〔註50〕

在船山理氣爲一的本體論觀點中，理已爲善所涵，故而天地之產便皆爲精微茂美之氣所成了，其有物之初，便皆爲至善之用，都是繼善成性的形上義之大化流行作用之結果，根本的秩序已被船山規定爲善者了，惡之出現便只是動幾有取之際的繼之不力之偏事而已。另文於張載言：「湛一氣之本。」時，船山注曰：

> 太虛之氣無同無異妙合而爲一，人之所受即此氣也，故其爲體，湛定而合一，湛則物無可撓，一則無不可受學者，苟能凝然靜存，則湛一之氣象自見，非可以聞見測知也。〔註51〕

存在的境域應該是以整體存在界爲其範域的，這是船山氣化世界觀中氣之一氣周流的觀念下必有的結論，整體存在界的氣存在在理氣爲一的結構中，其體一，這又是形上學觀念推論下的必然命題，於是作爲個別存在的人、物存有者，若能在自處之操存中發揮功夫上的湛一之道，還復自己使與天地之氣同其清通，則無物可阻、無事不可學，自我之存在活動便通極於天地之存在活動。此一存在的活動則只是自繼其善的活動，則使得惡者隱而不現，則清通之廣大發用，便共天地之運行之理氣爲一，此時則豈是小我聞見之智可以測知者，聞見之智仍有小體之限制，故而有繼之不繼的攻取之惡在，若將存在的境遇以整體存在界共其一氣，則聖功之至極可顯，則小體聞見之智已無可測知，而其中之活動的發用，其所顯者，爲湛一之氣象者而已了。另文張載言：「不以嗜欲累其心，不以小害大，末喪本焉爾。」，船山注曰：

> 心者湛一之氣所含，湛一之氣統氣體而合於一故大，耳目口體成形而分有司故小，是以鼻不知味，口不聞香，非其所取則攻之，而一體之閒，性情相隔，愛惡相違，況外物乎，小體末也大體本也。〔註52〕

〔註50〕參見《思問錄》，〈內篇〉，船山遺書全集，頁9668。

〔註51〕參見《張子正蒙注》，〈誠明篇〉，船山遺書全集，頁9388。

〔註52〕參見《張子正蒙注》，〈誠明篇〉，船山遺書全集，頁9389。

「湛一之氣統氣體而合於一故大」者，此一乃理氣之本體爲一之一，故即太極之一、太虛之一、太和之一，一者一於體。心不是船山特別發揮的形上學觀念，只是說出一氣世界中遍含萬事之際而含人心而已，是在人存在之活動中的發動者。在人之活動有小體大體之別，本含於天地一氣之心之作用，或以天地一體之體爲其大者，或以耳目口體之小而爲其小者，則大小分焉，耳目口體之小者，因其成形而各有其司之專在，故其功能作用中有所相隔，非其所能之取則性情相隔而攻之，攻取之際愛惡生焉，此惡之所起者，此小體之末也，人物之存在應以整體存在界爲其境域，小體之專司不是發揮人在天地之間之可與天地相通之道的場所，則其有惡之事亦非根本的存有活動之原理，故其存在之地位仍應予以限之，言其小體，即已在意義上予以限制。惡爲在以小體之專司有限不知擴充於天道之繼動而有者，此小體之限制也，是氣質之偏至之義，而非存在的根本原理者。船山另言：

> 氣質之偏，則善隱而不易發，微而不克昌者有之矣，未有雜惡于其中者也何也，天下固無惡也，志于仁則知之。〔註53〕

在小體之中又不知發用時，則爲自限於氣質之偏至之事，然偏其爲偏小其爲小，仍不害於存在之在一氣之體之中者，一氣之體惟善無惡，惡不以存在之原理之身分雜入於所體之中，故曰：「天下故無惡也」。「志於仁則知之」者，所體在善，活動於善之所顯於性中之仁義禮知之事者是志於仁，是所志在體，是盡性功夫，盡性則知天，知之者知天也，知天者知天之固無惡也。故雖有「氣質之偏，則善隱而不易發，微而不克昌者有之矣。」之事在，然其終不能引爲自限，亦終能充擴而盡性之善之道明矣。其又言：

> 得五行之和氣，則能備美而力差弱，得五行之專氣，則不能備美而力較健，伯夷、伊尹、柳下惠，不能備美而亦聖。五行各太極，雖專而猶相爲備，故致曲而能有誠，氣質之偏，奚足以爲性病哉。〔註54〕

氣質之偏不能自限，是因爲所性仍全而備焉，故不足以爲性之病者，所性仍全之義理應在易學理論中的十二位陰陽說中見之，任一存在的顯現都是同有整體者，只其有表顯之異而已，故曰「五行各太極」，則偏至之氣之存在的根本仍是上通於一氣之清通之一體之中者，則偏至之惡其實不是惡，不是存在上的惡，只是顯現上的偏，顯現上的偏在存在上仍是一體有全之存在，故而

〔註53〕參見《思問錄》，〈內篇〉，船山遺書全集，頁9676。
〔註54〕參見《思問錄》，〈內篇〉，船山遺書全集，頁9677。

船山則能於氣化世界觀中強調致曲之道，致曲者，則能使原得五行之專氣者歸攝至有誠而後形著明動變化等效應中。〔註55〕如此一來，偏至之氣之事者，亦非即爲有惡之存在地位者，則人之行動之善惡則全爲人之自我選擇與否的問題了，即如張載之言：「道能物身故大，不能物身而累於身則藐乎其卑矣。」，及船山之注曰：

> 物身者以身爲物而爲道所用，所謂以小體從大體而爲大人也。不以道用其耳目口體之能，而從嗜欲以沈溺不反，從記誦以玩物喪志，心盡于形器之中，小人之所以卑也。〔註56〕

人的行動之選擇即是一個對待自我之道，而在儒家哲學的思維脈絡下，當其強調小人大人之時，便是要求爲其大人者要以道用物，而不以物用身，以物用身則是從其小體之事，是小人之拘拘者。而或「從」小或「從」大則是人存在的自作決定之事，故是心之功能，是心之盡於形器之中或心之盡於道氣之上之別者。人之自我選擇的問題關涉於船山對人道廣大的定位問題，以及對功夫理論的格式問題等。惡只是非繼常的出現，善則是必存在的性事，因此人要彰顯性中的天道，則是盡其人道廣大之德業，反之則小，故而功夫中只是一志而已。而志者志於性中之事，性中之事有善無惡，志仁與盡性同其一義矣。關於惡在宇宙論中缺乏存在地位之事已如上述，以下即說明船山對存在之人物之性的性善論之觀點。

二、有善無惡的性善論

從本體論的概念規定言，船山是以善說性的，從本體論的命題內容而言，則是有善無惡的性善論的。前節論「性命日新說」是從宇宙論的大化流行說到個別存在的性命格式，是說在個別存在的通於大化中之理氣日新說，本節說性善論者，則是從本體論的命題貫注到個別存在的存有原理上說的，是說個別存在的存有原理有善無惡。性的根本義是在整體存在界的一氣活動中說明的，性當然是論存在的原理，是成形有物之性，從整體存在上講以善說性，從具體地落實在個別存在的存在原理說時，仍是性善之義，善還是性的根本內容規定，個物之性是善，則以性言個物則無惡矣，此一性善之論又將作爲

〔註55〕參見，中庸二十三章：「其次致曲。曲能有誠，誠則形，形則著，著則明，明則動，動則變，變則化。唯天下至誠爲能化。」。

〔註56〕參見《張子正蒙注》，〈大心篇〉，船山遺書全集，頁9415。

船山論人道論功夫的理論路徑，以下說明之，船山言：

> 言性之善言其無惡也，既無有惡則粹然一善而已矣。〔註 57〕

存在之性以善說之則存在之性粹然無惡，粹然一善而已，粹然之善之言說脈絡則當然要將存在的個物與個人之性論置放在整體存在界的一氣活動中講時才有此一粹然之善，則粹然之善是形而上之善，前節言船山論善之定義方式不是以定性之善說之，但善是一陰一陽之道的繼之之善，是活動中的原理，是存有的原理，從作爲存有的原理而言則性之善義仍是必然的定義，但此一善則以整體存在之必然之動爲基地，其於人物存在之性而言時，必須將存在的界域打開，必須是在於健順之活動時而說的，然而存在的界域與存在的活動又是必然地在整體存在界的範域之中同其爲有，故而此以善說性之言說仍是必然者，且仍是應說者，故能成此一說。其又言：

> 有善者性之體也，無惡者性之用也。〔註 58〕

性之體以善言是以理氣爲一之太和的清通本體說之善者，此體清通健順實有恆動，故必以仁義禮知之善而顯於人物存在的活動之中，其顯者其用也，其顯者爲善之動者，其有顯即有善，故於用之之際言無惡也，言其以善爲性之顯用之事者。這都是船山在個物之性中說其爲善的言說脈絡。性字義已被船山定限在通極於天的大化之理中，那麼那個氣質之偏及耳目口鼻之自我存在之理氣結構之機制者，船山則以「命」字說之，張載言：「性通乎氣之外，命行乎氣之內，氣無內外，假有形而言爾。」，船山注曰：

> 人各有形，形以內爲吾氣之區宇，形以外吾氣不至焉，故可立內外之名，性命乎神。天地萬物函之於虛靈而皆備，仁可以無不達，義可以無不行，氣域於形，吉凶禍福止乎其身爾。然則命者私也，性者公也，性本無蔽而命之戕性，惟不知其通極於性也。〔註 59〕

「立內外之名」者，爲人我有形之後的理氣結構之是我非我之別也，此我之可立，則有吾氣之區宇之爲吾形者。然吾氣仍爲天地中一體之氣，在神陽鬼陰的作用中內外感通，故曰「性命乎神」，言其通極於天地之理氣結構，因此天地萬物共函虛靈，虛靈備美於天地萬物之中，故而仁義之善無不可達致焉，此爲其性者。然若以小體之區宇爲感通之自限者，是以命於吾性之區宇者戕

〔註 57〕參見《思問錄》，〈內篇〉，船山遺書全集，頁 9676。
〔註 58〕參見《思問錄》，〈內篇〉，船山遺書全集，頁 9676。
〔註 59〕參見《張子正蒙注》，〈誠明篇〉，船山遺書全集，頁 9384。

賊其性。若論性，則「性者公也」，則仁義無不達，若論人我之存在在天地一體的根本存有原理而言，則永遠是以天地自繼其動的善的原理以說此性者，故通極於性者通極於天地的根本存有原理，不通於此而以小我區宇之自限者是以命蔽性者，故而船山以「命者私也」說那只在小我之體的活動情況，命是氣質之偏、耳目之用之對象的概念。（當然，命也有其它的用法，如性命日新說中的賦命義，是動詞之命義。）張載言：「天所自不能已者謂命，不能無感者謂性。」，船山則注曰：

> 萬類靈頑之不齊，氣運否泰之相乘，天之神化廣大，不能擇其善者而已，其不善者，故君子或窮小人或泰，各因其時而受之然，其所受之中，自有使人各得其正之理，則生理之良能，自感於倫物而必動，性貫乎所受不齊之中，而皆可盡此，君子之所以有事於性，無事於命也。〔註60〕

命之爲人我存在的情況之有所殊異之實者，是在天道之不擇其善而作用之「各因其時而受之然」者，此言不擇其善非謂天道流動的根本活動原理義之善繼之善，這是通極於天的性概念的層次，不擇其善是命概念的層次，是「所受不齊」的因時受之的氣稟之偏的存在情況，此中言命，時受不一便情況殊異，故有命言義之或偏或全之小我之別，然而前已言及，氣質之偏不足以言性限性，性是貫乎所受不齊之中的存有原理，故而雖有君子或窮小人或泰的不擇其善之情況，但是在存在界中之任一爲有形之理氣結構者，「自有使人各得其正之理」，此即通極於天之性之必顯於人物存在之中之事者，故而「君子之所以有事於性，無事於命也。」，事於性之存在者之活動才是存在活動合於根本存有原理的眞實活動，故君子無事於命也。不以命蔽性，則性與天地之理氣一體同其作用矣，是爲善之自繼其道的君子行動準則。其言：

> 知性者知天道之成乎性，知天者即性而知天之神理。知性知天則性與天道通極於一，健順相資屈伸相感，陰陽鬼神之性情皆吾所有事，而爲吾職分之所當修者矣。〔註61〕

這是一個非常形而上學的性論，船山的道在氣中的觀點，是以具體落實者言其成也，成是有形之結果，道在有形之成爲人物之中顯其所以爲道之情況，

〔註60〕參見《張子正蒙注》　〈誠明篇〉，船山遺書全集，頁9388。
〔註61〕本文爲張載言：「知性知天，則陰陽鬼神皆吾分內爾。」之船山注者，參見《張子正蒙注》，〈誠明篇〉，船山遺書全集，頁9385。

所以成的作用是一個道的表現的重要條件，言成則有性，性概念是對「成」之爲有形人物而言說的存有原理，故曰：「知性者知天道之成乎性」，天道是性在有成爲形之人物活動中顯現的，故而對於天道之知，是即在性之爲仁義禮智之虛靈必有必達的活動中即知的，這就是天之神理，就是天道的鬼神作用、理氣一體之整體存在的活動原理之眞實內涵，故曰：「知天者，即性而知天之神理。」，於是知性與天道原爲一事，「通極於一」，皆爲「健順相資屈伸相感」之活動，亦皆即爲自繼其善之繼之有常之原理，當小我一體的存在境遇之視野已打開至此天地一體之時，船山便提出更積極的人道活動的領域觀，曰：「陰陽鬼神之性情皆吾所有事，而爲吾職分之所當修者矣。」，這就是船山廣大人道的語言，以人參天的積極人道活動觀之理論基地便建立於此。故而船山強調君子無所不用其極之道，其言：

> 無極無有一極也，無有不極也，有一極則有不極矣。無極而太極也，無有不極乃謂太極。故君子無所不用其極，行而後知有道，道猶路也，得而後見有德，德猶得也。儲天下之用，給天下之得者，舉無能名言之，天曰無極，人曰至善，通天人曰誠，合體用曰中，皆贊辭也。知者喻之耳，喻之而後可與知道、可與見德。〔註62〕

行而後知有道乃行之強調，行而有得，得而見德，皆在人之行中得致者，故喻於天之無極、人之至善、天人之誠、體用之中等事，此船山廣大人道之說者，此說見於下段。

三、崇德廣業的人道廣大論

「崇德廣業」是易學天道論中的目的性主張，在船山的以易說學之理論內涵中，其天道與人道之本體，將共在崇德廣業的目的中，以此一目的性的本體論命題，拿來放在船山氣論進路的形上思想中時，也將是人道原理的規範原則，更盡其義者，則將產生廣大人道的實踐要求，此即本節將言之氣論進路中的「崇德廣業的人道廣大論」者。論人道之廣大者乃論於對人道之要求者，此一要求乃在於對人存在的活動方向之要求者，要求必追求於崇德廣業之事業。然而此一要求應有其理論上的基礎在，此一理論上的基礎乃是所有儒學體系之共義，而船山之要求型態的特出之處在於：此一對人道之要求

〔註62〕參見《思問錄》，〈內篇〉，船山遺書全集，頁9646。

使人道義較整體存在界的意義更其廣大者。廣大之義在於船山對於德業活動之意義是由人以顯天，在人而盡天之義者，言由人存在的自繼其善之盡其天道者，人自繼其善以彰顯天道之誠善義涵，這樣的人道活動義中對於人的自我用力之要求乃更爲強烈者。強烈義在於這個行動力之來源不僅內在實有，更有其整體存在界之待其而有的外來需求者在。因此人道廣大之說者，其理論上的意義是在於對人道彰顯天道的功夫作用之強調，而產生對彰顯人道的功夫要求之強調者，而它在形上學層次上的基礎，則在於人與天道的共其一性一理者，以及人存在者之由功夫顯本體的存有活動義上者。

本文討論船山對人道廣大的說明，首先從船山論作用的人心之廣大說起，其言：

> 大其心非故擴之使遊於荒遠也，天下之物相感而可通者，吾心皆有其理，唯意欲蔽之則小爾，由其法象推其神化，達之於萬物一源之本，則所以知明處當者，條理無不見矣，天下之物皆用也，吾心之理其體也，盡心以循之則體立而用自無窮。〔註63〕

心之理者即理氣結構中之理者，吾心有此理，此理則感通於天下之萬事萬物，則吾心可知天下事務之健順有常之道，如不蔽於耳目口鼻之氣稟之私，則心知之充達可有無窮，則將「由其法象推其神化，達之於萬物一源之本。」，由天地萬物之存在及活動的情狀中體見法象之常道者，而知此一源之本，故而大此心知之同於此理之時，天下萬物可用也，天下萬物皆爲吾心之以常道而行之行爲對象，便皆爲吾心崇德廣業之器者，則心爲體，事爲用，有心體之立則可有無窮之事物之適宜的對應者。這是船山對於人道的廣大其心之說明。心的作用在人之存在中言，它的作用有常是合於天地之理的，由人心之認識活動言及由易道之形上原理言者皆然，其言：

> 物之有象理即在焉，心有其理，取象而證之無不通矣，若心所不喻，一由於象而以之識心，則徇象之一曲而喪心之大全矣。故乍見孺子入井，可識惻隱之心然，必察識此心所從生之實，而後仁可喻。若但據此以自信，則象在而顯，象去而隱，且有如齊王全牛之心，反求而不得者矣。〔註64〕

〔註63〕本文爲張載言：「大其心則能體天下之物，物有未體則心爲有外」之船山注者，參見《張子正蒙注》，〈大心篇〉，船山遺書全集，頁9409。

〔註64〕本文爲張載言：「由象徇心，徇象喪心。」之船山注者，參見《張子正蒙注》，

在易學進路的形上思想的討論中，船山明以有象有理者在說天地之理數必然之實情，然象之顯爲有理之象者，仍需人之自識其象、自知其理之自作活動之後，才有象數理之實義可得，理者、象者、數者乃天地之理數必然而固有之實狀者，此從天道言。從人道言者，此心此性自爲通極於天道之心者、性者，從人道故可識易道的理數，人道之盡極則理數之必然可得。從象而得者，此聖人觀於天地之情狀得其象數必然之道的獲得意義，故觀象者以心得之，以體性善之道於大體之操存之心得此象者。故而在發明易道天地理數之必然之活動中，人心操持之作用意義廣大。不以心識之，則其象失理，或有象無理，或得象不以理，或無象即無理，皆不爲理象之獲得的常道者，則皆如齊王之有見則有心，不見則無心的暫時性活動義而已。其言：

> 知象者本心也，非識心者象也，存象於心而據之爲知，則其知者象而已，象化其心而心唯有象，不可謂此爲吾心之知也明矣。見聞所得者象也，知其器知其數知其名爾，若吾心所以制之之義，豈彼之所能昭著乎。〔註65〕

在存在的原理中是有象、有理、有心、有性通極於一，在認識的活動中則只是由心識象非由象識心者。但這是說的易道中理數必然之以心識象者，然而心之功用不只識象而已，心必可識象，以其卦象固有理數必然，然象者理也，知之之道不只知而已矣，更在制之之義上，象只是抽象的天道原理，其理要在人心活動中時時彰顯，否則其理只是一抽象之象知，據象之知其廣大不盡人心，不可以爲吾心之知之僅知於此者，吾心尚有制之之義在，是制之於此知之繼善作用義而通極於天的存有活動，所以船山在論心知的活動時是不斷強調廣大人心的心知作用的，而在廣大此心的人道活動要求中，船山使人存在之活動意義提昇，使人存在成爲有意義的存有活動者，使人道之所以爲有道者之意義，及天之爲道體之存在意義，得在人存有者的活動中眞實地彰顯了出來，即其另言：

> 立人之道曰仁與義，在人之天道也，由仁義行，以人道率天道也。行仁義則待天機之動而後行，非能盡夫人之所以異於禽獸者矣，天道不遺於禽獸，而人道則爲人之獨由仁義行，大舜存人道，聖學也，

〈大心篇〉，船山遺書全集，頁9411。

〔註65〕本文爲船山注張載言：「知象者心，存象之心亦象而已，謂之心可乎。」者，參見《張子正蒙注》，〈大心篇〉，船山遺書全集，頁9411。

自然云乎哉！〔註66〕

本文爲船山定天道之義，說出天道由人道定之之義，在人道之「由仁義行」的功夫中，充極地彰顯了人道，也以人道率出了天道。天道之情狀在人道的獨由仁義行中的出現方式，才是值得認眞對待的認識方式。聖人之行道，爲由仁義行的人道功夫，有「人」的實踐力量與主觀意志在激盪著，豈是隨順自然而已的行誼。船山此說在在要肯定人的主動性與實踐力的優位性地位，對人的道德性意志的要求，可以說是份量很重大的了。然而船山似乎在天道之所謂天道的理論部份，設定了由人道而彰之及不由人道而彰之的區別，我們以爲，與其說是天道的客觀區別，不如說還是人道的主觀區別，誠如船山言於人之自效其芻狗者之義，及言天之神妙不擇其善者之義，及本文中之天道不遺於禽獸者，都是在存在的認識上的討論層次，所說的都是有形成物之存在，在存在的活動層次上的認取之意義歸所問題。

道者本不言善，言善的形上學脈絡是從作用之健順有常中言說的，天道的作用皆常而皆善故皆不言善，形而上之道必以善言則必有善，此善者只是整體存在界之實有健動之義而已。言善言惡是從存在之有形之成之作用與活動中說的自繼不繼之事，故而天之神妙不擇其善，天道不遺於禽獸，五行之氣或偏或全或專或和，只是天道之作用之實然。其善，是天道有發用之當然時位之作，其不善，是人物之道之有攻取不繼其常之作者。然而天生萬物之中惟有人之得其靈秀，得其靈秀者則必與天感通，感通之際之繼其有常之幾變之合則出現，幾變之出現則其繼之有常無常之道則顯。人之異於禽獸者爲在人能有通極於性之盡性知天的靈秀知能，禽獸則無此知此能，則其生命活動中無有繼不繼之善不善之事，或曰其所繼所不繼皆爲其繼，而不以善惡論之。人則不然，人有時位之知能，則有時不時位不位之善惡，人不盡其知能之繼道者，則不能盡夫異於禽獸之存在意義，人的存有活動是與天爲一的大心活動，天道之根本義的善要由人的自效其一的作用中顯現。而天道之在於人道之中者，即以此善不善之繼不繼的活動而決定，人以自繼其善之作用，彰顯人在一陰一陽之道的繼善成性作用中之人的存有意義，也由此彰顯天之「與人以善」之天道之存有意義，如果人不彰顯此道，此虛靈有善之仁義禮知之性則永遠不能爲眞實的存有，天地間則只有禽獸百物的存在而已，這是人之遺其天道者，這是天道在人之存有意義未被彰顯者，於是天道將只還其

〔註66〕參見《思問錄》，〈內篇〉，船山遺書全集，頁9649。

芻狗萬物不擇其善的不仁之天之自然天義，又如其言：

> 天者道，人者器，人之所知也；天者器，人者道，非知德者其孰能知之。潛雖伏矣，亦孔之昭，相在爾室，尚不媿于屋漏，非視不見、聽不聞、體物而不可遺者乎！天下之器皆以爲體而不可遺也。人道之流行，以官天府地、裁成萬物而不見其跡。故曰天者器人者道。〔註 67〕

「天者道，人者器。」，是從形上學的論述脈絡來說的天人之際，從天道言，理數必然，一切是善，意義自足，毋須彰顯，人之爲人只是天道展示的流行存在，則人只以器言，人道之豐足意義不必強調，一切已在象數已然之機之中了；「天者器，人者道。」，是從人的生活世界中言，從人的存有活動中說述人天之際的豐富存有意義，然而這是要在人之爲於無所不用其極的喻知之事之後者，則由得而德，非知德者則不能知之、盡之之事者，則天爲無極，以待人爲而有其極，而使其無所不極，而顯爲人之至善，而盡其天人之以誠交爲而合於一之道者，則此時之人道乃天道之揭露者，乃天道之發言者。天道待人道以顯之之義大也，大者人之爲大也，天者人之大人之事之器者，則官府天地裁成萬物之不待言矣。此人道廣大之義，是人之盡其有虛靈之知，及盡其有仁義禮知之性的自繼其繼之有常之人道中事者。其又有言曰：

> 天之使人甘食悅色，天之仁也，天之仁非人之仁也，天有以仁人，人亦有以仁天仁萬物，恃天之仁而違其仁，去禽獸不遠矣。〔註 68〕

「天之仁人」者，天之不遺於禽獸之事者，則人有成之於天之小體之理氣之存在者也，然此仍非人之所以爲人的存有原理，僅在此一小體層次上的生活方式是恃天之仁而已，是以天之僅爲一自然無目的意義的天道而已，是遺漏了人之爲人的自繼其善之人的存有意義，是違其人之仁者，有悖於人之仁則有悖於人之存有意義，則人將只爲一器之存在而已，天之仁道已成而人之仁道未顯，則將更遺失天之仁者，此去禽獸不遠矣，此人之自效其芻狗爾。本文爲船山再次強調人道的優位義，天道之仁，必定賦予人之自然本能，但卻又不只此，是有待於人道之仁者，人道之仁則有其更積極豐富的意義在者，如果只守著天所予的自然本性，而不知發揮人道之仁之應所當行的道理的話，那麼則只是禽獸而已。船山此說在表面上有將天道滑爲自然天的意味在，

〔註 67〕參見《思問錄》，〈內篇〉，船山遺書全集，頁 9650。
〔註 68〕參見《思問錄》，〈內篇〉，船山遺書全集，頁 9651。

但卻有獨立地由人道之中撐起道德心的功夫本體義在，即在理論的安排上，直接將功夫的本體，安置在由人之道的仁天仁萬物的行為中，它邁越天道甚或主觀地攫奪天道本體的真義，使天道由此安立，而不再只是一個自然之天，這是由人道強悍的實踐動力來詮釋天人之際，而不採取傳統的由天道的保證來要求人道實行的理論形式。因此船山之要求於人道之事業之意義則更顯其廣大，人道中有人之溢於天道之職責，這才是本文之特別強調船山人道廣大的道理所在。其言曰：

> 君子有事於性無事於命，而聖人盡性以至於命，則於命不能無事焉。天廣大而無憂，聖人盡人道不可同其無憂，故頑嚚必格，知其不可而必為，是以受人之天下而不為泰，匹夫行天子之事而不恤罪，我相天之不足以與萬物合其吉凶，又存乎盡性之極功，而合兩所以協一也。〔註69〕

前文言船山於人道之中必有有善無惡之性之說或同於孟子，但是本文中「我相天之不足以與萬物合其吉凶」之說則更近於荀子之戡天役物說了。〔註70〕船山言聖人盡性至命的理論格式，是以命為不能無事者，所以對於天之降於命之所有人我之才情物欲皆將有所對治，所以聖人將不與天同其無憂，聖人有憂虞天下之心，以盡其人道之是非善惡之必為之事，於是於時位之偶合者必正其道，於是聖人兩合天人而協一，此方為盡性之極功，直是無所不用其極之通極於性之事業者。這才是人道之廣大，而有充實之光輝者。不過，於作用之際必是以德知合一者，而非狂人之事，故船山戒之曰：

> 於道無不體，則充實光輝而大矣。狂者見我之尊，而卑萬物，不屑徇物，以為功名而自得，乃改其行而不揜，則亦耳目心思之曠達而已。〔註71〕

〔註69〕本文為船山注張載言：「雖然聖人猶不以所可憂而同其無憂者，有相之道存乎我也。」者，參見《張子正蒙注》，〈誠明篇〉，船山遺書全集，頁9388。

〔註70〕參見荀子〈天論篇〉言：「大天而思之，孰與物畜而制之；從天而頌之，孰與制天命而用之；望時而待之，孰與應時而使之。因物而多之，孰與騁能而化之；思物而物之，孰與理物而勿失之也。願於物之所以生，孰與有物之所以成。故錯人而思天，則失萬物之情。」荀子此說，完全由人獨立地撐起存在的實在意義，天完全是客觀的存在，人的生活目標完全來自於自己，人的生存意義也不是由天的安排與保護下才有的，這是一個絕對的人本主義宣言。

〔註71〕本文為張載言：「故君子之大也，大於道。於我者，容不免狂而已。」之船山注者，參見《張子正蒙注》，〈大心篇〉，船山遺書全集，頁9418。

本文是船山強調如不以君子之道而大之，則仍是馳騁耳目縱情之事而已者，故斥之且戒之。以上說船山的廣大人道之學，是以崇德廣業爲標的的人道活動，是對人存在的生命活動的強烈要求與極盡的發揮，是一個要求性的觀念，是一個活動義的本體論說明，而不是一個論存在的命題。至於在理、性、命的形上學觀念脈絡下，聖人事業的自繼其善之道的活動義，則仍有其功夫論上的命題，此即船山對於功夫的作用，在人道廣大的理論之中，論功夫的作用則只是一個志仁便盡了，於是其功夫論的格式乃得以志仁說之，當然志仁之說即在其形上觀念的本體論命題中會有其必然的理論基礎，下文說之。

四、志仁的功夫論

船山講功夫的論述脈絡極多，然而從人道廣大及以善說性的兩路說來時，其功夫理論的格式便一方面顯現所性在我之仁義禮知之必有者，另方面則爲所志之在仁的人爲實踐之動力要求之強悍者，前者爲天道之必有之性善，後者爲人道之強要之心志力量者。前者由性命之有善無惡說，後者由功夫之有志無志說，理論上說是性論的必然結果，實踐上說則是人道的強悍要求，而共構了其功夫論之格式。功夫的可能可以在理論上完成，但功夫的實現則必然是在實踐中用力，船山特重後者，所以志仁的功夫論是特別地從人道的強悍中說上來的方式，如果從本體理論的形式推演中言，則在船山的論性、論善、論性善、論無惡之諸論中，其功夫理論的形上學進路之說明可謂早已完成了，即是一個盡性說的功夫格式。當然，特從人道中說的功夫理論仍融通於其本體論中對人道作用的理論型態，本文即將從此兩路以說明船山志仁功夫的特殊性義理。其言：

> 形色天性也，故身體髮膚不敢毀傷，毀則滅性，以戕天矣。知之始有端，志之始有定，行之始有立，其植不厚而以速成，期之則必爲似忠似信廉潔者所搖。仁依姑息、義依曲謹、禮依便僻、知依纖察，天性之善皆能培栽而覆傾，如物之始蒙，勿但憂其行纏孱弱，正恐欲速成而依非其類，則和風甘雨亦能爲之傷，故曰蒙以養正，養之正者，學之、聚之、問以辨之、寬以居之、仁以行之，則能不依流俗之毀譽，異端之神變，以期速獲而喪其先難，故曰利禦寇。〔註72〕

〔註72〕參見《思問錄》，〈內篇〉，船山遺書全集，頁9674。

此說是志仁功夫論的開頭，只是要說明船山對於人之為人的意志力量是不看好的，人之生活世界中總是在用力不足的情況下走入安逸，然而人道上通於至善之極之路並非不存，如若「天性之善皆能培栽而覆傾」，則如蒙以養正，惡其躐等，則養之、學之、聚之、辨之、居之、行之之後，便能不依流俗之毀譽，而不搖其志，故而志之之要大矣哉，故而開端之事最為重要，故而船山言由知為其端，有端則定之，定之以志，志之才能定，而繼以行之，行才有立，有盡其良知之知為其端，有志其仁義禮知之性為其定，有行其自繼其善之人道之功為其立，則其植有厚，其忠信廉潔有所不搖，而不為假仁、假義、假禮、假知之事，此其有知有志有形之大用者。船山對於生活世界中人道之操作是站在現實生活的實際情況中說明的，若從天道本體論說，則「仁義禮知根於心豈有不善」之一語帶過亦無不可，其專言之於小學功夫者，正是實事求是之討論，卻仍不悖於其性善的本體論觀點者。其言曰：

> 從善而視之，見性之無惡，則充實而不雜者顯矣。從無惡而視之，則將見性之無善而充實之體墮矣，故必志于仁而後無惡，誠惡也皆善也。〔註73〕

「或從善視或從惡視」皆為生活世界中的人存在之眞實抉擇之心志內事，然而從本體論的觀點中說來，從善而視之亦從善而眞實理解之時，性是通極於自繼其善之活動中的眞實原理，此中無惡，操作之際以善養之行之則無惡之可雜者，雜者雜於心志之中也，然心志之已定於善則惡者無從雜也，這是先立其大者之功夫路數。然而從無惡視之者則不然，從無惡視之是只以天道之仁而平視天地萬物之事者，這是道家的路數，也可以轉成天地不仁而已，天地不仁則安時處順，船山將以之為「則將見性之無善而充實之體墮矣」，不以有善視天地則天地將只是一個自然無意義的空白的存在，則天地之體無理，人道之光輝不顯，積健雄勁之努力不可著力，墮矣而已。（當然這是船山的使用約定）故船山標出志仁，志仁之志將不僅定出人道而已，更將由人道以彰天道，人道志仁，則天道有善，天道之存有的原理才能彰顯，彰顯其在人天之際的合兩而協一的通天人之誠之為眞實存有者。則志仁之後無惡，「誠惡皆善也」，天人之通極之道只是一誠，聖人之盡性至命則將對治所有之不以時位繼之之惡者，故而是以誠對惡而盡其性善之道之事也，而不得以天道無惡而墮其在人之聖功大用者。當然，志於仁者是志於存有之原理者，因仁是存有

〔註73〕參見《思問錄》，〈內篇〉，船山遺書全集，頁9676。

原理，故不得志於仁以外之事上，此不可疑者，船山言：

苟志于仁則無惡，苟志于不仁則無善，此言性者之疑也，乃志于仁者反諸己而從其源也，志于不仁者逐于物而從其流也，夫性之己而非物，源而非流也明矣，奚得謂性之無善哉。〔註74〕

性是己而非物，以性是物是以小爲體，性之己者是源，是存有的原理之通極於一氣之太和之道，不以此爲己者乃以流爲性也。故志仁者志之於己處而已，己處之中則仁義禮智根於心的繼善成性之事者而已，其爲源者其爲整體存在界之共同之源也，船山言志仁故日：「反諸己而從其源也」，反諸己而志於仁則天地一氣皆爲我之誠道中事而已，故而天地之理是有善無惡者，是在我之爲其志仁功夫之下的彰顯天道的結果言者。惡在存在中已無其根本存在地位，這是從形上學進路言者，若從功夫論中說，結果亦然，船山言：

苟志於仁矣，無惡也。物之感己之欲，各歸其所，則皆見其順而不踰矩，希惡之有，灼然見其無惡，則推之好勇好貨好色而皆可善，無有所謂惡也，疑惡之所自生以疑性者，從惡而測之爾。志於仁而無惡，安有惡之所從生而別爲一本哉。〔註75〕

「志於仁而無惡，安有惡之所從生而別爲一本哉。」之說都是在功夫論的脈絡下所說的本體者，若直從本體論中說當然無惡，然而形上學中的無惡畢竟只是理論上的建構，其眞實之落實必在功夫上成就，功夫上成就的有善無惡之結果有經驗上的眞實以爲明證，則惡將不僅在形上學的理論中無其根本的存在地位，惡在眞實生活中更將成爲經驗上的必無其有之事，故而無其一本矣，故而「誠惡皆善」，「好勇好貨好色而皆可善」，驗之於孟子說梁惠王之盡其所好與天下同樂之說即此。此亦陽明正其心於事事物物之致良知功夫的格式。故而志仁者，充盡其才以盡其善之事業而已，其言曰：

性者善之藏，才者善之用，用皆因體而得，而用不足以盡故窮，才有或窮而誠無不察，於才之窮不廢其誠，則性盡矣。多聞闕疑多見闕殆，有馬者借人乘之，皆不詘誠以就才也，充其類則知盡性者之不窮于誠也。〔註76〕

發揮在我之身之才用，以善用之，用其藏於性之善者，則盡性之功將有誠道

〔註74〕參見《思問錄》，〈內篇〉，船山遺書全集，頁9676。
〔註75〕參見《思問錄》，〈內篇〉，船山遺書全集，頁9676。
〔註76〕參見《思問錄》，〈內篇〉，船山遺書全集，頁9680。

之無窮的支持，以上船山言志仁功夫之義明矣。船山的氣化世界觀中之所有重要的形上學命題之眞正落實，則在其言人道廣大與志仁功夫之中而已，船山理論廣博且雜多，其氣論進路的形上學命題難以駕馭收攝，本章之作以彰顯若干重要側面爲事，所論之諸說暫止於此。另一重要側面的討論則應引船山論辯於中國哲學史及易學史上的各家學說之討論中才能進行，是爲下章之主題。

第四章　船山對中國哲學史上各家形上學之批判

前　言

本章將討論在易學與氣論的形上學進路中，船山如何批評中國哲學史上各家形上學的理論，包括易學史上的諸多易學理論體系、道家老莊學的觀念、道教神仙黃白之術、佛教理論等等對象，本章將歸整出船山之批評的理論脈絡，說明船山是基於怎樣的形上學立場而發表的批評觀點。

然而，對於船山的批評觀點，我們以爲，中國哲學史上的各家學說都應有其自成一格的理論體系，各家都有相應的理論建構之進路以成立其說，批評之發生乃因根本型態之不同，是以對於船山的批評，以之爲可以更確知船山之理論則可，若以爲由此即可決定他家理論之命運則不可，這是作者對船山學及中國哲學研究的基本態度。〔註 1〕然而限於作者之能力及本論文之主旨，我們無法盡全力以爲他家理論找出避免船山攻擊的成立條件，因爲在中國哲學史中被船山攻擊的的理論體系過多，我們不可能盡知諸說之底蘊，是

〔註 1〕基於這樣的態度，一個更積極的作法，應該是將所有被船山批評到的理論體系，嘗試從方法論上找出船山之批評中可能不相應的成立進路，以使他家理論可以避免船山的攻擊，甚而作出各家理論可以成立爲眞的形上學進路爲結果。當然這不是本論文寫作主旨中所要處理的，不過這是作者個人對當代中國哲學研究方法上的觀點，即認爲進路之別可以釐清型態之別，從型態之別可以避免互相攻訐，在不互相攻擊的同情理解之基礎上，更進而可以找出融通之道以爲當代中國哲學的發展之路。就作者而言，這將是個人未來的學術工作重點。

以本章之工作目標，將僅限於釐清船山之攻擊所依據的形上學理論，而不涉及不同理論體系間的比較性討論，故而在研究目標上，仍將重點置於船山理論之釐清，且將注重融通地運用船山形上學的整體性觀點，以更彰顯船山形上學思想的本貌。〔註2〕

本章之討論將分爲從易學進路之批評的討論，及從氣論進路之批評的討論，而不以被船山批評之對象爲討論之分項，這是因爲船山的批評是全體地以他的理論爲基礎在進行批評的，他所選則的批評論點是他家學說中有悖於船山理論的部份，因此同樣的批評觀點常常指涉到許多不同的對象中，爲討論進行之方便著想，文中將以氣論及易學兩大分項來進行，又因船山之觀點繁多，是以各部分又分兩節來進行。

在「從易學進路之形上學批判」中，我們將整理出在第二章中所論述的四項船山易學進路之形上學觀點來作爲討論的進程，這是因爲船山易學進路的形上學綱領性觀點已定於此，正是船山進行對他家理論之批評的立論基地，而討論的對象則著重於易學史上各種理論型態中爲船山所攻擊者。其次，在「從氣論進路之形上學批判」中，我們仍將運用第三章中所獲得的船山氣論進路之形上思想中的綱領性觀點以爲討論，而船山在氣論進路的形上學思想基礎上所攻擊者，則主要爲道佛兩家的形上學理論者。由於易學與氣論是本論文中藉以勾勒船山形上學思想的主軸進路，船山之形上學思想的建構與我們的研究都是以此二進路爲表達的主要脈絡，因此其整體的形上學思想仍是由易學與氣論共構的，而在易學及氣論中進行的所有理論討論都應該是匯通於一者，因此我們在進行本章的討論時，固然爲行文方便而有節次之分項，但是在正文中則將融通船山所有形上學觀點來討論其批評之立論基礎。

第一節　從易學進路之形上學批判一

本節將討論船山以其架構完成之易學理論體系，對中國易學史上各家易

〔註2〕「本貌」亦不可能盡全，船山學的本貌就在他的著作中了，後人的研究都應該只是一套套嘗試性的表述系統，表述系統的眞確與否是研究者的理解實力的問題，而研究者的理解實力或有公論或無公論實亦難斷，因此我們也只能說本論文在船山形上學思想的研究成果上，再次累積了一份文化資產，而對船山形上學的本貌又作了一次嘗試性的解說而已。而這個嘗試，當然只在於他的易學與氣論之中而已。

學理論的批評觀點，企圖釐清船山之批評的形上學理論根據。

船山易學思想中為其所視為異端之易學體系多矣，作者的態度是，各家易學之所以出現，定有其自身所欲發揚之形上學觀點以為基礎，船山易學思想亦然，因此諸多易學體系皆有其根本研究進路，因而成就其各自的易學體系，作為今日之中國哲學研究者，應側重研究各易學體系的根本進路及其所提出之獨特成果，如果陷入各家彼此批評的義理羅網中，則易學全貌難明，如果能掙脫各家之攻詰，分別以不同的創造體系視之，則能釐清中國易學史中之各家有所貢獻於中國哲學之創造的理論研究上的價值，而以此為態度，則或有機會以融通一部中國易學史，而融通應該不是合於一家之言的定於一之融通，而是還其各家的差異且給以各自適宜的理論定位者，這是我們對於當代易學哲學研究的基本態度。

我們以為一部易學史即是「以易說學」之「中國哲學史」，因而易學史是在理論上不斷創造的中國哲學史中的一個環節，而且是一個重要的大環節，而不是一部「以學說易」的「易學爭辯史」，以為只有一套唯一的易經哲學理論，卻任由各家以己之說來爭奪易學解釋權，如此一來，將使所謂易學研究永無定論且無所建樹。〔註3〕基於此一態度，我們對於中國易學史上幾個重要易學研究體系，將先先依據本論文第一章第三節的討論，定出其理論建構的根本進路，以與船山之批評觀點做一對照，說之如下：〔註4〕

1. 孟喜：藉卦的符號說氣候變化的氣候學。

〔註 3〕參見《周易之河・說解》，李申著，北京新華書局，1992 年 1 月第一版。全書中都在表達這樣的觀點。

〔註 4〕對於中國易學史上各家學說的根本性格而言，見之於所有易學史研究的著作中都可明見，然而若採取只有一套唯一的易經哲學的形上體系之觀點的話，則將對於不同性格的易學理論採取批判態度，因此易學史上的易學爭辯，以及當代易學研究上的易學形上學問題之爭辯，其問題的焦點是在易學之應為何者，而不是客觀地理解易學史上的各家到底說了什麼的問題，因此文中所列的各家之易學本身在處理什麼主題的觀點，並不是學界爭辯的焦點，（當然這也可以爭辯，例如魏伯陽是在講內丹術還是外丹術。）焦點是在於易學可不可以有多種面貌，（例如魏伯陽之說算不算易學。）作者個人的態度是，易學可以有多種面貌，而且中國哲學的當代研究成果尚有許多處女地並未開發，而就在承認易學的多種面貌下正可以開發中國哲學的更多理論深度，當然這不是本論文的討論重點，不過文中列出各家易學之根本進路的作法，應是合法的。關於易學史上各家學說到底在討論什麼問題者，請參考本論文後所列的參考書目，及本論文第一章第三節的討論。

2. 京房：在氣本位的宇宙論下建構占筮體例。
3. 易緯：討論災異占驗並建構氣化宇宙論的漢代易學。
4. 鄭玄：強調爻變的注經學。
5. 魏伯陽：藉卦的符號系統說道教的鍊丹術。
6. 王弼：道家玄理觀點下的義理解易學。
7. 陳摶：藉易學術語爲道教鍊丹作圖之易圖學。
8. 周敦頤：儒學本體論主導下的易學宇宙發生學。
9. 邵雍：在儒學易理本位下以數學結構建構的世界圖式並用於占測之術。
10. 張載：承繼莊子的氣論思想而建立以儒門義理爲宗的氣論進路之形上學。
11. 程頤：儒學易的義理注易學。
12. 朱熹：以易經爲占筮之書、以易理建構儒家形上學的北宋易學集成者。

當然，這決不是船山的觀點，船山從周易之作的根本目標及其理論建構都發表了一套該羅全備的易學觀點，因此對於與其不和的易學理論都施以強烈的攻擊，對於船山的攻擊，我們可以找出其論點在船山易學形上學中的立論基礎，這也正是本節的工作目標，至於這些批評的合理與否，因問題涉及太多，並非作者個人能力所及，只能略去不談。關於船山對各家易學的主要批評意見，我們將先以各家爲對象整理而列之於後，至於說明其立論觀點及研究此批評之形上學理論問題，我們將以第二章所言之節次爲進行的脈絡，當然這是爲了討論的方便而作的安排，但是如果本論文第二章所掌握的船山易學進路的形上學思想是一個恰當的掌握的話，那麼以之爲討論船山對他家之批判的綱次，應該是能收到綱舉目張的清晰表達之效果的。

以下整述船山對各家的批評：〔註5〕

一、孟　喜

船山反對孟喜的以易說曆法，船山認爲易作爲天道的原理，是容許藉易以衍曆，但不可以曆限易，在易理之領域中，可以藉由找到曆算的根據，但是孟氏之卦氣說則完全使易學成爲曆術，這是限定了易理，而不是發揚易理之道。

〔註5〕文中所整理的船山對他家批評的綜合性觀點，都是以《周易內、外傳》中所言者爲主，主要論點將在本章第一二節之所有討論之正文中再予說明，爲免重複列出參考引文，文中將只直接敘述，引文部份請參考後文。

二、京　房

船山反對京房的卦氣說，認爲「不可以私意邀物理之必然」，而京房在「八宮卦圖」中對於卦理以氣化出入的編排意見，又是限定了物理的定性，是不知易道神妙不可以私智計測者。

三、魏伯陽

船山反對他的月體納甲說，反對他將易學融爲道教煉丹術，反對道教中的先天之氣說。船山的易學天道觀和氣化宇宙論，是太極渾淪整體全在的氣化世界觀，決不容許有著所謂先天後天之氣的說法，一如其不同意卦象之先天圖及後天圖之說。

四、易　緯

船山反對易緯講災異符讖之迷信邪說，宇宙論上反對易緯以太易、太初、太始、太素等階段性由無至有的氣化成形觀點，以說宇宙發生發展者。

五、王　弼

船山反對他的得意忘言，得言忘象說。因爲易道盡見於八卦之體及六十四卦之用中，卦以象而現理，若忘其象，則理無著落，故王弼言不當矣。船山以易爲天道，天道中自有其理、其象、其數，而船山自己也成爲中國易學史上重要的象數學家之一，故不應如王弼之盡廢象占。然而船山也贊賞他掃除兩漢以來的象數易學，但因王弼盡廢象數一依義理，且多爲道家老學之道在解易，故亦反對之。

六、陳　摶

船山反對他的圖書易說，因爲陳摶派易學圖書觀，以尙書系統之五行學說以立圖，而船山在易圖方面只接受河圖，而不接受洛書，河圖是聖人則圖繪卦的原理，是易道之本，而洛書是洪範系統，是講人事發用的作爲，而不足以成爲神妙不測之易道之所取源，船山且認爲五行是世用之道，非天道運行之原理，談世用可以，談天道則不足，易是天道，五行之說是漢以後之陰陽家之比附，不應置入易學系統。陳摶派易學是宋以後興起的圖書派易學，且下起邵雍之學，船山因而駁之。

七、邵　雍

船山反對他整齊劃一的加一倍法之易數系統，認爲天地之道不測，不可以爲典要，絕不可以以人智推測其必然之軌跡，這是理論上的不可能，八卦及六十四卦所推演出來的必然而然的象數過程，仍只是藉三十六象之進退隱顯以啓發人事的智慧，而仍要靠君子自己體貼性與天道之理以爲行爲之準則，否則匹夫匹婦汲汲營營於命相占筮之吉凶，則成德之教便永無可行之日。另外，船山也反對邵子的先天圖說，認爲伏羲就是以河圖作八卦，且易在象中，即象即易，天下之理數盡全於此，斥責邵子言未有畫象之前的先天圖觀念是無理之說，因此認爲先天圖之說法，是取自魏伯陽言先天氣以修煉還丹之術的理路。

八、程　頤

船山贊賞小程子易程傳的義理解易之作法，是能作爲崇德廣業的人道應然之用者，但其缺乏占筮理論，且不能發揮氣變的哲理，故批評其缺乏神妙不測的解說智慧。

九、朱　子

船山對朱子以易爲卜筮之書，及其言伏羲、文王、周公、孔子之易各不相同之說，最爲痛恨，依船山，四聖一揆，且皆爲教人盡性知命之周易學，被朱熹完全否定，這是易的根本之道的否定，此船山最不能忍者。其次朱熹接受邵雍的先後天圖說，又爲船山所反對，而朱熹又發揮占筮之測計之術，是將易道墮落入火珠林之算命術中的作法，更是對易道的打擊，另又反對朱子以之卦論占筮結果的判斷，以其未守彖爻一致的原則。

船山的批評當然是依據他的易學理論體系，故而本節將以第二章中所整理的船山易學進路的形上學觀點作爲討論其批評的研究進程，當然船山對各家易學的批評觀點也是建構在他的氣論進路的形上學觀點中的，所以以下的討論也將在必要時使用船山氣論進路的形上學觀點，本節之討論以問題分，所有在易學理論中批評觀點即論之於此，我們的討論綱領依本論文第二章之節次則分爲如下四段：

第一、以「崇德廣業四聖同揆的周易著作觀」批評他家易學體系。

「崇德廣業、四聖同揆的周易著作觀。」是船山易學的首要命題，整個周易哲學體系在四聖同揆的心意下完成，這個共同的心意整個是爲了「崇德廣業」的目的，在這個目的下的周易哲學是揭露天地萬物之情狀的周易天道論哲理系統，於是作易者的心靈成爲周易哲學的本體論原理，所有關於天道、象數的解釋體系，都將要體現這個崇德廣業的本體論原理，易學史上的解易說易之作，如果不能扣合崇德廣業的目的而論者，則是邪說。然而，崇德廣業之易道本體能從作易者心靈轉爲周易哲學的本體論原理，是經過象數、天道理論的建構過程的，即在於本論文中第二章第二、三、四等三節所論之周易哲學諸命題者，更是在於第三章所論之氣論進路之諸形上學命題者，船山爲周易哲學所建立的所有天道論、象數論、理氣關係等形上學原理，都是在體現整體存在界之合於崇德廣業之目的性原理而作者，於是此一作易者心靈的命題，亦即四聖同揆之周易著作觀，便成爲船山整個由易學與氣論進路所建構的形上學哲學體系的最高指導原理，這個指導原理的理論意義便是：在天道論上的繼善成性原理，與在人道論上的有善無惡原理，及落實在君子用易之道上的崇德廣業原理者。總言之，整體存在界必須有一個德性目的的善性本體。

在這個原則上，船山便展開對易學史上諸易學體系中不能體現崇德廣業目的的易學理論進行攻擊，其批判的要點主要在占筮之道上，首先，船山仍然是肯定占筮活動是易學理論的原型，「易之爲占筮而作此不待言」，〔註6〕然而占筮之道在目的上是問義不問利，乃爲王道之得失而不爲個人之吉凶，這是崇德廣業的目的性原理在規範的，即其言：「是知占者即微言大義之所存，

〔註 6〕見於以下引文：「易之爲筮而作此不待言。王弼以後言易者盡廢其占，而朱子非之，允矣。雖然抑問筮以何爲，而所筮者何人何事邪。至哉張子之言曰：「易爲君子謀不爲小人謀。」，然非張子之創說也。禮，筮人之問筮者曰，義與？志與？義則筮，志則否。文王、周公之彝訓，垂於筮氏之官守且然，而況君子之有爲有行而就天化以盡人道哉。自愚者言之，得失易知也，吉凶難知也；自知道者言之，吉凶易知也，得失難知也。所以然者何也？吉凶兩端而已，吉則順受，凶無可違焉，樂天知命而不憂，前知之而可不憂，即不前知之而固無所容其憂。凶之大者極於死，亦孰不知生之必有死而惡用知其早莫哉。惟夫得失者統此一仁義爲立人之道，而差之亳釐者謬以千里。雖聖人且有疑焉，一介之從違生天下之險阻，其初幾也隱，其後應也不測，誠之必幾，神之不可度也。故曰明於憂患與故；又曰憂悔吝者存乎介。一剛、一柔、一進、一退、一屈、一伸，陰陽之動幾，不疾而速不行而至者，造化之權衡。操之於微芒，而吉凶分塗之後，人尚莫測其所自致。故聖人作易，以鬼謀助人謀之不逮。百姓可用，而君子不敢不度外內以知懼，此則筮者筮吉凶於得失之幾也。固非如火珠林者，盜賊可就以問利害；而世所傳邵子牡丹之榮悴、瓷枕之全毀，亦何用知之，以瀆神化哉。是知占者即微言大義之所存，崇德廣業之所愼，不可云徒以占吉凶，而非學者之先務也。」（〈周易內傳發例〉，《船山遺書全集》，頁 651）

崇德廣業之所愼，不可云徒以占吉凶，而非學者之先務也。」。〔註 7〕其次，在操作上是以鬼謀助人謀之不逮，是人鬼共謀之事，這是理數必然與作用神妙的象數、天道觀在規範的。所以易學史上所有企圖建立準確必然的象數占筮體系，以使問者可以爲個人利害而問占之易學著作便是邪說，他們在操作上不是以人智計數，就是只爲問告於鬼神之占法，都不是掌握天道象數之正確的用易之道，所以船山在易學批判的觀念中有兩個層次在共同進行著，一爲直接從天道論象數論的角度斥其不當者，一爲從目的性的崇德廣業觀念來批判的，而後者的批判可以在前者中找到相應的天道、象數觀的理論配合，而前者的批判也可以在後者中找到有目的性的本體論原理配合。這是因爲船山已經建立了以崇德廣業爲目的性原理的本體論觀點，以及由周易象數以說天道的天道論觀點，及以氣說整體存在界的形上學諸原理性觀點，他的整個形上學理論已經成爲一套完備的體系，所以從四聖同揆的作易者心靈而來的周易著作原理，也成了強有力的易學批判原理，船山基於此一原理的斥責之論極多，例如其批判邵雍易學時即言：

> 至宋之中葉，忽於杳不知歲年之後，無所授受而有所謂先天之學者。或曰邵堯夫得之江休復之家，休復好奇之文士，歐陽永叔嘗稱其人要亦小智而有所窺者爾。或曰陳摶以授穆脩，脩以授李之才，之才以授堯夫，則爲摶取魏伯陽參同契之説附會其還丹之術也無疑。所云先天者，鍾離權呂品之説也。嗚呼，使摶與堯夫有見於道，則何弗自立一説，即不盡合於天，猶可如揚雄之所爲，奚必假伏羲之名，于文字不傳之邃古哉。其經營砌列爲方圓圖者，明與孔子不可爲典要之語相背。而推其意之所主，將以何爲？如方圓圖方位次序之飣餖鋪排者，可以崇德邪？可以廣業邪？可以爲師保父母使人懼邪？可以通志成務、不疾而速、不行而至邪？不過曰，天地萬物生殺興廢，有一定之象數，莫能逾于大方至圓之體。充其説，則君可以不仁，臣可以不忠，子可以不盡養，父可以不盡教，端坐以俟禍福之至。嗚呼，跖也夷也，堯也桀也，皆不能損益於大方至圓之中者也。即使其然，而又何事嘵嘵前知，以炫明覺乎？故立一有方有體之象以言易，邪説之所由興，暴行之所由肆，人極之所由毀也。魏伯陽以之言丹術，李通玄以之言華嚴，又下而素女之淫妖亦爭託焉，故

〔註 7〕同前註。

學易者不闢先天之妄，吾所不知也。〔註 8〕

本文重點批判對象爲邵雍之學，另則旁及陳摶、穆修、李之才、魏伯陽、李通玄、素女經等邀易說學的易學理論。邵雍之學其實是船山易學批判觀點中最常攻擊的對象，這是因爲邵雍之學旁及圖說、先後天氣說、計測之術等重要易學天道、象數觀及理氣關係等形上學原理者，圖說是船山的易學理論之重點，船山以河圖說易學象數，邵雍以先天圖後天圖說易學象數，船山以太極渾淪、一氣周流、陽息陰消、鬼神常在等說氣，而船山以爲邵雍之先後天圖說乃原於道教練神還丹術中的先後天氣說，〔註 9〕船山認爲卦象固有理數必然的周易象數中有陰陽不測的天道作用在，而邵雍卻發展了精準的計測之術，於是整個的邵雍易學都正與船山之論相違對立，所以邵雍易成了船山易學理論攻擊的重點對象。

本段以崇德廣業說爲主，餘論待後文詳，此處所引該文之討論重點則在於其言：「可以崇德邪？可以廣業邪？可以爲師保父母使人懼邪？可以通志成務、不疾而速、不行而至邪？」一段中，船山之意即爲，若依於邵雍所列之諸方圖圓圖之企圖，則天道人事之一切變化已盡在其中，學邵雍易者只要知其計測之術，則可以永保安平泰，則可無事於崇德廣業之君子之道，更有甚者，假若天道人事一切已定，則「充其說，則君可以不仁，臣可以不忠，子可以不盡養，父可以不盡教，端坐以俟禍福之至。」矣，則邵雍之計測亦可不必學了。故而邵雍之學是：「邪說之所由興，暴行之所由肆，人極之所由毀也。」。

邵雍之學無益於崇德廣業之易道本體論原理，從天道象數觀說，則是有悖於「陰陽不測作用神妙的周易天道觀」，而船山所重之「卦象固有理數必然之周易象數觀」原理，是易道變通流行的本然情狀，是在卦象的必然架構中，有其天道的作用，但是，若從人道之掌握言，則需區分天道作用的整體原理性掌握與個別具體作用層次的把捉，具體的情況是透過占筮之道人謀鬼謀共作之後而知的。需要人鬼共謀，是因爲天道作用陰陽不測。人鬼共謀於易道占筮活動之後可以知得失之幾，是因爲卦象固有理數必然，但理數必然是天

〔註 8〕參見〈周易內傳發例〉，《船山遺書全集》，頁 649。

〔註 9〕除正文外，另參見下文：「考邵子之說，創於導引之黃冠，傳於雕蟲之文士，固宜其爚亂陰陽拘牽賅象之瑣瑣也，而以爲伏羲之始制，曠萬年而何以忽出此，又不待智者而知其不然矣。」(《周易外傳》，〈繫辭上傳〉《船山遺書全集》，頁 975)

道的整體性周流變化層次上說的，是聖人的揭露天道原理而構作的認識體系，它是天地情狀運作的架構性原理，它以象以辭說出原理性的變化情狀，但不及於個別的具體情況，因爲人智有時而窮，故而個別具體情況的把捉要透過象占，在占筮的活動中，所占之結果在於天道必然理數的卦象架構中，此即神妙之天告者。然而作爲整體存在界的情狀變化原理的周易之學，它又通極於性命原理，故觀象玩辭盡於性命之中也可以知得失之幾，而可無事於占，然而「一介之從違生天下之險阻」，故君子不可不愼，而以占問。是故問占之活動是依據整體存在界的變化原理，即易學象數原理而成立的。而以崇德廣業爲目的的占筮活動，即在小人以問利害之活動中便不得其貞。船山另文言：

> 邵子之圖如織如繪如飣如砌，以意計揣度，域大化於規圓矩方之中，嘗試博覽於天地之閒，何者而相肖也。且君子之有作也，以顯天道即以昭人道，使崇德而廣業焉。如邵子之圖，一切皆自然排比，乘除增減不可推移，則亦何用勤勤於德業爲邪？疏節闊目，一覽而盡天地之設施，聖人之所不敢言，而言之如數家珍，此術數家舉萬事萬理而歸之前定，使人無懼而聽其自始自終之術也。將無爲偷安而不知命者之勸邪！於象無其象，於爻無其序，於大象無其理，文王周公孔子之所不道，非聖之書也。而挾古聖以抑三聖，曰伏羲氏之易，美其名以臨之曰先天，伏羲何授，邵子何受，不能以告人也。先天者，黃冠祖氣之說也。故其圖乾順坤逆而相遇於姤復，一不越於龍虎交媾之術，而邵子之藏見矣。程子忽之，而不學韙矣哉。朱子錄之於周易之前，竊所不解。學易者學聖人之言而不給，奚暇至於黃冠日者之說，爲占易者以占得失也！非以知其吉而驕，知其凶而怠者也！又奚以前知一定之數？爲篇中詳辨之。〔註10〕

此即其對邵雍易之所有批評重點者，如果一切天道人事可以如邵雍易學之企圖中準確地予以掌握的話，則君子已不必再從事於崇德廣業之事業矣，而這種準確的計測之術是術數家的小道之學，學此者不必再觀象玩辭以學爲重而只要知道占測技術即可，而如果一切都可測知則一切都已是定數，則又何必再學占筮之測技呢？端坐以俟禍福即可。船山又認爲邵雍之先天圖說根本就是道士先天氣說的翻版，而先天氣說則是又悖於「乾坤並建」的氣論思想之

〔註10〕參見，〈周易內傳發例〉，《船山遺書全集》，頁669。

另一邪說。總體而言，邵雍易學以準確之計測之數以論易道，則不能彰顯周易之學乃為君子崇德廣業之目的而作的用心，而邵雍之學之所以走入歧途乃因其多發揮在象數計測之算學上，而專事於象數之學的毛病正也是漢儒易學的缺失，其文言：

> 秦焚書而易以卜筮之書不罹其災，故六經惟易有全書，後學之幸也，然而易之亂也自此始，孔子之前，文周有作，而夏商連山歸藏二家雜占之說，猶相淆雜，如春秋傳之繫辭，多因事附會，而不足以垂大義，而使人懼以終始，孔子贊而定之，以明吉凶之一因於得失，事物之一本於性命，則就揲策占象之中，而冒天下之道，乃秦既夷之於卜筮之家，儒者不敢講習，技術之士又各以其意擬義而詭於情僞之利害，漢人所傳者非純乎聖人之教，而秦以來雜占之說紛紜而相亂，故襄楷、郎顗、京房、鄭玄虞翻之流，一以象旁搜曲引而不要諸理。〔註 11〕

本文重點在於批判漢代易學之流於象數，「一以象，旁搜曲引，而不要諸理。」，而以象數為主而盡情發揮的漢代易學是源流於「夏商，連山、歸藏二家雜占之說。」，易道之象數是天道的描繪，由河圖而來的八卦六十四卦之象數系統中天道已定，其餘之發揮是誤以人術以推天道，周易之象數原理是卦象固有於「易有太極」之中，漢易是妄以人智測數而旁搜曲引，而不要諸理之作，此理是規範天道作用的陰陽不測及理數必然之理者，若依易道之理，則是「明吉凶之一因於得失，事物之一本於性命，則就揲策占象之中，而冒天下之道。」者，故而「漢人所傳者非純乎聖人之教」，是聖人之教者，以天下安危之得失而論吉凶，以聖人盡性知命之目的而學易理以觀象玩辭，以周易占筮之道盡天地之情僞，而周易占筮之道即著於繫辭傳中，漢易之象數理論是歪曲之事者。船山這樣的型態的批評觀點極多，主要都是以悖於崇德廣業之目的的批評之辭，其文言：

> 自朱子慮學者之鶩遠而忘邇、測微而遺顯，其教門人也以易為占筮之書，而不使之學，亦矯枉之過，幾令伏羲、文王、周公、孔子繼天立極扶正人心之大法，下同京房、管輅、郭璞、賈耽、壬遁奇禽之小技。而張子言無非易，立天立地立人，反經研幾精義存神，以

〔註 11〕參見，〈周易內傳發例〉，《船山遺書全集》，頁 650。

綱維三才貞生而安死，則往聖之傳非張子其孰與歸。〔註12〕

船山認爲：四聖同揆是「繼天立極，扶正人心之大法。」，而朱子卻以周易之僅爲占筮之書，是同四聖於小技之士，故斥之。此說中船山對於朱子正視周易本是占筮之作的觀點進行批判，朱熹以周易本爲占筮而作，故而周易中有純爲占筮之象數觀，但是周易中也有聖人言天道之理論，朱熹強調要彼此分開理解，朱熹本人也藉著易傳中之諸多形上學命題而建構他的理氣論哲學，其與船山之不同即在於船山於占論學，朱熹占學分論，占學分論之結果，占筮之術中的小道計測之術便有其理論上的地位，而其學的部份則全部匯入朱熹理氣論的形上學原理中，而占筮之道的陰陽不測等義便與易學天道論無關。而在船山的占學並論中，占者以學爲重，占問得失，以學養濟占筮結果之解讀，而於占筮操作中之意義理解上，是有以鬼謀助於人謀之不逮的天地共謀之意義在，占筮原理即在易學天道論中，此爲船山與朱熹對於占學之合論或分論之差異者，分論之結果，船山便以朱熹爲引易學占筮之道於邪途者，因而同於一切私測象數之小技之術之禍害者，其言：

> 焦贛私測象數，有吉凶而無得失。火珠林則爲貪夫淫女訟魁盜帥之用。文王周公之辭是通吉凶得失於一貫，窮理盡性之道者。夫子爲免後學失於占象，故爲之傳，發明即占即學之道。周易乾坤並建，統六子，爲六十四卦之父母，此自然必有之功效。〔註13〕
>
> 若後世易林、火珠林、先天觀梅之術，言賾言動而不察物宜，不循典

〔註12〕參見《張子正蒙注》，〈序論〉，船山遺書全集，頁9275另參見下文：「唐宋之言易者，雖與弼異，而所尚略同，蘇氏軾出入於佛老敝與弼均而間引之以言治理則有合焉。程子之傳純乎理事，故易大用之所以行，然有通志成務之理而無不疾而速不行而至之神。張子略言之，象言不忘而神化不遺，其體潔靜精微之妙以益廣。周子通書之蘊允矣至矣，惜乎其言約，而未嘗貫全易於一揆也。朱子學宗程氏，獨於易焉盡廢王弼以來引申之理而專言象占，謂孔子之言天言人言性言德言研幾言精義言崇德廣業者，皆非文之本旨，僅以爲卜筮之用，而謂非學者之所宜講習，其激而爲論，乃至擬之於火珠林卦影之陋術，則又與漢人之說同，而與孔子繫傳窮理盡性之言顯相牴牾而不恤。由王弼以至程子矯枉而過正者也，朱子則矯正而不嫌於枉矣，若夫易之爲道，即象以見理，即理之得失以定占之吉凶，即占以示學，切民用合天性統四聖人於一貫，會以言以動以占以制器於一原，則不揣愚昧竊所有事者也。」（〈周易內傳發例〉，《船山遺書全集》，頁651）

〔註13〕參見《周易內傳》，〈繫辭上傳〉注解，《船山遺書全集》，頁496。

禮，故屠犯盜賊皆可就問利害，是訓天下以亂，而可惡甚矣。〔註14〕

即占即學是易道占筮之學的正解，占不可廢。船山並不廢占，而是於占筮之道中牽合於周易天道之理，即以陰陽不測作用神妙之周易天道觀，為占筮作用所以成立之前提，及如何操作之原理，而其根本目的即只崇德廣業而已，故而占學並重，否則僅以占論易，更有甚者發揮諸多簡易神妙的占筮之術者，則是為亂天下之道，然而此一占學之道已是通極於天地陰陽理數變化的原理，以及君子繼善成性之以人道開天道的活動原理者，如其言曰：

文王乃作周易，一本諸天人之至理，止其誣冗，惟君子謀道乃得占以稽疑理定於一，而義言矣，以此立教，後世之竊易者，或濫於符命，如乾鑿度，或淫於導引，如參同契，或假以飾浮屠之邪妄，如李通玄之注華嚴，又其下則地術星命之小人，皆爭託焉，惡知易之為用，但如斯而已乎。通天下之志以陰陽之情，定天下之業以健順之德，斷天下之疑以得失之理，非是三者，易之所不謀也。〔註15〕

本文中批評了易緯乾鑿度、魏伯陽參同契、李通玄華嚴注、風水命相之諸說，都是在理論建構的目的上批判的，而這個建構理論的目的，又在船山易學與氣論並重的形上學理論體系中，早已綰合為一周易形上學之整體性命題，是故悖於此一崇德廣業之目的的理論建構，便也同時悖於整體存在界的形上學原理，而這個形上學原理的掌握是早在周易之著作心靈中便已揭示，它不僅提供一套占學並重的易學理論，周易之作更是提供君子學易知道的生活準則，在日常言行中便可反溯其心性之中，由盡性之路以知天人之理，因為易道的原理是一個德性本體的大化流行的天道原理，天道的本體作用只在一陰一陽之繼善成性的過程上，人是以成性於天地之間而有的存在，在人存有者這個理氣結構中本就以天道性命之彰顯者為存有的原理，是以仁義禮智必顯於心，只在其志仁與否而已，故而學易之事可占可不占，占則以學為重，不占則盡性命之理而已，整個周易哲學是崇德廣業之學，非只是因占以問吉凶之小道而已，如其言曰：

「極天人之理，盡性命之蘊，而著之於庸言庸行之閒，無所不用其極，聖人之學易也如此，豈但知盈虛消息之數，而效老莊之以退為進之道哉，聖人作易俾學聖者，引伸盡致，以為修己治人之龜鑑，

〔註14〕參見《周易內傳》，〈繫辭上傳〉注解，《船山遺書全集》，頁529。

〔註15〕參見《周易內傳》，〈繫辭上傳〉注解，《船山遺書全集》，頁551。

非徒爲筮者示吉凶亦可見矣。〔註16〕

船山認爲，如果把周易占筮的結果拿來當作啓示進退吉凶的工具，是效學老莊之以退爲進之純粹陰謀厚黑之學，是易學的濫用。老莊是否如此此暫不論，徒以吉凶玩易是船山所斥者，則顯示船山合占於學，以占學玩易之君子之道說天人之際及盡性之理，以君子之道合於天道說易道本體之情狀。此情狀由目的言，是崇德廣業；由作用言，是陰陽不測作用神妙、繼善成性有善無惡；由象數言，是卦象固有於「太極有於易」之從河圖以至八卦六十四卦的「理數必然」之象數體系者。

以上是從周易目的性的形上學原理說明船山對易學史上各家批評之論點，以下從「卦象固有理數必然的周易象數觀」說。

第二、以「卦象固有理數必然的周易象數觀」批評他家易學理論體系

就作爲易學家的身分而言，船山除了自己不作圖之外，他堪稱理象數三學皆有所發揮的易學家，理部份暫不論，就象數學而言，周易卦象系統的成立原理，船山論之甚詳，已見於本論文第二章第二節之所述，而就占筮之演算原理而言，船山所接受的演算系統即繫辭傳中所言者，此處與他家之別不大，差異較大的是在六爻占出之後的解讀原理上，船山的態度堅決而明確，就是要在全卦卦象辭及整卦之爻變中找出整體性解占之理，而且是在君子問義之心態下的占學並重之占筮原理，這便是船山的象數觀之重點。占學並重之原理則已論之於前段，而關於占筮之演算部份，船山之說與他家無異，故不多論。本段所論者，即是船山在象數理論成立原理的觀點下，對易學史上各家學說的批判理論，故而本段專論六十四卦的象數原理部份。

船山對卦象是極爲看重的，因爲卦象是易道彌綸天地之道而卦象固有理數必然之結果，象是表述易學天道觀的整體性結構之原理，象是全體性掌握天道的一個側面，象是一套表述系統，它對天道的掌握是全面的，一如辭與數皆然，因此言易不可不用象，王弼排斥漢易純以象數用易之道是正確的，但是他盡斥象數則是錯誤的。船山言：

王弼氏知其陋也，盡棄其說一以道爲斷，蓋庶幾於三聖之意，而弼學本老莊虛無之旨，既詭於道，且其言曰得意忘言得言忘象，則不知象中之言，言中之意，爲天人之蘊所昭示於天下者，而何可忘邪？

〔註16〕參見《周易內傳》，〈繫辭下傳〉注解，《船山遺書全集》，頁594。

然自是以後易乃免於鬻技者猥陋之誣，而爲學者身心事理之典要。〔註17〕

「象」是掌握易學進路的天道原理的一個必經之認識系統，因爲易學理論中本就以象言道，而周易六十四卦卦象的表述系統，正是易學天道觀中理數必然的完整表達，而王弼卻說「得意忘言，得言忘象。」，顯然忽略了周易卦象的固有於易之原理，卦象是聖人因河圖、繪卦象以說易學原理的必然表述系統，故卦象之地位不可抹殺，雖然漢易走入純以人智私測之術以發揮象數之歧途是錯誤的，但象數之本義已爲船山解開，不可盡斥，故而王弼有功於斥退漢易象數學，但卻失於斥退一切言象數之事者。這是王弼的錯誤，是屬於對於整個象數系統在易學理論地位認識的錯誤，屬於此一層次的錯誤認識者，另有邵雍認識不清的批評，船山言：

畫前有易無非易也，無非易而舍畫以求之于畫前，不已愚乎。畫前有易故畫生焉，畫者畫其畫前之易也。〔註18〕

邵雍繪先天易圖，以爲是現有周易卦象理數之前之先天原理者，然而船山對於現有周易象數的看法，是以之爲已盡全天道卦象固有的畫象體系，周易卦象已是天道的全體表徵，故而畫象即易道，太極是有於易，故曰易有太極，整體的易道，已盡繪之於周易卦象之中了，故而邵雍欲另有先天易圖之舉不可解。如果我們接受「以易說學」的易學史觀，則船山與邵雍之差別，是船山即在周易原有卦象中以說其學，而邵雍則另爲卦象之作以說其學，故而船山以已說之原理斥責邵雍之繪其畫前之易的作法是愚而已矣。當然，邵雍易學自有其成立及言說之進路，此不多論，從船山之批評中，我們要認識到船山對於原有周易卦象系統的維護，是基於他自己深厚的象數理論基礎的。

船山如此地謹守周易卦象系統，是有他的周易象數觀爲理論基礎的，船山所說明的理數必然之周易象數是由河圖之說而來的，河圖是周易卦象的則圖原理，然而易學史中又有五行之說暢行，五行源自《尚書‧洪範》，兩者在周易象數學中地位不同，船山以河圖是神聖之物，故而由河圖以衍出的八卦之卦理也是天地間之必然原理，故而可以象徵八種天地自然之事物。河圖是易學系統，是卦象發生過程中所依據的卦理原理之象數的來源，而洛書是尚書洪範九疇的系統，由此衍出的五行理論與八卦卦理不合，必須排斥在易學理論之外。

〔註17〕參見，〈周易內傳發例〉，《船山遺書全集》，頁650。
〔註18〕參見《思問錄》，〈內篇〉，船山遺書全集，頁9658。

船山對易學中之理象數圖有著一套統一的看法，他在圖方面只接受河圖，對濂溪的太極圖有發前人所未發的新解，所以也不能說對太極圖有完全的繼承，除此之外，在易學史上的所有的易圖都被他排斥。他自己也不畫圖，所僅有的，是易卦之卦象，卦象是奇偶之畫的組合，宋易以來的各種圓圖方圖，船山都不採用，也不製作。船山認爲河圖是八卦之源，並且可以在〈繫辭傳〉中找到證明，就是〈繫辭上傳〉第九章天地之數一章，此章所言者即河圖之數所在處，由河圖之數的結合，而形成八卦，河圖之數固有一至十的量的不同，但其實只是奇偶之別而已，奇偶即陰陽的確解。八卦之象是天地必然之象，是易象之基本，而易之圖、數、象三學則依此而架構完成。

船山對於將洛書作爲八卦源起理論的後學作法嚴厲斥責，他尤其不能接受將五行的學說搭配在八卦理論中，而這正是宋代圖書易學傳統中的重要發明。而這套說法的出現，正是船山所認爲江湖術士濫用易理的濫觴。是故船山一方面極力證明八卦易理出於河圖之說，一方面極力宣揚洛書與易理之扞格處。船山早年作《周易外傳》時還很持平地述說洛書與河圖的差異，基本意義在於洛書以疇說人事、河圖以象說天道，疇知往，易知來，兩者各爲中國文化之本源而各有其理論地位。然而，晚年待其易學理論體系更充實之後，則對以洛書說易卦者，便只有大力攻擊了。這當然和船山反對宋易圖書易學傳統的態度有關，宋易易圖的重點之一就是以五行說八卦，因而成爲五行、干支說命論算的民間命術之理論基礎。而這正是船山不欲易學走入之處。船山另又舉證筮法出於大衍之數，而大衍之數出於天地之數，而河圖即由天地之數組成，因此揲蓍之法即出於河圖，筮法既出於河圖，則筮法的所筮對象——卦，豈能非出於河圖？此三者的關係是，由河圖得卦象，有卦象才能占筮，知占筮出於河圖，則卦象豈獨外。故以五行言易學是「其以五行割裂而配八卦也。」，〔註19〕船山對於五行說之攻擊見於多處，其於〈內傳發例〉中言：

> ……乃說河圖者，但以配五行而不以配八卦，不知曠數千年而無有思及此者何也？……其以五行配河圖者，蓋即劉牧易洛書爲河圖之說所自出。易中並無五行之象與辭，五行特洪範九疇中之一疇，且不足以盡洛書，而況於河圖，篇中廣論之。其云天一生水地六成之云云，尤不知其何見而云。然先儒但沿陳說，無有能暢言其多少生

〔註19〕參見，〈周易內傳發例〉，《船山遺書全集》，頁681。

> 成之實者，不知何一人言之，而數千年遂不敢違邪？易則文王周公孔子也，洪範則禹箕子也，四聖一仁，曾不如何一人之分析五行多寡之數，弗究其所以然，橫空立論，而遂不敢違邪？本義於大衍章推大衍之數出自河圖，大衍筮法之本也，筮所以求卦，卦立而後筮生，筮且本於河圖五十有五之數，而況於卦。筮則圖，而卦之必先則於圖也愈明。……若但於筮言圖，而圖則別象五行，無與於卦，是得末而忘其本矣，……〔註20〕

另於《周易外傳》中言：

> 天一至地十，……此言八卦之畫肇於河圖，而下言蓍策之法出於大衍，……然則河圖者八卦之所自出，燦然眉列，易有明文，圖有顯象。乃自漢以後，皆以五位五十有五，爲五十生成之序者，舍八卦而別言五行，既與易相叛離。……且五行之目，始見於洪範，洪範者大法也，人事也，非天道也，故謂之疇，行用也，謂民生所必用之資，水火木金土，缺一而民用不行也，故尚書或又加以穀而爲六府。……五行非天之行於河圖悉取焉，其一六生水云云，乃戰國技術之士私智穿鑿之所爲，而以加諸成變化行鬼神之大用，其爲邪說決矣。河圖著其象、聖人紀其數，八卦因其合，六十四卦窮其變。……〔註21〕

船山在〈繫辭傳〉天一地二一段中，言八卦出於河圖而有四方之配，至於五行之說乃洪範篇中之事，是言人事，故尚書中仍可再加穀之一疇，而爲六府，言其爲人事必須之事，但非天道中事，故以五行合於八卦系統，是錯誤的，至於一二之數只有奇偶之義，天地者亦奇偶，陰陽者亦基本上只是奇偶，天之成化是無心的，故陰陽無本質之異，其或陰或陽是神妙不測者，只是變用之際必以五位相得而有合的作用原理以運行其道，故而聖人以八卦象之，而於陰陽變合之際，更有十二位陰陽、上下周流、乾坤並建、錯綜爲象之諸原理在，故有六十四卦象發用之事。此即「河圖著其象，聖人紀其數，八卦因其合，六十四卦窮其變。」之道者。船山說明八卦出於河圖之根據，依其自己所言，是在〈繫辭上傳〉言天一地二之一章中，船山以繫辭之文以證其自己的易學理論之重要觀念，然繫辭是否爲孔子所作，是有爭議的，一般而論，

〔註20〕參見，〈周易內傳發例〉，《船山遺書全集》，頁654～656。

〔註21〕參見《周易內傳》，〈繫辭上傳〉注解，《船山遺書全集》，頁535～9。

皆以繫辭等十傳爲孔門弟子的集體創作，因而包含了春秋以後至戰國時期的各家思想的成份，此章言天地之數之言，即其中較有可能受到他家之觀念影響者。〔註 22〕此暫不論，因船山自己已明確表示，他所認爲的易傳作者，除了〈序卦傳〉以外，是孔子本人。然而他以序卦傳非夫子作之理由，卻也是以其理論體例不合於船山自己所設定者，這種以理論體系之合不合爲著作作者判定的原則之方式，是理論工作者的必然採取之方式，船山既以河圖說象數，整個的易學象數觀念體系已定之於此，自無五行說發揮之餘地，故應斥絀。

船山的象數觀從陰陽論起，船山的「陰陽」概念，在其易學知識系統中，最基本的身份是奇偶之符號，故而是數的概念，這是因爲船山以河圖爲八卦之來源，而河圖乃以數成圖，其由一至十之數字排列成爲河圖，數與數間因排列位置的關係，船山則從中找出由三爻畫形成之八卦，實即由三個數字形成八個八卦的各三爻，每一爻由數表之，數再轉換爲奇偶，奇偶再轉換爲陰陽，三個數的組合轉變其意義成爲陰陽爻組成的三爻卦，組合的方式爲五位相得而有和之原理，然又因其理象數三學互涵之原理，因兼三才而兩之之原理，而有三爻畫之重爲六爻畫之六十四卦之發生，而又因卦象關係之諸原理，則有乾坤並建錯綜爲象之大化流行論，而合易學與氣論之說爲一統一的形上學象數體系，五行之說不僅無與於象數，更應被轉化，而船山對五行說之種種攻擊，仍是謹守周易卦象出於河圖之說，非五行所能盡之，兩者系統不同，不能合論而已。然而船山認爲說五行者，另有一企圖，及以五行所依之洛書與河圖兩者分述先後天圖，以河圖爲先天圖以洛書爲後天圖，以先後天圖再說先後天氣而開道士煉丹說之易學基礎者，其言曰：

> 河圖明列八卦之象而無當于洪範，洛書順布九疇之敘而無肖于易，劉牧託陳摶之說而倒易之，其妄明甚，牧以書爲圖者，其意以謂河圖先天之理，洛書後天之事，而玄家所云東三南二還成五，北一西方四共之，正用洛書之象而以後天爲嫌，因易之爲河圖以自旌其先天爾，狂愚不可瘳哉。〔註 23〕

至於先後天學之事，不論從圖說之易學象數觀的形上學原理而言，或從氣說

〔註 22〕參見《周易研究論文集》，〈論十翼非孔子作〉，錢穆著；〈易傳探源〉，李鏡池著等文。北京師範大學出版社，1987 年 9 月第一版。

〔註 23〕參見《思問錄》，〈外篇〉，船山遺書全集，頁 9692。

之先後天氣的修煉理論而言，都是船山所斥絀之對象，故而依於洛書的五行說在船山哲學體系中毫無地位可言，五行說既不能站在易學象數之內，而五行又涉及氣論思想的原理，所以船山必須轉化五行理論的關係原理，使其合於氣論思想中的諸原理者，這主要便是針對五行生剋說的批判，船山言：

> 五行無相剋之理，言剋者，術家之膚見也。五行之神不相悖害，充塞乎天地之間，人心其尤著者也，故太虛無虛，人心無無。〔註24〕

船山以爲相剋之說將使氣變爲無，而這正是船山氣論中最爲反對的觀點，五行可以作爲氣運行中的五種作用型態，視同於陰陽兩型的作用原理之另一套表述系統，而天地之間一氣周流，其中只有繼善成性之事，只有有善無惡之原理，而由人心之自顯其健順有常之仁義禮智之性中即可證之，故而五行之氣作爲一氣周流的氣化世界之作用原理者，必無相害之理，這是船山以相害以爲惡說來解釋相剋說而進行的批判性攻擊者。其另文言：

> 五行生克之說，但言其氣之變通，性之互成耳，非生者果如父母，克者果如仇敵也。克能也制也，效能于彼制而成之，術家以克者爲官，所克者爲妻，尚不失此旨，醫家泥于其說，遂將謂脾彊則妨腎、腎彊則妨心、心彊則妨肝、肝彊則妨脾，豈人之府藏日構怨于胸中，得勢以驕而即相淩奪乎！懸坐以必爭之勢而瀉彼以補此，其不爲元氣之賊也幾何哉？〔註25〕

船山只接受以五行說來說明氣變之抽象原理者，至於用於中醫醫學中的五行配五官且有生剋關係之事，則大加韃伐，中醫之學行之數千年，其以氣說學之理論自成一格，只因用到五行說的概念範疇，船山竟不能忍而強力攻之，甚難理解，顯見船山對於周易之象數學，有著彌綸天道卦象固有理數必然之效力的信念是多麼堅定了。作者對於中醫五行生剋之學並不了解，對於船山將對五行說攻擊的箭頭指向中醫理論，只能說明由此說中證明了船山氣論思想中有其屈伸聚散有善無惡之原理，故氣之作用中無相剋之道。至於中醫之說應另有其理論型態，絕非船山所說之相同進路中事，此不待言。

船山對於五行相剋說有所批評，同樣對於五行相生說亦有攻擊，其言：

> 水生木一生三也，則老子一生二之說不行矣。木生火三生二也，則老子二生三之說不行矣，火生土二生五也，土生金五生四也，則邵

〔註24〕參見《思問錄》，〈內篇〉，船山遺書全集，頁9677。
〔註25〕參見《思問錄》，〈外篇〉，船山遺書全集，頁9700。

子二生四之說不行矣。金生水四生一也，則邵子四生八之說不行矣，天地之化迭相損益以上下其生，律呂肖之而微有變通，要非自聚而散以之于多而不可卷，自散嚮聚以之于少而不可舒也。〔註26〕

此爲藉五行相生說與諸子易學及形上學原理之矛盾處，以顯其說之不當者，然此說中處處顯示對他家學說之亂解，惟可重視者，爲其對五行相生說之批判態度而已。五行相剋及相生之說皆不行，船山則自爲轉化五行關係，其言：

五行同受命于大化，河圖五位渾成，顯出一大冶氣象，現成五位具足，不相資抑不相害，故談五行者必欲以四時之序序之，與其言生也不如其言傳也，與其言克也不如其言配也。〔註27〕

五行說若要出現，則仍應在河圖說中成立，及以河圖之五位說此五行之事，故而五行間關係即不相資亦不相害，不相資即不相生，不相害即不相剋，因其「同受命於大化」之中，故不相害，因其依於河圖之五位是「現成五位具足」的，故不相資而生，因此船山以「相傳」、「相配」以說五行，「相傳」則迭變以生萬象，是神妙原理，「相配」則理數必然於河圖，是彌綸天地之道的原理。將五行生剋說轉化成爲河圖象數系統中的解釋系統，是船山在易學史上獨樹一幟的作法。以上對象數觀念及對五行觀念之批判，都是在周易象數觀中理數固然於河圖說中進行者，下節則討論在「陰陽不測作用神妙的周易天道觀」中的批判，及在「乾坤並建錯綜爲象的大化流行論」中的批判。

第二節　從易學進路之形上學批判二

本節接續前節的討論，從「陰陽不測作用神妙的周易天道觀」及「乾坤並建錯綜爲象的大化流行論」兩路，來討論船山對他家理論的攻擊之事。

第三、從「陰陽不測作用神妙的周易天道觀」對他家理論的批判

船山從卦象固有理數必然的觀念，甚至到乾坤並建錯綜爲象的觀念，所說的都是易學進路的形上學理論中，對於天道本然情狀的固有必然之描繪系統。然而此一系統之爲固有的，是說它本就是針對天地之象的說明；其爲必然的，是說它作爲描述系統內的理數關係有一定的卦理發生原則。這個描述系統乃借自河圖之象來說明，河圖內之理數關係法則已定，所以是必然，然

〔註26〕參見《思問錄》，〈外篇〉，船山遺書全集，頁9699。
〔註27〕參見《思問錄》，〈外篇〉，船山遺書全集，頁9705。

由河圖所說之八卦及六十四卦象則是天地之情狀，是天道固有之象，所以是固然，天道以易說，太極有於易，以太極渾淪說易即說天地之情狀，天地之情狀在太極觀念中，則即有兩儀、即有四象、即有八卦、即有六十四卦，卦象固有於以太極說易之言說系統中，即固有於天地之情狀中，即固有於天道中，即在易學進路之形上學理論中對天道論的說明內容裏，從天地之徵象的角度說時，此一周易卦象系統即其本然之情狀的說明體系者。若專從卦理發生的說明系統本身而論，其卦象之繪出，乃依於河圖而來，河圖是一套象徵系統，是說明卦象的理數原理，河圖以理數必然之關係結構，明確清晰地說出卦理發生之原則，使卦象在一個理數必然的關係結構中被認識。

然而以上之固有與必然之象數系統，是說明天道本有的作用結構，是天道之作用總在此一象數關係中的結構，因此它是一個結構的描寫系統，它永遠只是認識上的架構，它永遠只是象數，它是氣之象、是畫之象、是圖之象、是數之象，它是說明具體之象的說明系統，因此只是一個徵象的體系，而不是一個具體的體系，它是天道作用的抽象架構，而不是天道作用的具體經驗描述，抽象架構人可盡知，具體經驗狀況人不可全知，不可全知乃因為易學天道論中的另一個重要原理的影響結果，即其「不可為典要」、「易之為道也屢遷」的變易法則，即本論文所指出的「陰陽不測作用神妙的周易天道觀」者，天無心而成化，所有的具體情狀在神妙不測的作用中存在於易理之內，也就因為有這個原理的存在，所以需要占筮的活動，天道並非全不可知，可知者為其作用的架構體系，即卦象，易以象顯，故捨象無易，象在而理即在，故盡之於性命之內可知天地之性，然具體的經驗事件變化難測跡象隱微，尤其是身關天下安危之大事者不可不慎，故君子必占之，筮遇之而得象焉，得象則得其理，則知進退吉凶之道，當然這是在崇德廣業的目的下的象占之事。

故占筮之中有人謀者，即由聖人以崇德廣業之目的而揭示的天道作用之本然情狀者，即六十四卦的卦象之理數系統者，占筮之中更有鬼謀者，即揲蓍之法中的無心分兩之操作過程中，由天道之無心成化而以象告者，人在一氣周流的氣化世界中，人存有者之理氣結構，是性日生命日降，人存有者的活動是天道無心成化中的一個環節，故揲蓍之法中的無心分兩之作用，乃為人道溝通天道之神妙作用的天機，故易得以象告，這整個的占筮原理所透顯的天道原則是神妙不測的，所以船山對於所有言易之學中，企圖以一套人智私測的必然象數系統來作為占筮之用的作法，必予斥絀，因其有人謀而無鬼謀，而若企圖全以問告於鬼神的占筮作法，是有鬼謀而無人謀，則亦應絀。此即船山依於「陰陽不測作用神妙的周易天道觀」下，對易學體系的批判之原理。而此一原理即爲船山用於批判所有易學理論中的問占之道者。船山對占筮原理的批判觀點在《周易外傳》中有言：

> 引陰陽之靈爽以前民用者，莫不以象數爲其大司，夫象數者天理也，與道爲體，道之成而可見者也，道非無定則，以爲物依，非有成心，以爲期於物，予物有則，象數非因其適然，授物無心，象數亦非有其必然矣。適然者尊鬼，必然者任運，則知有吉凶而人不能與謀於得失。〔註28〕

「引陰陽之靈爽以前民用者」，指的是以易爲占之活動者，以易爲占必由象數中來，因爲易學本身就是一套象數學的天道表述系統，易學是由象說天道的知識體系，這個象是在於天道之中的本然情狀，是天道之體的活動架構，象中有數，然象在道中，有天道之活動就有象之顯現爲其架構，於是說天道的活動則以象之變化而說之，變化者理數中事，於是象數共構的知識體系成爲天理的運行法則，故其與道爲體，即此道體之顯現徵象的表述而已。然而道的作用有原理在，其有定則而無成心，有定則者是總體在一套有架構的象數關係網中進行，無成心是具體的作用神妙不測，運行於乾坤並建錯綜爲象的六十四卦卦象系統中，是在一個周流不息的大化流行之氣化世界之中者，所以「道非無定則，以爲物依。」，天道運行之原理並非沒有定然的架構，所以不會被個別的現象所決定，而且「非有成心，以爲期於物。」，天道之運行並非有特定的個別性目的，所以也不可能爲服務於個別的對象，故而其「予物有則，象數非因其適然。」，天地之情狀的發生，是在天道固然的理數架構下的表現，所以以象數說天道的象數知識體系絕非一種偶然性的結構。此外，「授物無心，象數亦非有其必然矣。」，天道未有私意好惡，會依一定的私意方向一往無前地造作某一事件者，所以也不可能有一套必然的計測之學，而應占學並重占在學中。上述兩種認識易學象數的觀念都是錯誤的，前者乾脆聽命於鬼神之告知，是爲「適然者尊鬼」，後者乾脆找尋計測之術，是爲「必然者任運」，如此則「知有吉凶而人不能與謀於得失。」，因爲人與天地參的空間不見了。同文續言：

> 一彼一此則知可取，一彼一此而不亂則仁可守，使之必任則仁可舉，

〔註28〕參見《周易外傳》，〈繫辭上傳〉，船山遺書全集，頁981。

> 使在此而彼不廢則知可用，是以知仁並用於心，而人鬼交謀於道，無方者無方之不仁，無體者無體而不充，惟其有則惟其無心而已矣。待謀於人者，其有則，聽謀於鬼者，其無心，易之所以合神，而與天地準也。〔註29〕

船山陰陽不測作用神妙的天道觀，也是源於繫辭傳中「一陰一陽之謂道」一文而來的，言其一陰一陽者，則道之顯於繼善成性而已，此說已詳述於本論文第三章第四節中，故言於占學之事時，是「有則」與「無心」之共構的活動，天道無體之可定，無方之可規，即在一彼一此之際而顯其神妙之常而已，人事無必然之處理，即其或進或退之時位中合宜與否而已，占筮無偏於人鬼，即其「有則無心」之際而人鬼共謀而已。此則易學合天道、人事、占筮之理而爲一者，故「易之所以合神，而與天地準也。」，當船山以有則而無心以說天道，且以繼善成性以說人道的觀念清晰之後，船山以人鬼共謀之原理以說占筮則易明白了，而即在此一原理中也展開了船山對他家易學體系的攻擊觀點。〈內傳發例〉中即言：

> 易惟以此，體其無方，爲其無體，周流六虛無有典要，因時順變不主故常，則性載神以盡用，神率性以達權之道至矣，一陰一陽者原不測也，以此益知一之一之云者，非一彼而即一此，如組織之相間而拂乎。神之無方乖乎道之各得明矣。然則列次序、列方位、方而矩之、圓而規之、整齊排比、舉一隅則三隅盡見，截然四塊八段以爲易，豈非可觀之小道，而鬻術之小人，亦可以其小慧成法，坐而測之乎。〔註30〕

在占筮中是筮遇之而得象的作用，象固然於易道，象已在而筮求之，然而已在之象者，只是以一個架構的原理而顯現易道之有則，並不是以一個必然的情狀說天地的經驗現象，以象言者，言其象也，象也者像也，像則非經驗之本身，若論經驗之本身則要以經驗觀之，人存有者之經驗有窮，必欲知之，則一事一占，然而豈能盡占而知之，是故對於周易哲學以象說天道的理論意義，不可以象數可以盡之的態度來研究，因此不能製作必然精確的象數演繹系統，更不可以此一系統而測知天地間之所有事，人道有窮，天道神妙，天之神妙言其爲變之道無方無體，無一定執之變化方向，無一具體化的變化準

〔註29〕同前註。

〔註30〕參見《周易內傳》，〈繫辭上傳〉注解，《船山遺書全集》，頁523。

則，其有固然之象以徵其變，必然之理數以言其象者，是抽象的必然，至於具體的變化是氣化世界中一陰一陽之作用下的神妙事業，具體化原理在氣變之中，架構性的抽象原理是卦象固有於易的理數必然之架構，具體者作用神妙，抽象者理數必然，抽象者雖必然卻不可能在經驗中把握，以為可以在經驗中把握者是以為易有其定體定方從而變化其用者，如此則無人與天地參之事業可言，易道中之人道廣大，是展現繼善成性之所以為善之活動力量，是以必顯為仁義禮知之性之以神為用的作用方式，在盡其在我之天性者，故可以神率性而發揮權衡之廣大人道者，此即易之天道乃為崇德廣業目的而有者。在這個易道的抽象原理不在具體經驗中而言者，則所有關乎具體發用之構作理論便都是愚事。船山因而批判了京房以降的象數私測系統之易學理論，其言：

> ......何至於易。而前引曠古無徵之伏義以為之圖說，後則有八宮、世應、飛神、伏神、六龍、六親、納甲之邪說，公然登之聖經之列，而不知忌憚為聖人之徒者，何其誣也。以康節之先天安排巧妙，且不足以與於天地運行之變化，況八宮世應之陋術哉？〔註31〕

> 京房八宮六十四卦，整齊對待一倍分明，邵子所傳先天方圖，蔡九峰九九數圖皆然。要之天地閒無有如此整齊者，唯人為所作則有然耳，圜而可規方而可矩，皆人為之巧，自然生物未有如此者也，易曰周流六虛不可為典要，可典可要則形窮于視，聲窮于聽，即不能體物而不遺矣，唯聖人而後能窮神以知化。〔註32〕

> 京房卦氣之說立，而後之言理數者一因之，邵子先天圓圖，蔡九峰九九圓圖皆此術耳，揚雄太玄亦但如之，以卦氣治曆且粗疏而不審，況欲推之物理乎！參同契亦用卦氣而精于其術者，且有活子時活冬至之說，明乎以曆配合之不親也，何諸先生之墨守之也，邵子據數往者順知來者逆之說以為卦序，乃自其圓圖觀之，自復起午中至坤為子半，皆左旋順行未嘗有所謂逆也，久峰分八十一為八節，每節得十，而冬至獨得十一，亦與太玄贅立踦贏二贊均，皆無可奈何而姑為安頓也。〔註33〕

〔註31〕參見〈周易內傳發例〉，《船山遺書全集》，頁681。
〔註32〕參見《思問錄》，〈外篇〉，船山遺書全集，頁9696。
〔註33〕參見《思問錄》，〈外篇〉，船山遺書全集，頁9697。

諸文中船山一批判京房、邵雍等建構繁複的天道推演系統，是以人測天，不知易道必須保留其神妙性者，二批判京房、邵雍等之易學整齊分明者，乃有違於易之周流六虛不可典要之義，三批判以卦氣說論曆法之作及邵雍、蔡九峰、揚雄、魏伯陽皆以卦氣限易之術者。當然以上的所有批判，是依據周易象數學的不可爲典要之說而作的批判，以有典要而建構象數之目的，當然是在占象用象之際之尋其定數而爲者，此則但有人謀而無鬼謀之害；若但有鬼謀者，則問於鬼神而不要諸理之事者。然則有鬼神乎？船山在氣論進路的形上學觀點中已否定神識的個體性存在，只以其爲一氣周流中，有其屈伸相感的無形之理氣結構中事而已，故無專事於告之占筮活動中之個體性存在的鬼神，其言：

> 尊鬼之靈以治人，而無需於人謀，或爲之說其曰齊戒之誠、神明之通也。夫自以爲其誠爲神明，則曷不斷之心，而又推之於不可知也乎？以誠迓神，誠者人之心，神者天地之道，有往來焉，而豈神之無道，以但聽於心邪？此其說猥陋，而不足以眩知者。〔註34〕

有以爲問告鬼靈之舉，是在端正誠意之後，有通達於神明之德而後可爲者，然而船山斥之曰若已有通達神明之德，則爲何還有人心之欲，及不可知之事者在？這是以假意之誠以邀騙於鬼神的作法，神的概念在船山氣論哲學中是天地之道，其與人心有所感通，但非爲人心之私欲而進行之感通，乃天地之化中有一往一來之作用而已，故曰：「豈神之無道，以但聽於心邪？此其說猥陋，而不足以眩知者。」，此即是說並不存在一個無與於天地之道的個體性鬼神存在者，而專事於與人心私慾感通的問告，這種觀念只是小人之道的陋說而已。易之象不可典要，故不可計測，其有則，非適然，故不可問告於鬼靈，這都是有悖於崇德廣業之君子之道者，故船山斥之，此即周易的神妙作用之應用，基於此，船山另亦批判了《易程傳》之能體貼儒門易學的義理精神，卻忽略了易道的神妙作用者是其缺點，其言：

> 程子之傳純乎理事，故易大用之所以行，然有通志成務之理而無不疾而速不行而至之神。張子略言之，象言不忘而神化不遺，其體潔靜精微之妙以益廣。周子通書之蘊允矣至矣，惜乎其言約，而未嘗貫全易於一揆也。朱子學宗程氏，獨於易焉盡廢王弼以來引申之理而專言象占，謂孔子之言天言人言性言德言研幾言精義言崇德廣業

〔註34〕同註28。

者，皆非羲文之本旨，僅以爲卜筮之用，而謂非學者之所宜講習，其激而爲論，乃至擬之於火珠林卦影之陋術，則又與漢人之說同，而與孔子繫傳窮理盡性之言顯相牴牾而不恤。由王弼以至程子矯枉而過正者也，朱子則矯正而不嫌於枉矣，若夫易之爲道，即象以見理，即理之得失以定占之吉凶，即占以示學，切民用合天性統四聖人於一貫，會以言以動以占以制器於一原，則不揣愚昧竊所有事者也。〔註35〕

文中不論對於程頤、朱熹、王弼之批判者，都在象數之固有於易不可取消更不可濫用之說上，其中論於程頤之易程傳者，即此傳中不言象數，專以人事之德性原理而解易者，此一作法與王弼同，然而王弼是道家原理地解易觀點，而程頤則是能發揮儒家精神來解易的作法，程頤之解易自較王弼可取，然其仍有不足，易道神妙即在象中顯，象之固有必然之系統，正是易學作用神妙之天道觀的發揮場所，一個周流六虛的氣化世界之變合有常的神妙作用，必須在卦象關係的諸多原理中才能解明，即卦象間之乾坤並建、錯綜爲象、十二位陰陽互爲隱顯、周流六虛、不可爲典要之諸原理者，程頤不論象數，故而象數中彰顯陰陽不測作用神妙的易學天道論不能明，此易程傳之缺失者，故其言：「然有通志成務之理，而無不疾而速不行而至之神。」者，顯見船山對於易學天道的神妙作用原理之重視。以上以陰陽不測作用神妙之天道論以說明船山對他家之攻擊批判之說者，以下將從其大化流行論來討論。

第四、從「乾坤並建錯綜為象的大化流行論」對他家理論的批判

「卦象固有理數必然的象數觀」，及「陰陽不測作用神妙的天道觀」等觀念，都還是在本體論的層次上說的易學天道論觀點，然而象數所論者實爲天地之情狀，天地之情狀是氣化世界觀中所討論者，仍以象數言者，則爲卦象關係理論中所述的大化流行論中所言者，即乾坤並建等原理所說明的天地萬象之情狀的活動原理等，錯綜爲象固然是卦象關係，但是是依據於天道作用而言的氣變原理，錯綜爲象者是氣的作用之或錯或綜，而不是抽象的卦象關係之或錯或綜，抽象的卦象關係只有從八卦到六十四卦的必然發生系統，具體的氣化世界之情狀而以象言時，則有周流六虛、隱顯互現、十二位陰陽等情狀，而我們此處總名之爲「乾坤並建、錯綜爲象」之氣變原理，故於論「乾

〔註35〕參見，〈周易內傳發例〉，《船山遺書全集》，頁651。

坤並建」時之卦象關係理論是一經驗上的法則，是於氣化世界之氣變之實然上所總括的法則，所以也可以說是宇宙論上討論具體變化法則的原理，所以是宇宙論層次上的形上學原理，同時也就在以象說氣的乾坤並建原理上，使船山的易學進路與氣論進路合匯而共構一形上學的原理，而船山的宇宙論是一個氣化變合的氣化宇宙，從易學進路的卦象理論說時則總以「乾坤並建」說之，而依據「乾坤並建」之說氣化世界運行變合法則的諸觀念叢所共構的一套形上學體系，又是船山攻擊他家以易說氣化世界之理論的批判重點，其於《周易外傳》中言之甚詳，其言：

> 易有太極，固有之也，同有之也，太極生兩儀，兩儀生四象，四象生八卦，固有之則生，同有之則俱生矣，故曰是生，是生者立於此而生，待推於彼而生之則明魄同輪，而源流一水也。是故乾純陽而非無陰，乾有太極也，坤純陰而非無陽，坤有太極也，剝不陽孤，夬不陰虛，姤不陰弱，復不陽寡，無所變而無太極也。卦成於八，往來於六十四，動於三百八十四，之於四千九十六，而皆有太極。策備於五十，用於四十九，揲於七八九六，變於十有八，各盡於百九十六而皆有太極。故曰易有太極，不謂太極有易也。惟易有太極，故太極有易，所自生者肇生，所已生者成所生，無子之叟不名爲父也，性情以動靜異幾，始終以循環異時，體用以德業異跡，渾淪皆備，不漏不勞，固合兩儀四象八卦，而爲太極。其非別有一太極，以爲儀象卦爻之父明矣，故太極之於河圖未有象也，於易未有數也，於筮未有策也，於卦未有占也，象皆其象，數皆其數，策皆其策，占皆其占，有於易以有易，莫得而先後之，故吉凶日流於物，大業日興於事，知禮日行於兩閒，道義日存於人心，性善而情善，情善而才善，反身而誠，不遠而復，天下之道冒，而聖人之藏亦密矣。冒者於彼於此而無不被，密者於彼於此而無或疏也，是太極有於易以有易，易一太極也，又安得層絫而上求之。〔註36〕

此段文字即本論文第二章第四節所言太極渾淪之原理的說明，太極是易學理論中的整體存在界的總名，整體存在界的象皆在於太極之象中，而於易學知識體系中言者，則所有之象數策占者亦皆在於太極之中，太極是說易學理論的一個概念，而船山以此說之，則顯見船山是以太極以降之所有易學觀念來

〔註36〕參見《周易外傳》，〈繫辭上傳〉，船山遺書全集，頁1009。

總說世界之情狀的概念系統者，整體存在界對船山而言是一個一氣周流的世界，一氣周流之中莫不在象數固有之系統中有所掌握，一氣周流皆在太虛、皆是太和，故而整體存在界是爲本體合一之一大整體，此一大整體是太極渾淪觀念所顯示的，太極總收整體存在界的氣化變合，而氣化變合的情狀則以乾坤並建等作用法則說之，故而太極又總收此乾坤並建的所有象數體系，故言其卦象固有者，即言其於太極之中而即有此兩儀之象、四象之象、八卦之象、六十四卦之象等，而象者是爲言氣之變合者，故而六十四卦之象皆有絪蘊往來變合之作用義，即直指此氣化世界之變合法則而說者，故而乾坤並建以降之諸卦象間的關係性原理，即是在說一氣周流之氣變的原理，而此一原理則正亦爲易學史家忽視的部份，故船山亦依此展開攻擊，其言：

> 乾鑿度曰：有太易、有太初、有太始、有太素，危構四級於無形之先，哀哉其日習於太極而不察也，故曰闔户之謂乾，闢户之謂坤，有户則必有材，以爲户者則必有地，以置者，闔則必有闔之者，闢則必有闢之者，爲之置之闔之闢之，彼遂以爲是太極也。且以爲太易、太初、太始、太素也夫。爲之置之必有材矣，大匠不能摶空以造樞棖，闔之闢之必有情矣，抱關不能無司以爲啓閉，材則其陰陽也，情則其往來也，使陰陽未有之先而有太極，是材不夙庀而情無適主，使儀象既有之後遂非太極，是材窮於一用而情盡於一往矣。又何以云乾坤毀則無以見易也乎！故不知其固有則絀有以崇無，不知其同有則奬無以治有，無不可崇，有不待治，故曰太極有於易以有易，不相爲離之謂也。〔註37〕

此說乃批評《易緯・乾鑿度》文中言太易、太初、太始、太素一段文字者，易緯之宇宙論中安排了一個階段性發展的抽象原理，而船山的宇宙論中是一個始終相衍，無始無終的世界，整體世界之總攝者爲太極，太極一有即全有，一有即全有故整體是實有，若以爲世界是在一個有有、無有的階段中而來者，則此世界是有於無者，則將與船山世界實有論相悖，故而以乾坤論作用原理時，即作用中有氣之實有，即氣之有中有理之和氣，沒有一個只作用只開啓的原理性存在，理在氣中，理作用於氣的作用義是在氣中作，故有情時即有材，有材時已有情，闔戶闢戶之作用是理在氣中的作用，是理氣在太虛一實也之中的作用，是太極渾淪即有全體之中的闔闢作用，沒有抽象的闔闢，故無無形之前之無形

〔註37〕同前註。

原理，無形之中已有實有，儀象者乃即在太極之中的情狀，有形無形之或隱或顯乃即在太虛一實之內的活動，故而易緯的宇宙發展之抽象性階段之說法是易學宇宙觀的歧出者，此即船山斥易緯說的理論脈絡。〔註38〕其又言曰：

> 彼太易、太初、太始、太素之紛紜者，虛為之名而亡實，亦何為者邪！彼且曰有有者、有無者、有未始有夫有無者，或且曰七識以為種子，八識以為含藏，一念緣起無生，嗚乎毀乾坤以蔑易者，必此言夫！〔註39〕

船山以太極渾淪即有全體之說為形上學原理，以批判言於太易、太初、太始、

〔註38〕一般以宇宙發生論方式思考天地之有者，皆以天地為有形，而有形當生於無形，故天地自無而有，則於此自無而有者遂分數個階段以說之，必欲使其逐步現實化，使在天地萬物現實化的過程中非似突如其來者，而應有著合理的抽象性發展階段之說明，一如船山所批判的易緯中言太易、太初、太始、太素等階段性發展觀者。然此說實中國哲學史上宇宙論問題的一段公案，此一思考方式始自莊子齊物論中來，然莊子只以認識過程說之，淮南子則以氣化世界觀之演變說之，列子、易緯則引入易學概念範疇中說之，而就船山最為關切的太極是有而非無之觀念者，即此一宇宙發生之最始源狀況者，淮南子言為「無有彷彿，氣遂而大通冥冥者也。」及「寂然清澄，莫見其形。」，似未主張一絕對的虛無觀者，而易緯及列子所言者，為「太易者未見氣」，然未見氣者是否即為絕對的虛無？亦有待爭辯，總之，以上諸說之宇宙發生觀中，應只為以淮南子之言：「無形而生有形」，及易緯列子之言：「夫有形（者）生於無形」之義而已，恐非主張一絕對的虛無以生萬有者，以下引《易緯》及《列子》之文，(《淮南子》之文參見本章第四節註釋第十一。)「乾鑿度曰：文王因陰陽，定消息，立乾坤，統天地。夫有形者生於無形，則乾坤安從生？故曰：有太易，有太初，有太始，有太素。太易者，未見氣，太初者，氣之始；太始者，形之始；太素者，質之始。氣形質具而未相離，故曰渾淪。言萬物相渾淪而未相離。視之不見，聽之不聞，循之不得，故曰易也。易無形埒也，易變而為一，一變而為七，七變而為九，九者氣變之究也。乃復變而為一。一者形變之始。清輕上為天，濁重者下為地，物有始有壯有究，故三畫而成乾，乾坤相並俱生，物有陰陽，因而重之，故六畫而成卦。」(易緯．易數一七九，易緯略義，臺北武陵出版社，民國74年7月出版，頁11。)「子列子曰：『昔者聖人因陰陽以統天地。夫有形者生於無形，則天地安從生？故曰：有太易，有太初，有太始，有太素。太易者，未見氣也，太初者，氣之始也；太始者，形之始也；太素者，質之始也。氣形質具而未相離，故曰渾淪。渾淪者，言萬物相渾淪而未相離也。視之不見，聽之不聞，循之不得，故曰易也。易無形埒，易變而為一，一變而為七，七變而為九，九變者，究也。乃復變而為一。一者，形變之始也。清輕上為天，濁重者下為地，沖和氣者為人；故天地含精，萬物化生。」(列子．天瑞第一，新譯列子讀本，莊萬壽註譯，三民書局印行民國74年9月三版，頁50)

〔註39〕同註36。

太素之說者，是虛名無實之事，是以對於源自《莊子》以降之《淮南子》共有之言於「有有者，有無者，有未始有夫有無者。」之說亦一併斥絀，根本地說之，船山氣化世界觀中是一個世界實有論，而世界的發生是一個太極渾淪已有全體的情狀，故而此類階段性發生說的宇宙論觀點皆在船山斥絀之列。〔註40〕

以上在氣化世界之易象原理之批判，然船山之氣化世界之本體論觀點中又是理氣合一者，其言氣與神和，故即乾坤並建之中有其卦德在者，而以卦德言之批判性觀點則見於下文，其言：

> 大哉周易乎！乾坤並建以爲大始、以爲永成、以統六子、以函五十六卦之變，道大而功高，德盛而與眾，故未有盛於周易者也，連山首艮以陽自上而徐降以下也。歸藏首坤，以陰具爲體以爲基而起陽之化也。夏尚止，以遏陰私而閑其情，然其流也，墨者託之過儉以損其生理。商道撥亂以物，方晦而明乃可施，然其流也霸者，託之攻昧侮亡以傷其大公。〔註41〕

乾坤並建爲卦象之綱宗者，乃以純陽純陰之互爲隱顯並用之卦德以說整體存在界之運行的天道原理，即指其有著剛柔並用之德，即說明船山認爲天道本體之作用原則中的德性義言者，是剛柔互用的原理，然而建之以艮爲首的夏易之學，其用意在遏止陰私，其流弊在過儉而損生，而建之以首坤的商易，其用意在以坤道以撥亂，其流弊在刑殺之德過霸而害公，此二者皆不如周易之並建之以乾坤之德者，其續言：

> 嗚呼道盛而不可復加者，其惟周易乎！周道尚純，體天地之全以備於己，純者至矣，故詩曰嗚乎不顯！文王之德之純，文王之所以配天也，乾坤並建於上，時無先後，權無主輔，猶呼吸也，猶兩目視、兩耳聽，見聞同覺也，故無有天而無地，無有天地而無人，而曰天開於子，地闢於丑，人生於寅，其說詘矣。無有道而無天地，而曰一生三、道生天地，其說詘矣。無有天而無地，況可有地而無天，

〔註40〕關於船山論宇宙之說者，另參見下文。「上天下地曰宇，往古來今曰宙，雖然莫爲之郛郭也，惟有郛郭者則旁有質而中無實，謂之空洞可矣，宇宙其如是哉，宇宙者積而成乎久大者也，二氣絪縕而知能不舍，故成乎久大，二氣絪縕而健順章誠也，知能不舍而變合禪，誠之者也，謂之空洞而以虛室觸物之影爲良知可乎！」（《思問錄》，〈内篇〉，船山遺書全集，頁9669）

〔註41〕參見《周易外傳》，〈繫辭上傳〉，船山遺書全集，頁971～973。

而何首乎艮坤。〔註 42〕

本文批判干支觀念與老子思想，天地之全是一陰一陽之謂道者，故而乾坤並建以體天德，體其陰陽並濟、剛柔有常、仁義爲性之作用原理，這是從卦德言的乾坤原理，而惟建之以首坤或首艮甚或首乾之諸易學體系，則於德不全，不僅於德不全，其於象亦理有偏至者，象者，太極在而即兩儀、四象、八卦、六十四卦而在，故無有天遺地，有地遺天，有天地遺人之卦象原理者，故言於干支之先後發生的宇宙觀之說，是於卦象之全中用其偏至之理者，有此失彼者，而言建之以艮坤者，是於象中先有山、先有地而無天者，亦爲卦象上的偏理，至於如老子言道生一、一生二、二生三、三生萬物之說者，是有理而無氣之說者矣，是以有一無氣之理者爲道，此道爲虛懸之理，故在開始時是有道而無天地，而隨後由道生天地者，若依於船山乾坤並建、太極渾淪之說者，則應爲即在天地之中乾坤建矣，且即在乾坤之中整體存在界已有於太極矣，而太極有於易以有易，故而整體性的存在原理，應爲含乾坤並用之卦德而具在之天道者。故言乾坤並建者，是言道與天地人之同事而共在之形上學觀點者，其又言：

> 無有道而無天地，誰建坤艮以開之先，然則獨乾尚不足以始，而必並建以立其大宗，知能同功而成德業，先知而後能，先能而後知，又何足以窺道闔乎！異端者於此，爭先後焉，而儒者效之，亦未見其有得也。夫能有跡知無跡，故知可詭能不可詭，異端者於此以知爲自，尊知而賤能，則能廢知，無能者知之跡也，廢其能則知非其知，而知亦之。於是異端者欲並廢之，故老氏曰：善行無轍跡，則能廢矣。曰：滌除玄覽，則知廢矣。釋氏曰：應無所住而生其心，則能廢矣。曰：知見立知，即無明本，則知廢矣。知能廢，則乾坤毀，故曰：乾坤毀則無以見易，不見易者必其毀乾坤者也，毀乾坤猶其毀父母也矣。故乾坤並建以統六子、以函五十六卦之大業，惟周易其至矣乎！〔註 43〕

如果以夏商易之首建艮坤之言者，則是有地於先，然而存在的原理是理氣爲一，是道氣爲一，首建艮坤是強爲有地無道之說，有地無道，則誰爲其開地之道者，故而即在乾坤之中有氣有理，有氣之能有理之知，知能同功方成德

〔註 42〕同前註。
〔註 43〕同前註。

業，理氣共在方有世界，知能不一先一後，猶道與天地不誰先誰後，亦猶道氣之必合爲一者，故乾以易知坤以簡能之原理，又成爲從卦德上必須是乾坤並建之條件者，如此則知能並在，而是凡有言於知能不一之知識體系者，船山又將斥絀，故而有文中斥老佛之說者。關於道佛與船山學之不爲同一體系之事，及其各因其知識進路之別而不應有所攻訐之說，論之已多，暫不多述，亦不討論老佛之說在船山理解下的歪曲之事。〔註 44〕其續言：

> 抑邵子之圖易，謂自伏羲來者亦有異焉，太極立而漸分，因漸變而成乾坤，則疑夫乾坤之先有太極矣。如實言之，則太極者乾坤之合撰，健則極健，順則極順，無不極而無專極者也。無極則太極未有位矣，未有位，而孰者爲乾坤之所資以生乎！且其爲說也，有背馳而無合理，夫乾坤之大用，洵乎其必分以爲清寧之極，知能之量也，然方分而方合，方合而方分，背馳焉則不可得而合矣。其爲說也，抑有漸生而無變化，夫人事之漸而後成勢也，非理也，天理之足無其漸也，理盛而勢亦莫之禦也，易參天人而盡其理，變化不測而固有本矣，奚待於漸以爲本末也，如其漸則澤漸變爲火，山漸變爲水乎？其曰：乾坤爲大父母者，不能不然之說也。其曰：復姤小父母，

〔註 44〕此處老佛之所論者，實爲功夫理論中事，而道佛之功夫乃最爲儒門不相契入之處，觀於船山之批判實無從下手以爲釐清者，非不能也，體系全非者也，蕭天石先生有言：「丹經書與禪宗書，在理論上固有其甚高與甚深之哲理在，尤其就人生哲理一方面言，更見其然。惟切不可作爲純粹理論書讀，亦即不可純從理上去會，其神髓全在「功夫鍛鍊」上。談人生修養，不是徒在理論上講求，而須在功夫上講求，即所謂踐履篤實，本份做人，步步腳跟踏地，不落虛空者是。聖學，祇能使人得明聖人之道；聖功，方能使人得成聖人之功，而登聖人之域。所謂變化氣質，所謂超凡入聖，超聖入神，超神入化，全在功夫鍛鍊。儒門中之存、養、克、復，固應屬於功夫範圍，然而不有方法，不有訣則，不有一路實地功夫，則談心談性，談理談氣，談道談德，依仍是「滿目浮雲盡在空」，無補實地也。作仙作佛作聖人，全在實地作人，全要眞實無妄，別無些子玄妙。先生名言有曰：『盡天地只是箇誠』，這是其爲學頭腦處。眞實無妄，即誠也；窮神極性，存心養氣，全須實地做功夫，方能確有『與天地合其德，與日月合其明。』境地。儒家聖功，失傳久矣！惟丹宗與禪宗功夫，可以之同參合修，自可會通而得證聖之妙用。此正劉，後村先生所謂：『始知周孔外，別自有英豪。』」參見，〈王船山先生別傳之學〉，《船山學術研究集》，船山遺書全集卷二十二，頁 135～6。蕭先生之言是否允當，自有學界公論，然儒門功夫論及世界觀不同於道佛之功夫論與世界觀者，確是作者之態度，本文雖不能爲道佛翻案，但對船山之解於道佛功夫論之說者，認爲實非允當之理解。

則其立說之本也。不然則父母而二之，且不能解二本之邪說，而彼豈其云然。〔註45〕

依於船山之太極乾坤之關係者，是言太極即有乾坤，言乾坤則必摩盪以成六十二卦，故其關係是同有而生者，而船山以爲邵雍之所言，由太極之圖而漸次凝成爲乾坤等卦象之漸變說者，是割裂太極與卦象的關係，卦象即是說著太極中之所有事者，卦象是氣化世界之情變之狀，太極是氣化世界之整體，有位者乾坤之象，無位者太極之實全之事者，太極乾坤不因此而生彼，乃同有而並生者，故乾坤無先，乾坤即先，乾坤之先即太極之先，太極不先於乾坤，乾坤不後於太極，以太極立而漸分，因漸變而成乾坤之說者，則又是一個對卦象之氣變原理之誤解的解易系統者。

以上爲船山易學進路之形上學批判觀點，下節論氣論進路之批判。

第三節　從氣論進路之形上學批判一

本節專論船山在氣論進路的討論脈絡上，對他家哲學理論體系之批判者，而主要即針對道佛之攻擊者，這當然也和船山所刻意繼承的張載學之觀點有關。船山對道佛之批判，基本上是一個相當形上學問題層次上的批判，而其特色在於，所有的批評都有理論基礎，都能在其形上學理論的架構中找出充份的論證，這是船山不同於其他宋明儒者只能騰口說說而已的地方，雖然船山的批評仍顯示出對佛家理論的不盡相應之處，但此一有理論能力的特色是值得肯定的。

從當代中國哲學研究的眼光來看，中國哲學史上各家哲學都應有其獨立成立的哲學基礎，道佛亦然，其理論的型態與成立的條件應足以擺脫船山之所有批評，然限於作者之能力及本論文之主旨，此一替道佛翻案的工作將不在此進行，不過作者仍將表示道佛理論自有其成立之理論脈絡及言說進路，道佛理論之本貌不是船山批評中所認識的型態，惟因論文寫作的主旨關係，此一形上學辯論的問題將不予處理。故而文中所述仍將以揭露船山形上思想奧旨爲主要目標，藉船山對道佛批判觀點中的理論進行，而得以更精緻地展現船山各形上學觀念的理論運用。而船山可謂中國儒學史上對道佛批判最有理論成就的儒學家，則本節之作，即以展現一套理論架構清晰綿密的儒家形

〔註45〕同註42。

上學對道佛之挑戰者爲目標。

關於船山對道佛的批評問題，在船山著作中有《莊子通》、《莊子解》、《老子衍》、《相宗絡索》等註釋道佛理論的作品，〔註 46〕作品中對道佛理論堪稱能夠站在研究的立場嘗作詮釋，並不刻意歪曲，然而在船山《周易內、外傳》、《張子正蒙注》、《思問錄》等代表船山自己觀點的著作中，卻對道佛理論大加韃伐，是以本章討論船山對中國哲學史上各家形上學理論批評的寫作，將以《周易內、外傳》、《張子正蒙注》、《思問錄》等作品爲主，至於詮釋道佛理論諸書則暫予保留，不作詮釋也不作討論，作者的態度是，船山著此諸書是站在研究的立場而作的嘗試性詮釋作品，與他自己的哲學理論無關，要理解船山對道佛理論的眞正態度，則應該只在前述諸書中解讀。〔註 47〕

船山在氣論中對道佛的批判，得約爲三類：其一爲：針對個人生死意義是爲氣之聚散而非滅盡無餘的形上學批判；其二爲：針對整體存在界之存在是實有不虛而非性空幻有或以無入有的形上學批判；其三爲：針對個我存在是體現大體之道的眞實存有而非性空無實的無我觀念者。其言於個我之生死及有無者是針對佛教理論的攻擊，其言於整體存在界非性空幻有者是針對佛教形上學的批判，言於整體存在界非以無入有者是針對道家哲學之批判。然皆以老莊同調。〔註 48〕總之，船山在氣論進路的形上學批判性觀點中對他家之攻擊者，主要爲針對道佛兩家，而其立論之根據則一爲實有性的本體論觀

〔註 46〕參見《船山遺書全集》，臺北，中國船山學會，自由出版社聯合印行，民國 61 年 11 月重編初版。《老子衍》、《莊子通》、《莊子解》、《相宗絡索》等四書俱見於全集第十八冊。

〔註 47〕參見下文：「先生深入唯識，並不愜意唯識，先有信仰而後並其信仰者揚棄之。故其著作中，對佛家寂滅輪迴、唯識唯心、能所消入、見相空有等說，屢予批判，鞭闢入理，自出心裁，甚至深惡痛絕，駁斥無餘，如……類此批判，多不勝舉。其中不少批判，如上所列，乃直搗唯識理論。對照《相宗絡索》本著，不只大相逕庭，冰碳不容，而且全部推翻，重新來過。比若兩位船山先生打架，大有不惜以今日之我向昨日之我挑戰之概，則又何說？是則先生之根本思想，乃繼儒家張子之絕學而排斥佛老者也。故每自表曰：熟爲儒者而有此哉。其宗唯識，本亦不純，揚而破之，捨而變之，亦可謂一刀斬斷，不執法執，入而能出者也。先生治學求理之眞精神，於此可見。其難能可貴者，正在此也。」(《船山佛道思想研究》，吳立民，徐蓀銘著，湖南新華書店，1992 年 10 月第一版，頁 2～3)

〔註 48〕參見下文：「莊老言虛無言體之無也，浮屠言寂滅言用之無也，而浮屠所云眞空者，則亦銷用以歸於無體。蓋晉宋閒人緣飾浮屠以莊老之論，故教雖異而實同。」(《張子正蒙注》，〈乾稱篇〉，船山遺書全集，頁 9620)

點，一爲聚散義的宇宙論觀點，至於他對道佛理論的認識，則雖多有錯解，本節則略之不論。

本節之進行將以船山注張載《正蒙》一書之題材爲主，船山對道佛之攻擊雖有幾類，然皆混而言之，爲以彰顯船山形上學思想之運用爲目標，是以將以《正蒙注》之次序爲釋，以下即論之。〈太和篇〉注中船山言：

> 釋氏以滅盡無餘爲大涅槃。〔註49〕

船山對佛教之涅槃境界之解釋爲滅盡無餘，即指其功夫操作之後的最終追求境界者爲一理氣俱泯之存在的解消，此或爲小乘佛教的觀點，大乘佛教則不然。〔註50〕而即此滅盡之觀點，正最爲船山所反對者。

> 朱子以其言，既聚而散，散而復聚，譏其爲大輪迴，而愚以爲朱子之說，反近於釋氏滅盡之言，而與聖人之言異。孔子曰：「未知生，焉知死？」，則生之散而爲死，死之可復聚爲生，其理一轍明矣。易曰：「精氣爲物，遊魂爲變。」，遊魂者，魂之散而游於虛也，爲變則還以生變化明矣。又曰：「屈伸相感而利生焉。」伸之感而屈，生而死也。屈之感而伸，非既屈者因感而可復伸乎？又曰：「形而上者謂之道，形而下者謂之器。」，形而上即所謂清通而不象者也，器有成毀，而不可象者寓於器以起用，未嘗成亦不可毀，器敝而道未嘗息也。〔註51〕

船山的氣化聚散觀念如果從整體存在界之往來而言，則言其爲大輪迴者亦不爲過，然輪迴觀念若指涉個體存在之神識之保存而輪迴者，則非船山之意，船山在鬼神觀念中已取消個體性的鬼神存在概念，故無輪迴之可說者，朱子之譏可駁，然船山以朱子之譏即爲釋氏滅盡之言者，則有爭議，此暫不論。船山引論語「未知生，焉知死？」一文乃爲證其生死一氣說者，以爲夫子之意在於言生死一事，知生則知死，不知生則不知死，生死之際皆爲一氣周流中事，乃同於易言：「原始返終，故知死生之說。」然夫子此言恐非船山所解

〔註49〕此爲張載言：「彼語寂滅者往而不返。」而船山注者。（《張子正蒙注》〈太和篇〉，船山遺書全集，頁9283）

〔註50〕「我生已盡，梵行已立，所作已作，自知不受後有。」引自《雜阿含經》，（見霍韜晦編著《佛學》，香港中文大學出版社，頁20，1982年5月初版）這是原始佛教的小乘觀點，是無餘依涅盤，大乘則言常樂我靜，是無住涅盤者，故非言滅盡無餘之觀念者。

〔註51〕參見《張子正蒙注》，〈太和篇〉，船山遺書全集，頁9283～4。

釋之意，此暫不論。又引易言：「精氣爲物，遊魂爲變。」及「屈伸相感，而利生焉。」以說明其氣化世界的形上學觀念，最後討論形而上者一段，以說明器敝而道未嘗息者，乃說清通不可象之道者之不可息也，又其言未嘗成亦不可毀者，乃爲說明道在一氣整全之世界中之存在，乃一實有不虛健動不息之存在，其非個體存在物之有形不形之器之成毀者言，故謂其爲形而上者，然而以船山完整的氣化世界觀而言，形而上者乃即在形而下之中，從清虛一大而言者，整體存在界之存在與作用是一實有恆動的世界，故無滅盡之事者，所以本文之重點即在引聖人之言以證其所言之是，並斥釋氏之滅盡觀念者。

> 故曰往來曰屈伸曰聚散曰幽明而不曰生滅，生滅者釋氏之陋說也，儻如散盡無餘之說，則此太極渾淪之內，何處爲其翕受消歸之府乎？又云造化日新而不用其故，則此太虛之內亦何從得此無盡之儲，以終古趨於滅，而不匱邪？且以人事言之，君子修身俟命所以事天，全而生之全而歸之所以事親，使一死而消散無餘，則諺所謂伯夷盜蹠同歸一丘者，又何而不逞志縱欲，不亡以待盡乎？惟存神以盡性，則與太虛通爲一體，生不失其常，死可適得其體，而妖孽災眚回濁亂之氣，不留滯於兩閒，斯堯舜周孔之所以萬年，而詩云文王在上於昭于天，爲聖人與天合德之極致。聖賢大公至正之道，異於異端之邪說者以此。則謂張子之言，非明睿所炤者，愚不敢知也。〔註52〕

此說續前文爲證張載說之爲是者，而爲批判生滅之說，則從氣化世界之有無成毀，及此世界觀對於成德之教之影響等兩路來批評，從整體存在界應爲聚散無盡而言，就死而論，倘若以死爲散盡無餘，則船山批評說何處爲其歸無之所，船山此一攻擊其實仍以無者爲一有實之存在，故需一消歸之府，故反對滅盡歸無之說，生死有無之際僅是形不形之間而皆有實者。而船山又批評到，倘若以生之言，生是造化日新而不用其故，則顯然此生之有仍應自整體存在界中來者，而其死後又散盡無餘，則整體存在界那有這許多存在的理氣結構以造化日新又終古趨滅者？整體存在界中之所有事是來來去去不增不減而已，來自其中來，去往其處去，這是船山批判滅盡無餘及造化日新不用其故的立足點。另外，船山則又以德業生活爲批判的角度，從事天與事親的觀點來看，修身俟命是所以事天，這是以人道廣大彰顯天道的意義脈絡上說的，則事天之事不過即崇德廣業而已，而全生全歸是所以事親者，則這是從生死

〔註52〕參見《張子正蒙注》，〈太和篇〉，船山遺書全集，頁9284～5。

之有形無形之一遭，本就在太虛一大之中進行而已的觀點說的，是說對於父母生我之身，則應盡其形之全用於天地之間之事者而已，而盡形於天地之間者仍是崇德廣業之活動者，而崇德廣業之活動從整體存在界的意義上來看者，則是人道之自繼其善以彰顯天道之健順有常之意義者，故而在船山整體的形上學觀點中，這個世界觀提出了生命活動的根本目的與存有意義，如果不接受這個世界觀，而以死則散盡無餘者，則生者將不進行德業活動，因死後聖賢盜賊同歸於無而已，而在船山的世界觀中，聖賢之德業乃以人道彰天道，故而其存在的活動，乃通極於整體存在界的全體性存有中，故而聖賢之存有乃亙古長存永昭於天者，此即存神盡性之功者，故而人存有者應以此爲存在的世界觀，以爲死而無有之說者，正足招逞志縱欲不亡待盡之害。

然而船山此說之成立，仍需其對於惡之存在的存在地位之取消而後可言，否則，人有是氣，停於有形無形之兩間，則存神盡性，故可通極於天，然奸險濁惡，豈不依然長存，而依船山之意，桀紂之氣果仍長存，如此一來長存與否並非德業要求的惟一條件，另一個條件是熟爲原理，基於船山言於有善無惡之觀念者，則知此惡之爲氣者，並非存在的存有原理，只爲攻取變合之際的繼其不常而已，繼其不常則爲惡，其常者只有善，有善者有其至誠無息健動不已的存有的活動義，整個存在界的存有原理是恆動長存，此其是善的本義，故論其存有原理時只有有善而無惡，論其活動時則應自繼其善，繼之不以健順之常則惡，惡不是存有原理，故有而非實，小人爲惡乃不以其常，計其常者只應爲善。

> 老氏以天地如橐籥，動而生風，是虛能於無生有，變幻無窮，而氣不鼓動則無，是有限矣。然則孰鼓其橐籥，令生氣乎？有無混一者，可見謂之有，不可見遂謂之無，其實動靜有時，而陰陽常在，有無無異也。誤解太極圖者，謂太極本未有陰陽，因動而始生陽，靜而始生陰，不知動靜所生之陰陽，爲寒暑潤燥男女之情質，乃固有之蘊，其絪緼充滿在動靜之先，動靜者即此陰陽之動靜，動則陰變於陽，靜則陽凝于陰，一震巽坎離艮兌之生於乾坤也。非動而後有陽，靜而後有陰，本無二氣，由動靜而生，如老氏之說也。〔註53〕

〔註53〕本文爲張載言：「若謂虛能生氣，則虛無窮氣有限，體用殊絕，入老氏有生於無自然之論，不識所謂有無混一之常。」之注。(《張子正蒙注》，〈太和篇〉，船山遺書全集，頁9287)

本文乃船山批判老子以「世界本無、因動而有」之說，另及於對周敦頤太極圖說之動靜有無說作詮解者。《老子》五章言：「天地之間，其猶橐籥乎！虛而不屈，動而愈出。」船山則將之理解爲老子以天地爲虛無，陽動而後有，因此會同於對周濂溪《太極圖說》「無極而太極，動而生陽，靜而生陰。」之說的討論中，關於老子本義及濂溪原意此暫不論，依據船山對本體之有無動靜的觀點者，本體是實有且全有，整體存在界是本來全有其自身之整全者，而以陰陽之氣而言，是陰與陽和的陰陽一氣之體者，故而動者，是動其本來全有之絪緼之中的一氣，而成陰成陽者，是成其本來陰陽爲一而分麗於有形之中之有情之質者，故而動靜者以作用言，陰陽者以材質言，動靜是活動，陰陽是氣，陰陽本來全具於乾坤並建之太極渾淪之中，動靜者發用其聚散伸屈消息之作用而已，故而存在的本來，是已有全有，存在的活動，是全有的變合，故老子之以天地本虛無之說、因動而後有氣之說、不動則本無之說皆誤，又以誤解太極圖之以爲太極本體是無，因動而有陽氣，因靜而有陰氣之說皆誤。船山此說中對太極圖說的解釋其實已混入他的整個易學形上學觀念中了。

> 浮屠謂眞空常寂之圓成實性，止一光明藏，而地水火風根塵等，皆由妄現，知見妄立，執爲實相，若謂太極本無陰陽，乃動靜所顯之影象，則性本清空，稟於太極，形有消長，生於變化，性中增形，形外有性，人不資氣而生，而於氣外求理，則形爲妄而性爲眞，陷於其邪說矣。〔註 54〕

本文爲船山攻擊佛教性空之論，先轉化佛教理論爲船山形上學術語，再以船山形上學架構予以批判，至於所言之佛教理論究爲那家之說法則不明，實爲船山籠統總說之觀念而已。船山認爲佛教本體論中之眞實者惟性，性中無氣，故性空，性只一光明藏，即只一抽象之理存在，而現象中的整體存在界者，是由知見妄立之爲眞者，是因執而以爲實，而船山之太極概念是即指整體存在界之理氣共構的存在者，故而以佛教之性空觀說太極時，則太極中是「只性無氣」，是一光明藏的圓成實性，故是眞空常寂者，故佛教觀中的太極是無陰陽之氣者，而陰陽之氣所成之整體存在界的現象者，只是影像，影像世界中的形之消長、氣之變化，是於眞空之本體中多增的形，是性中增形，形外

〔註 54〕本文爲船山注張載言：「若謂萬象爲太虛中所見之物，則物與虛不相資，形自形性自性，形性天人不相待，而有陷於浮屠以山河大地爲見病之說。」（《張子正蒙注》，〈太和篇〉，船山遺書全集，頁 9287）

有性，性爲圓成實性，爲本體，人只此性空之本體，故不資氣而生，人是在於氣之外之理的，故而人之形爲妄，人之理才眞，船山以此爲邪說，是因爲他的人存在是理氣共構的理氣皆實之存在，而他的世界觀，是理氣爲一的氣性皆實之實有世界觀，故有以上之攻擊論點出現。（本文對於理解船山觀念中的佛教理論極有幫助，對於船山運用其形上學觀念的作法亦有理解上助益，而其所說之佛教性空觀亦有所貼近，惟佛教理論並不只此，船山之攻擊還是整個理論型態的大差別架構上的攻擊，我們不能站在船山的架構上理解佛學，也不能接受船山的攻擊，此不多論。）

> 但見來無所從，去無所歸，遂謂性本眞空，天地皆緣，幻立事物倫理，一從意見橫生，不睹不聞之中別無理氣，近世王氏之說本此，唯其見之小也。〔註 55〕

船山此說中以爲佛教理論的出現只是在意見橫生的層次上立說，是意見的層次的觀點即是未進入哲學反省層次的觀點，是只以經驗所見之現象爲理論的建構來源者，是只見天地萬物之來無所從，去無所歸，遂謂來來去去之天地萬物的存在之存在原理是性本眞空者，性本眞空即謂其存有無實性，而船山的存在觀是世界實有論的，以世界爲眞空，故存在的都只是因緣和合，因緣和合中無目的、無眞實、無活動原理，故而事物倫理不必講求，而幻立之矣。以上皆〈太和篇〉之注中爲船山闢道佛說者，以下爲〈神化篇〉。

〈神化篇〉注中船山批判到：

> 谷當作鬼，傳寫僞也，神陽鬼陰，而神非無陰，鬼非無陽，祭禮有求陰求陽之義，明鬼之有陽矣。二氣合而體物，一屈一伸神鬼分焉，而同此氣，則同此理，神非無自而彰，鬼非無所往而滅，故君子言往來，異於釋氏之言生滅，屈伸一指也，死生一物也，無閒斷之死滅，則常流動於化中，而察乎人心，微者必顯，孰能揜之邪！〔註 56〕

船山以《老子》六章言「谷神不死，是謂玄牝，玄牝之門，是謂天地根。」之谷者是鬼，此暫不辯，本文是船山要論究釋氏言生滅之死亡意義，而以其鬼神觀以批判者，船山之鬼神觀念只是氣之作用義而已，強分之則鬼者言消

〔註 55〕本文爲船山注張載言：「反以人見之小因緣天地。」（《張子正蒙注》，〈太和篇〉，船山遺書全集，頁 9288）

〔註 56〕本文爲船山注張子言：「谷神不死，故能微顯而不揜。」（《張子正蒙注》，〈神化篇〉，船山遺書全集，頁 9349）

屈作用，或言由人存在之理氣結構中散出之存在，神者言息伸之作用，或言將聚入人存在之理氣結構中之存在，而陰陽者一爲作用義一爲氣存在義，然而船山之氣論是理氣並在的結構，故而言於陰陽之氣者即同時言其陰陽之作用者，而在太極渾淪之觀念中，陰陽又是一體同在隱顯互有之理氣結構者，故而由鬼神言，鬼有陰陽神有陰陽，陰陽乃「二氣合而體物」者，於是從人存在之生死言，是一個鬼神作用長存的生命結構，言鬼言神是言人之已經去及尚未來之理氣結構，而此鬼神結構又通同於天地一氣，故「屈伸一指」，生死只是說著屈伸的氣變合之事，就氣而言爲一，惟認識上的指稱不同而已，故「死生一物」。如此即無生滅之事，即無間斷之死滅之人存在，人之生死皆在整全之天地間，全生且全死，故人之存在是常流動於大化流行之中，鬼神相感，故「鬼神者二氣之良能」、「人欲鬼神之糟粕」，惟其存神盡性之功於不睹不聞之際而萬物皆現，故誠不可揜。

> 範圍天地之化而不過，過則溺於空淪於靜，既不能存夫神，又不能知夫化矣。範圍天地者神也，必存之以盡其誠，而不可舍二氣健順之實，以卻物而遁於物理之外。釋言眞空老言守靜，皆以神化爲無有，而思超越之。非神則化何從生，非化則神何所存，非精義以入神，則存非存知非知，喪己而不能感物，此二氏之愚也。〔註57〕

本文乃船山以陰陽不測作用神妙的天道觀念批判老釋之言空言靜者，重點在以「神」概念之必有作用義以斥絀老釋之言空及靜者，存在的實有是常在作用中而有其實的，本體論中的作用觀有二義，一爲繼之有善無惡義，二爲神妙不測義，本文中之神即指此本體論中的作用原理義。「化」者言於宇宙論中的氣之變合義，故而神化合義，則指作用中的整體存在界而言者，亦可謂理氣合義而言者，神是存有活動中的作用原理，化是存在世界的變合現象，故而神者範圍天地之化，它既繼之有善無惡又用之神妙不測，故不溺空淪靜，繼之者善則實，故不空，用之者妙故動，則非靜，故存神知化者，言於盡其整體存在界的實有健動之道者，不盡此義，則有「釋言眞空老言守靜」之蔽，「神化合義」是一個形上學的命題，「存神知化」則是一個盡性的功夫，老釋之形上學觀念中以神化爲無有，故功夫中以超越此世界爲用，故己已喪而物無感，是功夫之無對者，不能對越在天者。故船山以「此二氏之愚也」斥之。以上爲〈神化篇〉之注，以下爲〈大心篇〉。

〔註57〕參見《張子正蒙注》，〈神化篇〉，船山遺書全集，頁9363。

〈大心篇〉注中船山言：

> 天命太和絪縕之氣，屈伸而成萬化，氣至而神至，神至而理存者也。釋氏謂心生種種法生，心滅種種法滅，置之不見不聞，而即謂之無天地，本無起滅而以私意起滅之愚矣哉。」〔註58〕

本文是船山批判佛教言「心生種種法生，心滅種種法滅。」的形上學命題者，依船山的理解，則佛教形上學中是心與法爲二，且存在界是有生有滅者，心法二則神氣不和，有生滅則世界非實有常存者，船山的太和觀念中，是氣與神和的本體合一且爲實有之整體存在世界的，故斥佛教形上學之說只是以私意起滅天地者，而天地本無起滅，只是一個健動有實的世界，故不可以個人知覺之視其有無而即謂之起滅者，故斥其愚，愚者不知有無之際只形不形之事，而形不形皆太虛一實中事者也。

> 小謂耳目心知見聞覺知之限量，大者，清虛一大之道體，末者，散而之無，疑於滅，聚而成有，疑於相緣以起，而本無生，惟不能窮夫屈伸往來於太虛之中者，實有絪縕太和之元氣，函健順五常之體性，故直斥爲幻妄，己所不見而謂之幻妄，眞夏蟲不可語冰也。蓋太虛之中無極而太極，充滿兩閒皆一實之府，特視不可見聽不可聞爾，存神以窮之，則其富有而非無者自見，緣小體視聽之知，則但見聲色俱泯之爲無極，而不知無極之爲太極。其云但願空諸所有，既云有矣，我烏得而空之；不願實諸所無，若其本無，又何從可得而實之。惟其乍離人欲，而未見夫天理，故以人欲之妄概天理之眞，而非果有賢知之過，亦愚不肖之不及而已。〔註59〕

本文批判佛教言性空幻妄之說，斥其以小緣大以末緣本者，依船山之存在觀，人存在有小體有大體，「小謂耳目心知見聞覺知之限量」，是以自我一身之本能知能爲人存在的小體者，若論於盡性知天之功夫及人道廣大的世界觀者，則整體存在界皆爲人存在的存有活動場域，從宇宙論而言，是一氣周流其全者，從本體論言，是人道彰顯天道的繼善成性義者，故應以清虛一大之道體以爲人存在之大體者。而船山以爲佛教的形上學觀念中，是以爲氣散爲無形

〔註58〕本文爲船山注張子言：「釋氏不知天命，而以心法起滅天地。」(《張子正蒙注》，〈大心篇〉，船山遺書全集，頁9418）

〔註59〕本文爲船山注張子言：「以小緣大，以末緣本，其不能窮而謂之幻妄，眞所謂疑冰者與。」(《張子正蒙注》，〈大心篇〉，船山遺書全集，頁9419）

即以為滅盡，忽而有生，則以為從無中來故「生非眞有」乃「本無生者」，故以存在的從無中來「滅盡為無」為其世界觀，故以世界為幻妄者，此皆以小體之感知妄計天地，因見存在的現象有聲色俱泯的情狀，故以整體存在界之本體是無，依船山，本體是太極，佛家見其無，故以為只是一個無極，而船山觀念中的太極，本就是以無有一極之中而處處皆為太極者，於整體存在界的遍在之有形無形之結構皆為太極之落實地者，故以釋氏乃不知無形之非本無，無極之即太極。於是對於佛家所言：「但願空諸所有，不願實諸所無。」的功夫觀念，斥其既有則不可空，本無則已無從實者，（其實船山之有無實空之概念與佛學之言本就不同，雖有攻擊實未攻擊。）最後又總稱佛學形上學觀念是來自人欲之妄概天理者，是在人欲乍離心行路絕之際，而說的天地妄有者。是功夫的錯誤導致世界觀的錯誤者。

> 其直指人心見性，妄意天性，不知道心，而以惟危之人心為性也。天用者，升降之恆、屈伸之化，皆太虛一實之理氣成乎大用也。天無體，用即其體，範圍者，大心以廣運之，則天之用顯，而天體可知矣。〔註60〕

本文乃船山批判佛教形上學乃用錯了功夫而導致的錯誤世界觀者，言「直指人心見性」者，應為禪宗路數，然而船山對於禪宗直指人心之功夫路數，乃以之為「妄意天性，不知道心，而以惟危之人心為性也。」，即指其由此一功夫所得之世界觀乃不知道者，不知人心廣大於天道，天道理氣合一整體皆實，而禪宗以惟危之人心為性者，乃只以聞見之小人欲之私妄意天性，其所得之世界觀是一乍滅無實的世界，然而就船山之世界觀而言，是一個實有其理氣且實有其作用的太虛之大，而從盡性的功夫路數即可得知，即大心以廣運之的功夫，就天言，其無極而太極，故其無體而用皆其體，即在整體存在界的處處流行中顯現其存有活動之本體性原理，而人存有者亦為一在流行中之活動者，故即在人心之大運中，範圍天地，彰顯天道本體的作用原理，人為道體之顯現者，天道之大用即在人之顯現活動中，故天體可知之，天之本體義的存有原理可以在人心之功夫中被彰顯，此即其道心之用者，用其道心者用其通極於性命之心者，故功夫在此而不在彼，故禪宗之直指人心者乃小體私欲之心，乃非道心，故而船山以其功夫論斥絀禪宗功夫論，而關鍵即在世界

〔註60〕本文為船山注張子言：「釋氏妄意天性，而不知範圍天用。」（《張子正蒙注》〈大心篇〉，船山遺書全集，頁9420）

觀與功夫論合匯後的功夫觀念上。（禪宗亦有其世界觀，亦與其功夫論合匯，惟其世界觀不同於儒家者，故而功夫亦不同，船山是以己之世界觀斥他之功夫論，以此知船山則可，以此斥禪宗則不可。）

> 萬化之屈伸，無屈不伸，無伸不屈，耳目心知之微明，驚其所自生以爲漚合，疑其屈而歸於無，則謂凡有者畢竟歸空，而天地亦本無實有之理氣，但從見病而成，其云同一雨，而天僊見爲寶，羅剎見爲刀，乃盜賊惡月明，行人惡雨淋之偷心爾，是蔽其用於耳目口體之私情，以己之利害爲天地之得喪，因欲一空而銷隕之，遂謂一眞法界，本無一物，則溺其志以求合，而君父可滅，形體可毀，皆其所不恤已。〔註61〕

本文仍爲船山批判佛學理論之所以出現的認識過程者，其批判有兩個層次，一爲因於小者，二爲蔽於欲者，因於小則以爲無，蔽於欲則追求空，前者前論已多，茲不再述，後者則君父可滅形體可毀，君父形體皆爲大其心知之用者，而佛家不用，故造空論以消其用。佛教言無因見聞之小是功夫上的錯用，然其言空則是「蔽其用於耳目口體之私情，以己之利害爲天地之得喪。」是心態上的錯誤，是德業上的虧損，因私欲而建構錯誤的世界觀，因錯誤的世界觀而導致錯誤的功夫論，而有違於存有原理的生活原則，此即「溺其志以求合」者，這是船山對佛家的一貫攻擊格式。

張載言：「所以語大語小流遁失中，其過於大也塵芥六合，其蔽於小也夢幻人世。」，及：「塵芥六合，謂天地爲有窮也。」。船山注曰：

> 以虛空爲無盡藏，故塵芥六合，以見聞覺知所不能及爲無有，故夢幻人世。；如華藏世界等說是也，知法界安立於何所，其愚蚩適足哂而已。〔註62〕

張載以華藏世界重重無盡觀爲過於大者，是在一塵土一芥子中就有六合天地的過大而言者，而又說以塵芥說天地，是使天地有窮者，然華嚴世界觀本不論整體存在界之大小有窮無窮者，毋寧是於世界存在之大小關係上是大小相即，一多相融，故而在認識上，就存在與存在間是關係無窮者，故而法界無

〔註61〕本文爲船山注張載言：「反以六根之微，因緣天地，明不能盡，則誣天地日月爲幻妄，蔽其用於一身之小，溺其志於虛空之大。」（《張子正蒙注》，〈大心篇〉，船山遺書全集，頁9420）

〔註62〕參見《張子正蒙注》，〈大心篇〉，船山遺書全集，頁9421。

窮重重無盡，而有理事無礙事事無礙之觀念者。張載之斥當非華嚴義，船山之斥亦然，船山以塵芥即含六合者，是使世界有無盡之藏者，則法界將何處安立，是無處可安者，船山的世界皆實有，是有擴延性的存在，故塵芥即塵芥，不可有六合，太虛是一實，故非無盡藏，整體存在界含整體本全，無有一無盡之藏可無限地藏者，此爲以世界是虛空者之說，是在非實而虛之虛空中才有無盡之藏者，故船山斥之，世界既非實，則法界安所藏？夢幻人世之說見下文。

> 夢幻無理，故人無有窮究夢幻者，以人世爲夢幻，則富有日新之理皆可置之不思不議矣。君可非吾君矣，父可非吾父矣，天理者性之撰，此之不恤是無性矣。故其究竟以無生爲宗，而欲斷言語、絕心行，茫然一無所知，而妄謂無不知，流遁以護其愚悍，無所不至矣。〔註63〕

說夢幻人世是以聞見之小見其來無由去無歸，而以整體存在界之本體是無者，本體是無故爲夢幻，因而船山斥其以「富有日新之理皆可置之不思不議矣」，船山之世界觀是以崇德廣業爲目的的，是要以人道之廣大來彰顯天道的存有原理的，天理是性之撰，天道是人性的存有原理及活動目的，不盡其天理之在我者，是棄其富有日新之理者，則人倫百常之事崇德廣業之動皆流空淪寂矣，這一切都是因佛家以人世夢幻之說所造成者，人世夢幻，則本體無生，則功夫是斷言語、絕心行。然而船山的功夫觀念中是要大心而思之的，思則有誠，誠則有物，不誠無物，故言語道斷可，而心行路絕則不可，心行絕則存有意義無從開顯，則無物在於我，則無形，言其形之大用不存，即不誠，非儒家功夫者。〔註64〕

> 不能究所從者，不知太和絪緼之實爲聚散之府，則疑無所從生，而惟心法起滅，故立十二因緣之說，以無明爲生死之本，統而論之，流俗之徇欲者，以見聞域其所知也，釋氏之邪妄者，據見聞之所窮，而遂

〔註63〕本文爲船山注張子言：「謂之窮理可乎？不知窮理而謂盡性可乎？謂之無不知可乎？」（《張子正蒙注》，〈大心篇〉，船山遺書全集，頁9421）

〔註64〕參見下文：「誠則形，形乃著明，有成形于中，規模條理，未有而有，然後可著見而明，示于天下，故雖視不可見，聽不可聞，而爲物之體歷然矣。當其形也，或謂之言語道斷猶之可也，謂之心行路絕可乎？心行路絕則無形，無形者不誠者也，不誠非妄而何？」（《思問錄》，〈內篇〉，船山遺書全集，頁9671）

謂無也。致知之道惟在遠此二愚，大其心以體物體身而已。〔註65〕

本文仍爲船山批判佛家世界觀之獲得的錯誤認識過程者，是錯於致知之道者，「遠此二愚者」，一愚爲「不能究所從者，……則疑無所從生。」，二愚爲「以無明爲生死之本，……流俗之徇欲者。」，而船山之用心之道，是「大其心以體物體身而已」。以上皆船山對〈大心篇〉之注，以下爲〈大易篇〉。〈大易篇〉注中船山言：

明有所以爲明，幽有所以爲幽，其在幽者，耳目見聞之力窮，而非理氣之本無也。老莊之徒，於所不能見聞，而決言之曰無，陋甚矣。易以乾之六陽坤之六陰大備，而錯綜以成，變化爲體，故乾非無陰，陰處於幽也，坤非無陽，陽處於幽也。剝復之陽非少，夬姤之陰非微，幽以爲緼，明以爲表也。故曰易有太極，乾坤合於太和，而富有日新之無所缺也。若周子之言無極者，言道無適主，化無定則，不可名之爲極，而實有太極，亦以明夫無所謂無，而人見爲無者，皆有也。屈伸者，非理氣之生滅也，自明而之幽爲屈，自幽而之明爲伸，運於兩間者恆伸，而成乎形色者有屈。彼以無名爲天地之始，滅盡爲眞空之藏，猶瞽者不見有物而遂謂無物，其愚不可瘳已。〔註66〕

本文乃船山注張載言：「大易不言有無，言有無諸子之陋也。」之名句者，其以之斥老莊釋氏之說理已詳，惟其言於周敦頤無極太極一語是船山的重要觀念者，船山世界事實，富有日新無所缺，故無極者是言其道無適主，道是實是常是動，道展現在大化流行的動態性的整體存在界中，道即本體，即太極，太極以用爲體，太極不限一用，故不限一體，不限一體故極之而無極，故無極而太極，是從神無方易無體上講本體之實的不以用限，化無定則，而不是講存在上的有無問題，「亦以明夫無所謂無」。

以下爲〈乾稱篇〉注中之船山批判者。

「既言學必至於知化，又云舍氣無象，非象無意，以見知化之學非索之於虛空變幻之中。即此形形色色庶物人倫之理，無一義之不精，無一物之不體，則極盡乎氣之良能，而化即在是，此至誠之所以無息，彼不誠無物者，以介然之悟立幻妄之教，指休歇爲究竟，事至

〔註65〕參見《張子正蒙注》，〈大心篇〉，船山遺書全集，頁9421。

〔註66〕參見《張子正蒙注》，〈大易篇〉，船山遺書全集，頁9531。

> 物遷而不能繼，性之不盡而欲至於命，其狂愚甚矣。〔註67〕

船山的實有世界是以氣爲有，故「舍氣無象」，船山的易學象數觀是以卦象固有於太極，即固有於整體存在界者，船山的易學理論是以象說學，象在即理，故「非象無意」，故船山對世界的認識是以氣見象以象知意，故佛家「索之於虛空變幻之中」者，是學而不至知化者，其言「不誠無物」者，是以整體存在界的存有原理是繼善常動者，故而人存有者應無一物不精無一物不體，形色人倫是物，形色人倫都在自我之繼善成性的存有活動中開顯意義，故有誠有物，言存有之意義得彰顯；不誠無物，言存有之意義未彰顯，開顯不開顯即有物無物，開顯的功夫則是盡氣之良能，於事事物物體之精之。而佛家的功夫卻是事至物遷而不能繼，然而繼之有常是船山言於功夫的最重要觀念，佛家之所以不能繼之有常，是其以休歇爲究竟，故不能正視事至物來之自繼其常之道者，故船山斥之。

> 死生流轉，無蕞然之形以限之，安得復即一人之神識還爲一人。若屈伸乘時則天德之固然必不能免，假令能免，亦復何爲生而人，死而天，人盡人道而天還天德，其以合於陰陽之正者一也。〔註68〕

本文批評佛教之神識輪迴觀，人生之氣死而消散流於大化，並不存在個體性之無形之氣還爲一人者，即無此輪迴轉生中之中陰身者，佛教言中陰身，道教言鬼神，皆爲無形存在之個體性存有者，船山之氣化終始觀中，是全生全歸者，全生者得其整體存在界之全，在感通中一氣通流，全體把握，全歸者入其清虛一大之中，通極於天地亙古之氣中，全體歸之，而無得由私存者，更不有散入無形之後以神識存在又聚氣爲人者。故鬼神不存、神識無有。且生死之流行乃造化之有常，終不能免，以爲可免而欲強留者，道教長生之妄也。船山這一個無形之個體性不存在的觀點，同時斥絀了佛道兩教的神識及鬼神觀。以上爲《正蒙注》中船山對道佛之批判者，在《思問錄》中之批判義多重複，然尚有對莊子功夫理論之批判，及對佛教「無我觀」和「唯識理論」之批判者應予討論。

船山對「無我觀」言之如下：

> 言無我者亦于我而言無我爾，如非有我更孰從而無我乎，于我而言

〔註67〕參見《張子正蒙注》，〈乾稱篇〉，船山遺書全集，頁9618。

〔註68〕本文爲船山注張載言：「今浮屠極論，要歸必謂死生轉流，非得道不，免，謂之悟道可乎。」（《張子正蒙注》，〈乾稱篇〉，船山遺書全，集，頁9627）

無我其爲淫遁之辭可知。大抵非能無我，我特欲釋性流情恣輕安以出入爾，否則惰歸之氣老未至而耄及之者也，公者命也理也成之性也，我者大公之理所凝也，吾爲之子故事父，父子且然況其他乎。故曰萬物皆備于我，有我之非私審矣，迭爲賓主亦饗舜堯之無我也，春秋書歸鄆讙龜陰之田自序其績孔子之無我也，無我者爲功名勢位而言也，聖人處物之大用也，于居德之體而言無我，則義不立而道迷。〔註69〕

本文爲船山對佛教「無我觀」之批評者。佛教理論言無我者多義，此暫不論，船山之批判有兩路，一爲「言無我者亦于我而言無我爾，如非有我更孰從而無我乎。」這段批判實未深入，既非在船山哲學脈絡中言，亦非在佛學義理脈絡下斥絀，實爲語言上的辯詰而已，另一爲言自我存在之存有論意義者，是在船山形上學脈絡中的討論者，其言：「我者大公之理所凝也」，是理之所凝則是理氣結構中事，是理氣中事者即是實者，又言其公者，是要強調人之存在的在於天下之公理而有者，是命也理也成之性也，是在天地之常道之理下的命於人成於性之存有者，所以人之存在有公義，有其公於天下之共有之義，故而爲天地之子，人既有父，爲父之子，不可謂無，況其公於天下爲天地之子者，豈能遂謂之無，更豈能私有之者。故船山言「萬物皆備於我，有我之非私審矣。」，若於儒者言無我，則指爲權位名勢之不執於我有者言，而於盡其人道以崇德廣業之居德之體者言，則必有我。仍言無我，是不盡其性不踐其形者，是「義不立而道迷者」。又其對「唯識理論」說之如下：

釋氏之所謂六識者慮也，七識者志也，八識者量也，前五識者小體之官也，嗚呼小體人禽共者也，慮者猶禽之所得分者也，人之所以異于禽者唯志而已矣，不守其志不充其量則人何以異于禽哉！而誣之以名曰染識，率獸食人罪奚辭乎？〔註70〕

本文乃船山批評佛家「唯識宗」的「八識」理論者，這也是船山既著《相宗絡索》而又爲文闢佛之最不可解之處者，船山之《相宗絡索》言於唯識理論甚詳，亦無曲解，此說中則全以儒家理論型態來攻擊佛學者，關鍵在於第七識末那識者，末那識是執爲有我的關鍵，故唯識學曰爲染識，而此正船山最爲在意且要攻擊的論點，船山之我爲大公之有，豈執爲有，船山之我將體天

〔註69〕參見《思問錄》，〈內篇〉，船山遺書全集，頁9665。
〔註70〕參見《思問錄》，〈外篇〉，船山遺書全集，頁9710。

盡性爲善，豈可謂染。船山以志說末那，志是志仁之志，是人之所以彰顯天道、廣大人道的功夫立足之地，志於仁則無餘事，聖功之大全在此，此人之所以爲人之關鍵之志者，且爲人之異於禽獸之地者，豈可爲執而有又爲染者，故船山斥之。船山以末那爲志，以志斥其爲染，是以己說轉佛說，再以己之架構斥此佛說者，此船山斥佛之通式。船山另有批判「老莊」之若干學說，應予討論者，其言：

> 時習而說朋來而樂動也，人不知而不慍靜也，動之靜也。荅然若喪其耦靜也，廢然之靜也，天地自生而吾無所不生，動不能生陽靜不能生陰，委其身心如山林之畏佳、大木之穴竅，而心死矣。人莫悲于心死，莊生其自道矣乎。〔註71〕

本文爲船山批評莊子〈齊物論〉首段言「荅焉似喪其偶」之文。在船山對世界的永存恆動之觀點下，動靜的概念如果在陰陽脈絡中談者，則動亦動而靜亦動，此說可有客觀存在界與主觀道德意志兩個層面的解釋，前者爲言此一世界的作用是至誠無息的，意義上是恆動的；後者爲言秉此至誠無息的君子處事，也應是在一個道德意志下的永不間歇。而船山認爲莊子的喪偶功夫之意義是對世界周遭採取了絕對的否棄態度，是爲「廢然之靜也」，不僅生命的主體拒絕運作，對世界的責任也摒棄於外，故謂之「心死矣」，這是由世界觀與價值哲學角度雙向地對莊子人生哲學的態度予以批判的文字。此說中應討論者爲莊子功夫的理論意義，即其採取此一態度的客觀理由與主觀目的爲何？首先，〈齊物論〉是莊子表達對理論世界的看法的文字，莊子認爲理論世界基本上是一個意義的假象所構成的觀念集合，一個有德於內的求道者不以此爲追求的目標，而應爲與造物者遊的逍遙境界，但是此說難以語言表述，是故擺設出棄絕語言的態度，即「喪其偶」的態度，欲假借這樣的態度來喚醒世人對天籟的傾聽，從而有足夠的天機來面對眞道的召喚，因此這個擺設出來的態度決不是人生的目的，但是卻可以是隱喻，可以作爲教學的樣式，而表演示現一下，船山《莊子解》中幾已把握其義，〔註72〕此處卻仍攻之，顯是船山價值觀所致。

> 「莊周曰：至人之息以踵，眾人之言動善怒一從膺吻而出，故縱耳目之欲，而鼓動其血氣，引其息于踵不亦愈乎，雖然其多廢也，浚

〔註71〕參見《思問錄》，〈內篇〉，船山遺書全集，頁9647。
〔註72〕參見《莊子解》，船山遺書全集，頁10028。

恆之凶也，五官百骸心腎頂踵，雷雨之動滿盈，積大明以終始，天下之大用奚獨踵邪！〔註73〕

本文為船山批評莊子的「呼吸理論」，莊子從追求自然生命的保健之道上討論對身體的操作方式，提出息以踵的呼吸理論，船山卻從追求人文化成的社會事業的眼光上討論君子全力奉行之事，應是以德性意識貫注全身，豈可只重於踵？此為深求於初之浚恆之凶。然而此二說中有不同的討論主題，船山不必如此批評莊子，但觀於船山著莊子解於〈大宗師〉篇言眞人之息以踵下文，船山所注又未曲解莊義，〔註74〕可見《思問錄》中之此言，是船山有意強調在儒學世界觀脈絡下的發言，因此先曲解莊義為只重其踵的功夫論，然後以德性生活必須動容周旋於四肢百骸的要求，再將莊學棄絕。船山用心不可不察。

甘食悅色，天地之化機也。老子所謂猶橐籥動而愈出者也。所謂天地以萬物為芻狗者也，非天地之以此芻狗萬物，萬物自效其芻狗爾。有氣而後有幾，氣有變合而攻取生焉，此在氣之後也明甚。告子以為性不亦愚乎。〔註75〕

本文為船山申明人道自立的觀點。而以老子與告子之說為斥。《老子》五章言天道無親與自為健動的道理，但船山轉出人道自為之義，告子以氣質為性，但船山於氣之變合只論攻取，是在論性之後之事了。船山之立論，在在都是要肯定人道自立的理論，船山言萬物自效其芻狗者，即在申明萬物之存在情況乃惟人自召，其實老子言天地以萬物為芻狗時，並無價値上的施為義，並不是指天地在價値上否定人與萬物的存在地位，只是指出其中的關係並沒有神聖崇高性，惟有平等自然各行其道的無親義而已，而此中則將轉出玄德與玄同的敦厚胸懷，及以慈衛之的境界，非謂全然無價値關懷者。而船山則似將之解讀為老子主張人與萬物的存在地位被天道否定，然後船山再將老子之說否定，而提出人與萬物之地位為「自效其芻狗」者，此時，船山意為人與萬物乃因己行而自定命運者，這是船山於論人道時不變的立場，同樣於論氣變與性的關係的時候，船山不以氣的自然情狀為人之性，而是於其「幾」與「變合」的情境中，由人之自主意思的攻取而後有人之所以為人的意義出現，

〔註73〕參見《思問錄》，〈內篇〉，船山遺書全集，頁9648。

〔註74〕參見《莊子解》，船山遺書全集，頁10093。

〔註75〕參見《思問錄》，〈內篇〉，船山遺書全集，頁9650。

故而「此（指『性』）在氣之後也明甚」，而告子只守在氣之自爲變合的意義上以說性，這是「不亦愚乎」。船山此說中之以人之攻取說人之性者，是孟子一路的人性理論，孟子以端說性，以充養放達說功夫，都是在人之道德心的抉擇判斷之後才提出人性理論的，至於氣的存在，它是等待被道德心的意思來規定的，因此可以展現出浩然之氣，但是如果指導的功夫脈絡不是道德心的話，則「行有不慊於心則餒矣」（孟子公孫丑章），浩然之氣就不見了，此時之氣則不足以言性。是故性也，非氣之自然情狀所引發者，是在幾變攻取之中，由道德心主導者爲性，是自繼其善，以善的活動說性，當然這是孟子一路以下的儒家人性論觀點，船山承之並以之非議老子與告子者。

以上乃本節對船山以氣論進路的形上學思想爲主，旁及易學進路的形上學觀點，而對道佛理論所作批判之討論者，文中以運用船山形上學理論以說明爲主要作法，對於船山形上思想的融合爲用是討論的目標，下節將以針對道教及術數理論的批判爲討論對象。

第四節　從氣論進路之形上學批判二

本節討論船山在氣論進路的形上學觀念中，對於道教所言之先後天氣說、胎元說、魂魄說、仙家長生理論的批判觀點，本章第一節中從易學進路的崇德廣業之易學天道觀中，已經說明船山以道教神仙黃白術來解易之作，是違背易學理論的作法，船山亦言易可衍曆但卻不可只以曆法說易，〔註 76〕顯見對於中國科技哲學史上的若干術數理論，船山仍可接受，只不發揚，但是對於道教養生理論〔註 77〕中的諸多觀點，卻未見船山有任何肯定之語，〔註 78〕而本節即將

〔註 76〕船山言：「故易可以該律，律不可以盡易。猶易可以衍曆，曆不可以限易。蓋曆者象數已然之跡，而非陰陽往來之神也。故一行智而京房迷矣。」（《周易外傳》，〈繫辭上傳〉，船山遺書全集，頁 981）

〔註 77〕參見《道家養生學概要》，蕭天石著，臺北自由出版社印行，民國 79 年 10 月六版。該書論道家養生學，實即道教丹鼎神仙術。而道教神仙丹鼎之術即船山所要批判的觀點，故而本文以道教養生學概念以說此。

〔註 78〕雖然有學界對於船山表現在《愚鼓辭》、《楚辭通釋》等作品中的煉丹思想持肯定態度，認爲船山有丹道思想，且認眞對待之。然而作者以爲，若從船山正式哲學性作品中所顯示的觀點而言，船山的立場仍是反對丹道的，不僅反對它的操作，認其無關聖功，更且反對它在理論上的成立基礎，於是作者不願從船山有何心態的角度上討論船山對道教丹鼎術的看法，只願從哲學理論上說明船山對丹鼎術的批判，然而作者對於船山爲何在詩文之作品中出現極

展示船山從氣論哲學的進路如何批判道教理論之不當者。

然而就作者本人的態度而言，道教理論中的宇宙觀全然不同於儒家的天道論，是以對於人存有者的身體性能之看法，得以站在氣的實際操作上著眼，儒家哲學家可以以此一氣的修鍊術與道德事功無關，卻不必在理論上否定此一氣論的自然哲學進路之討論。這是作者本人的態度，不過基於論文主旨及能力所限，文中將不處理此一道教理論的形上學辯論的問題，而只以舖陳船山之攻擊的理論脈絡爲主。

當代道教理論家蕭天石先生認爲，在船山的著作中可以窺見船山對道教煉丹術知之甚詳，〔註 79〕我們不敢評其爲非，然而即使是如此，船山仍是明確地在重要著述中批斥煉丹學之先後天氣說之不可信者，本論文所進行的是一個形上學理論體系的解說之工作，並不是一個歷史上的王船山其人之眞正心思行誼之研究。船山批評道佛理論的著作中的形上學觀點是我們要解讀的文本，至於船山可能其實深通於煉丹之術，但卻爲維護某種崇德廣業的意識形態因而反過來在理論上予以否定之事，則不是我們所要處理的問題，這可

具丹道色彩的作品一事，卻也無法解釋，僅願有待高明指導。參見《船山佛道思想研究》，湖南新華書店，1992 年 10 月第一版。其言：「對於道教的內丹說，船山雖然在《愚鼓辭》、《楚辭通釋》中有所肯定，但從其整體思想體系來說，則又是持否定態度的。」（頁 77）

〔註 79〕蕭先生言：「夫船山之學，圓融三家，獨見眞體，而仍歸本於儒。惜乎世人多只能略事涉獵，窺其皮相，而甚少能得神髓也！先生於儒家本門，所成者大，固無論矣。就佛道二家言，其於佛家，於學則精於唯識，觀其相宗絡索可知；於功夫則深於禪宗，觀其具有甚深作略之十二時歌，即可證其爲直透三關過來人，可與我佛如來不二。其於道家，於學則醇於老莊，於莊子尤能獨通其玄要，觀其莊子通可知；於老子雖尚有未全徹者在，然其老子衍，實亦遠勝歷來解家多矣！其於功夫鍊養，則大有得於道家之丹宗，亦即金丹宗與眞宗，觀其屈原遠遊賦一註及其前後愚鼓樂，即可證其已全得王子喬一派丹法，而證入莊子所謂『博大眞人』之域矣。其在此各方面之成就，儒林中人能望其肩背者，實寥若晨星矣。」（參見，〈王船山先生別傳之學〉，《船山學術研究集》，船山遺書全集卷二十二，頁 135）

蕭先生對船山在道佛思想上的造詣，可謂讚之已極，然而，儒家中人與道佛中人之差異，固然是在重德廣業之信念所構造之形上理論與社會哲學有所不同上，更尖銳的差別，應在對於道佛功夫論的排斥態度，若如蕭先生所言，船山實已深入道佛成佛成仙之功夫者，然一人深入於此，卻仍在哲學理論上予以批判排斥，著實難解，從儒門眼光看，是意識形態的執著嗎？從道佛眼光看，是自私其密不肯說與世人知嗎？此一弔詭，歷史上的船山必選其一，作爲知識份子，豈可猶疑兩間！

以是一個歷史上的公案，有待學界論辯，本論文中則暫不論。

船山對道教養生學的批判，從魂魄觀念說起，說至先天氣說，最後直搗逆鍊成仙之說，其言：

> 魄麗於形，鬼之屬，魂營於氣，神之屬。此鬼神之在物者也，魄主受魂主施，鬼神之性情也。〔註80〕

船山要批判道教神仙術，自應從魂魄觀念說起，並且要改變傳統的魂魄觀念，而重新於其氣論思想中以界定其義，船山以魄魂爲鬼神之屬名，是鬼神作用之在物言者，是神者在太虛之氣中對物而施之作用中言魂，是鬼者在有形存在之中已受形氣之有而未散入無者之言魄，故而魂魄是鬼神之作用型類，而不是另一氣存在，只是氣之受施之作用，這是船山的魂魄觀。因此未有存於人者之魂魄可爲長生術之用者，其言：「物滯於物也，魏伯陽、張平叔之流，鉗魂守魄謂可長生。」〔註81〕此乃對仙家煉命之術批評爲滯於物者，人存在者，以形言，則形是爲氣之聚而有形者，然而氣之所在理即在焉，理氣共構又同於太虛一氣，人之存在之宇宙論意義是在於太虛一氣之氣化世界中，如若僅以有形之我以爲我者，更求於在我之爲魂爲魄者以爲鉗魂守魄之可用，則爲滯於物者，爲不知大其心以廣天下之物者，而以爲在我之形之可長守而有者，是蔽於太虛一氣之大化流行義者。其言：

> 但爲魂則必變矣，魂日遊而日有所變，乃欲拘其魂而使勿變，魏伯陽、張平叔之鄙也，其可得乎？魂之游變非特死也，死者游之終爾，故鬼神之事吾之與之也多矣。災祥險易，善惡通否，日生于天地之閒者，我恆與之矣。唯居大位志至道者爲尤盛焉。〔註82〕

本文爲船山從魂的氣論來批評仙家的長生說，易傳言：「精氣爲物，遊魂爲變。」故船山以爲魂者必變，變即氣化流行之作用不息義，魂者陰陽鬼神之作用型類而已，其爲氣，故必作用而有變合，以遊曰之，而神仙理論家希冀於魂魄觀念中執守一在魂魄之恆久性存在者，故「乃欲拘其魂而使之勿變」，此乃爲長生者。然依船山之生死觀，生死特終始而已，終而又有始，皆氣化流行中事，魂變亦然，魂之變者非死也，人之死乃魂變之終而已，終而又有始，不

〔註80〕參見《張子正蒙注》，〈動物篇〉，船山遺書全集，頁9371。

〔註81〕本文爲張載言：「徇生執有者物而不化。」，船山則注之者。參見《張子正蒙注》，〈太和篇〉，船山遺書全集，頁9283。

〔註82〕參見《思問錄》，〈內篇〉，船山遺書全集，頁9674。

必以死爲散滅，故不必以長生爲業，實則人之有生，早因陰陽之作用而常在太虛一氣之中流行，故「鬼神之事吾之與之也多矣」，船山也罷，任一人存有者皆然，其有生之際，皆在鬼神感通之作用中，故作用義的氣變周流的鬼神事業，其實人人皆時時在參與進行之中，天地間事，不過「災祥險易，善惡通否。」，此事日日發生於天地之間，人恆參矣，但在參與之際，有其進行之繼之常與不常健與不健之別，故「繼之者善，成之者性。」，船山於此建立志仁功夫論的格式，而盡其廣大人道的崇德廣業之事業，故有生之際之鬼神感通之事業，惟至仁者盡之矣，故「唯居大位至道者爲尤盛焉」。就是在君子志德之事業的進行中，彰顯人在一氣周流世界的鬼神作用；在這種君子德性觀中對待於生命的態度，惟俟命而已。張載言：「太虛不能無氣，氣不能不聚而爲萬物，萬物不能不散而爲太虛，循是出入，是皆不得已而然也。」，船山注曰：

> 氣之聚散，物之死生，出而來入而往，皆理勢之自然不能已止者也，不可據之以爲常，不可揮之而使散，不可挽之而使留，是以君子安生安死于氣之屈伸，無所施其作爲，俟命而已矣。〔註83〕

本文中以生命之來去是氣之聚散中的常道，不可妄以人力留住，此說爲反對道教長生觀念之說。然其理論上的成立當在鬼神觀念中言，船山的鬼神觀只是指涉一氣世界中的若干理氣存在，特別相對於作用在人存在的理氣結構者而言者，大化之中自有與人相關之理氣結構，或將息爲人而稱神，或已消非人而稱鬼，然而在其未成及已散之存在結構階段，並沒有任何暫存之個體性的無形存在結構，是故爲神爲鬼者都只是大化一氣中事，而在人之階段者則常在日新之中，而人之存在亦爲一聚爲有形之理氣結構，其理氣結構中之作用原理與整體存在界的理氣存在之作用爲一，皆在陰陽二氣之常道之中，故而不可妄以人意操作之使爲己義安排者。

船山對道教理論之批判固從魂魄觀說起，然而，道教長生說之最力者，即其先後天氣觀念者，此一觀念則自爲船山斥絀之重點者，其言：

> 易言先天而天弗違，後天而奉天時，以聖人之德業而言，非謂天之有先後也。天純一而無閒，不因物之已生未生而有殊，何先後之有哉，先天後天之說始于玄家以天地生物之氣爲先天，以水火土穀之滋所生之氣爲後天，故有後天氣接先天氣之說，此區區養生之瑣論

〔註83〕參見《張子正蒙注》，〈太和篇〉，船山遺書全集，頁9282。

> 爾，其說亦時竊易之卦象附會之，而邵子于易亦循之而有先後天之辨，雖與魏徐呂張諸黃冠之言氣者不同，而以天地之自然爲先天，事物之流行爲後天，則抑暗用其說矣，夫伏羲畫卦即爲筮用，吉凶大業皆由此出，文王亦循而用之爾，豈伏羲無所與於人謀，而文王略天道而不之體乎？邵子之學詳于言自然之運數，而略人事之調燮，其末流之弊遂爲術士射覆之資，要其源則先天二字啓之也，胡文定曰伏羲氏後天者也，一語可以破千秋之妄矣。〔註84〕

本文乃船山批判邵雍與道教先後天之說者，易言先天後天，玄家亦言先天後天，邵雍亦言先天後天，然而船山以易言之先天後天說者，是言聖人務於德業之事之讚辭，「先天而天弗違，人道之功大矣哉。邵子乃反謂之後天。」〔註85〕言其合於大化之理，言動皆盡其時位之變而獨能守於時位之中，故有得其機之先者，而天弗違，又有在其時位之中也而奉天時。故言先天言後天乃言於得其時位變合之中道大用者，非謂整體存在界之有先後天之兩橛者。船山言有「清虛一大」、「太虛一氣」者，即以天地整個是一體整全者，故「不因物之已生未生而有殊」，玄家言養生鍊命者，以未生以前稟受先天氣，已生以後稟受後天氣，是則一氣周流之中，氣之爲氣者流行廣用於天地萬物之際，則有異質之兩型，此不符船山一氣世界觀，即便言爲有陰有陽者，亦只以作用之相言，非以存在之質言。故而玄家以爲有後天氣接先天氣之說者是「區區養生之瑣論爾」。〔註86〕這是對玄家言先後天說之批判者，至於邵雍之言於先後天者，船山知其非與玄家所言皆同，雖然，亦暗用其說。

船山以玄家言者爲二氣結構中之作用於個體存在物之言，而邵雍言者爲整體存在界之有結構上的上下先後兩橛，並以之轉爲言易，而有先後天圖之說，並以伏羲所傳爲先天圖者，而文王所傳爲後天圖者。船山於圖只守河圖，伏羲於河圖列八卦，文王於河圖作六十四卦，皆河圖理數必然中事，若伏羲所爲只爲先天圖，則是「伏羲無所與於人謀」，因爲先天者言於「天地之自然」；若文王所爲只爲後天圖，則是「文王略天道而不之體」，因爲後天者言於「事

〔註84〕參見《思問錄》，〈外篇〉，船山遺書全集，頁9690。

〔註85〕參見《思問錄》，〈內篇〉，船山遺書全集，頁9668。

〔註86〕船山對道教以養生之說而轉出此生之氣爲後天之氣說者，曾斥之曰：「天地之產皆精微茂美之氣所成，人取精以養生，莫非天也，……初不喪其至善之用，釋氏斥之爲鼓粥飯氣，道家斥之後天之陰，悍而愚矣。」（《思問錄》，〈內篇〉船山遺書全集，頁9668）

物之流行」。其實伏羲文王皆有體於天地整全之用者，以八卦象天地自然之情狀者，象者象其物物之宜而將有所言於天地萬物者，文王言六十四卦，卻卦象固有於易，雖皆言於人事流行，而卦卦皆天地理數之必然者。故伏羲之言及於人事，文王之卦源自天德。文王伏羲皆天地萬物共體之而作卦象以理言者，豈有伏羲文王聖人之作，有先天後天兩橛之不察焉。船山對先後天之說者，不論於氣化世界之質的結構言，或對易學天道觀之天地萬物及卦象圖書言，皆排斥先後天圖說。其另文言：

> 不于地氣之外別有天氣，則玄家所云先天氣者無實矣。既生以後玄之所謂後天也，則固凡為其氣者皆水火金木土穀之氣矣，未生以前胞胎之氣其先天者乎，然亦父母所資六府之氣也，在己與其在父母者則何擇焉？無已將以六府之氣在吾形以內醞釀而成為後天之氣，五行之氣自行于天地之閒以生化萬物，未經夫人身之醞釀者為先天乎？然以實推之，彼五行之氣自行而生化者，水成寒、火成炅、木成風、金成燥、土成溼，皆不可使絲毫漏入于人之形中者也。魚在水中水入腹則死，人在氣中氣入腹則病，入腹之空且為人害，況榮衛魂魄之實者乎！故以知所云先天氣者無實也，棲心淡泊、神不妄動，則醞釀清微而其行不迫，以此養生庶乎可矣！不審而謂此氣之自天而來，在五行之先，亦誕也已。邵子之言先天，亦倚氣以言天耳，氣有質者也，有質則有未有質者，淮南子云有夫未始有無者，所謂先天者此也，乃天固不可以質求，而並未有氣，則強欲先之將誰先乎？張子云清虛一大，立誠之辭也，無有先于清虛一大者也，玄家謂順之則生人生物者。謂由魄聚氣、由氣立魂、由魂生神、由神動意、意動而陰陽之感通，則人物以生矣。逆之則成佛、成仙者，謂以意馭神、以神充魂、以魂襲氣、以氣環魄，為主于身中而神常不死也。嗚呼彼之所為祕而不宣者，吾數言盡之矣，乃其說則告子已為之嚆矢，告子曰：不得于心勿求于氣，亦心使氣氣不生心之說夫。既不待我而孟子折之詳矣，天地之化以其氣生我，我之生以魄凝氣而生其魂，神意始發焉，若幸天地之生我而有意，乃竊之以背天而自用，雖善盜天地以自養，生也有涯而惡亦大矣，故曰小人有勇而無義為盜。〔註87〕

〔註87〕參見《思問錄》，〈外篇〉，船山遺書全集，頁9709。

本文乃船山從氣論駁斥先後天氣說之最力者，亦爲最直接批判以先後天氣說鍊氣長生之最完整文字。船山言氣只一氣，故「不于地氣之外別有天氣，則玄家所云先天氣者無實矣。」，實則地氣者即天氣即天地一氣，故氣無有二，謂既生以後之後天之氣者，亦本爲天地固有之氣，與未生以前者同。皆水火木金土穀者。未生以前者其氣在於父母，在於父母者亦天地固有之氣，亦水火木金土穀者。故其言：「未生以前胞胎之氣其先天者乎，然亦父母所資六府之氣也，在己與其在父母者則何擇焉？」，船山對於胞胎之氣之爲先天之說者另有二文及之，皆斥其爲胎元說之妄者。〔註 88〕人之一氣不分先後天，不能有未生以前未經人身之醞釀則有先天之氣，而既生以後此氣復醞釀則爲另一後天之氣者，天地之間皆一氣，以情態言則以五行之氣分，然五行同用於既生未生之中。若以爲於功夫作用中，於五行一氣之外另有一氣入於其體，則人不堪承受而將有病矣，這是在船山的氣論觀點中，凡爲氣者皆實有者而言，故實氣入腹則人有病、魚有死。不然，則仙家所稱之先天氣不可爲實，故而仙家練功之作用言於養生者可，故言：「棲心淡泊、神不妄動，則醞釀清微而其行不迫，以此養生庶乎可矣！」然而若以爲練功之際有氣自天來者，則「不審而謂此氣之自天而來，在五行之先，亦誕也已。」，因爲氣者一也皆實也，人身體百官本爲氣聚而有形者，而氣之出入於口鼻之中亦有常道，妄以先天氣於動靜之際入於身來則人生病矣。

船山接著批判邵雍言先天觀念亦以氣言，既以氣言則未有氣之前豈有先天之氣者，此亦淮南子言未始有無之說之病者。〔註 89〕此說源自莊子，〔註 90〕

〔註 88〕參見《思問錄》，〈內篇〉，船山遺書全集，頁 9660。

〔註 89〕參見《淮南子》，俶眞篇，其言：「有始者，有未始有有始者，有未始有夫未始有有始者；有有者，有無者，有未始有有無者，有未始有夫未始有有無者。所謂有始者：繁憤未發，萌兆牙蘖。未有形埒。〔垠堮〕〔無無〕蠕蠕，將欲生興，而未成物類。有未始有有始者：天氣始下，地氣始上，陰陽錯合，相與優游競暢于宇宙之閒，被德含和，繽粉蘢蓯，欲與物接，而未成兆朕。有未始有夫未始有有始者：天含和而未降，地懷氣而未揚，虛無寂寞，蕭條霄霏，無有仿佛，氣遂而大通冥冥者也。有有者：言萬物摻落，根莖枝葉，青蔥苓蘢，〔萑蔰〕蔰扈炫煌，蠉飛蠕動。蚑行噲息，可切循把握而有數量。有無者：視之不見其形，聽之不聞其聲，捫之不可得也，望之不可極也，儲與扈冶，浩浩瀚瀚，不可隱儀揆度而通光耀者。有未始有有無者：包裹天地，陶冶萬物，大通混冥，深閎廣大，不可爲外，析豪剖芒，不可爲內，無環堵之宇，而生有無之根。有未始有夫未始有有無者：天地未剖，陰陽未判，四時未分，萬物未生，汪然平靜，寂然清澄，莫見其形。若光耀之〔閒〕問於然莊子只以之說認識過程，後人則併其氣化宇宙論而說宇宙發生論，敘述宇宙發生的意義層面上的階段性過程，而道教養生學則以實言視之，而欲於一身之中反逆此過程，而同於先天一氣長存永在於世，故船山斥其說，認爲此說之發生，是以「氣有質者也，有質則有未有質者，淮南子云有夫未始有無者，所謂先天者此也。」以爲有質之存在之前必有一無質之階段在，此爲先天者，然船山則斥其曰，既其無質則何有先之者，「乃天固不可以質求，而並未有氣，則強欲先之將誰先乎？」，依據船山的世界觀，是太極渾淪一體全有，無始以來積健常在者，故不可有一無有之有以爲先在者爲先天之氣，故「張子云清虛一大，立誠之辭也，無有先于清虛一大者也。」。

既無先天之氣在，則一切關於人生而在之從無入有之過程，以及一切反逆成仙之理論則盡皆爲妄，此爲船山以爲「嗚呼彼之所爲祕而不宣者，吾數言盡之矣。」氣也者實也，有也者清虛一大全有之者，聚而爲有散而爲無，只是一氣中事，故無一在整體存在界之外之先之先天者，亦無一在個別存在之外之先之先天氣者，這是船山斥先天氣說之脈絡，並以爲此說在孟告之辯中已詳，且針對告子之說，孟子已斥之。船山以爲「告子曰：不得于心勿求于氣，亦心使氣，氣不生心之說夫。」，是認爲告子之氣論觀念中也有以心御氣之觀念，則心氣爲二，故開仙家「逆之則成佛成仙」之說，而孟子以仁義禮知四端心內在以說心氣關係，故必以道德心性以爲行動之準據，故應以之領氣而引發爲行，故心氣皆在一德性架構中二而一者。則豈有所謂：「以意馭神、以神充魂、以魂襲氣、以氣環魄，爲主于身中而神常不死也。」之事在？而魂魄之作用於人存在者，乃一「天地之化以其氣生我，我之生以魄凝氣而生其魂，神意始發焉。」的過程，是天地一氣之既聚爲我之有之後，在魄的

無有，退而自失也，曰：『予能有無，而未能無無也！』及其爲無無，至妙何從及此哉！」然觀於此文，則淮南子之言爲「有未始有夫未始有有無者」，而稍異於船山之言，至於莊子齊物論中之語，則爲：「有未始有夫未始有無也者」，則同於船山言於淮南子者，此一小異暫置諸不論。就淮南子之文義而言，其爲討論那具體有形而又情態萬千的天地萬物之生發過程者，其所論之最先開端之義，無論從有言從無言，皆未主張一絕對的虛無世界觀者，固然其言：「由此觀之，無形而生有形，亦明矣。」（同前篇），然此無形者亦非一存在上的絕對虛無之概念者，反似有轉爲功夫掌握上的態度之無者言，而觀於船山之批判，則皆以之爲一未有氣者之絕對的虛無觀念者，並以後人之先天氣說源自於此，此或爲船山對淮南子說之曲解。

〔註 90〕參見《莊子・齊物論》。

主受之作用中，凝氣而後，有其主施之作用之魂的作用得以來作用於我，而有爲我之活動的意向，而「神意發焉」。這樣的過程皆天地神妙不測之作用者，天無心而成化，以爲有我之存在可爲執守長生之用者，是「若幸天地之生我而有意，乃竊之以背天而自用。」，此乃以我之存在之事爲天地效用於我己之私而有者，然而生也有涯，終亦無用，守此長我，只爲惡爾。

船山所批判之先天氣說中，另有有胞胎之觀念，即胎元說者，船山對於人之生者亦只此氣中之事，而一氣周流之際豈有長存於我者，故其斥此說曰：

> 命曰降、性曰受，性者生之理，未死以前皆生也，皆降命受性之日也，初生而受性之量，日生而受性之眞，爲胎元之說者，其人如陶器乎！成性存存，存之又存，相仍不舍，故曰：維天之命於穆不已，命不已性不息矣。謂生初之僅有者，方術家所謂胎元而已。〔註91〕

此二說皆爲以船山之性命日新說以斥胎元之說，性命既日新，則豈可反逆之使回至胎元之際，而再逆之使返回先天之氣而長存天地之間者？若人有胎元之可使回，則人爲陶器，既已爲氣終生不變者。道教養生學之說者，其然乎？其不然乎？這是事實的問題，可以經驗驗之，驗之爲假可斥其妄，然而船山之批判者，這是理論上的問題，從理論脈絡上看，船山之斥絀皆不在道教丹鼎之學的脈絡中言，皆爲以其已經架構完成的氣論形上學觀點，作爲批判的立論基礎，然則船山通丹道之學乎？而有謂船山深通於道教養生學之說者，以船山詩文證之，吾不知此一學術公案應如何對待，僅待於高明！

以上乃船山氣論進路的形上學批判觀點，皆從對道教丹鼎神仙術之批判角度言，而船山所有在易學與氣論進路之形上學批判觀點已述之如上。

〔註91〕同註87。

第五章　結　論

作者本人對於中國哲學的研究，素懷使命感，雖然，卻不敢以情害理。論文中對船山易學及氣論之形上思想的整理與討論，實爲作者在中國哲學研究工作上的起步之作，雖然努力於哲學觀點的清晰表達，卻仍有諸多疏漏，而且透過船山學思的整理，更找出諸多中國哲學內部的理論問題，且是作者目前無力解決的，文中亦多有說及。因此我們以爲，本論文之寫作，僅僅是處理了船山學的一小部份，至於廣大的中國哲學領域內的哲學問題，仍然有待接觸，然而這樣的現象，毋寧是令人欣喜的，惟其中國哲學領域中有其諸多眞切深奧的問題，才有我們中國哲學研究工作者無限的理論研究領域，與挑戰的空間，這又將表示，中國哲學研究必是一門活的知識對象，能讓我們繼續不斷地擷取更多的智慧，甚或有參予創作的空間。

對於船山易學與氣論的討論，文中述之已詳，作者不擬重複申述文中的結論性觀點，此處我們願對論文的研究結果，進行檢討與反省，企圖找出其中的不足，以及值得發展的問題，以爲繼續工作重點。以下分三部份說：

一、作者對船山學處理的不足

1. 僅處理形上學思想部份而未及船山學的廣大面向，包括歷史思想、佛道思想、詩文集等。
2. 僅處理形上學思想中的易學與氣論部份，而未及船山在四書、經書、儒學內部功夫論之爭等處所涉及的形上思想建構部份。
3. 僅處理作者對船山易學與氣論思想的整理與討論，未及船山在其思想意見上，與傳統哲學家理論的比較甚或辯論等問題。

4. 並未強調當代船山學研究的成果與爭辯的問題。

二、船山易學與氣論思想內部的問題

1. 船山對於四聖一揆之說僅以理論來證明，未及於考據上下功夫，雖然考據上的努力也未必能成功，但總不失爲一可以嘗試的進路，而船山如果下過這樣的功夫，一如他在《周易稗疏》及《周易考異》上的用功程度，則四聖一揆之說是否仍然堅持？此一問題也。
2. 聖人則圖說不能爲象數思維前提之明證，但以象思維的認識方法研究卻可以作爲建立易學象數理論的方法論，船山未發揮，只是嫻熟地使用，而王弼發揮了，而且講出了「得意忘言，得言忘象。」之說，卻爲船山駁斥。實則船山將理數必然的象數基礎掛搭在「河出圖」的神祕事件上的作法，反而是迷信有餘理性不足的態度，此問題二也。
3. 船山改變五行的生剋關係爲傳配關係，實是將五行的類思維之進路取消，殊爲可惜，五形是分類原理，古代傳統思想的發展，類思維是理論進展的重要指標，惟其有類，方可進行抽象的理論推理工作，五行配干支、配卦氣、配五官……等等的發揮，通常是作爲建構關係命題的抽象符號，船山強調卦象的象的思維，卻排斥五行的類思維，以致摒棄生剋關係的推理思維，不無可惜，此問題三也。
4. 船山斥責占筮之道入於小道，自己卻強調無心分兩之際的不測之妙，是一手推出占筮之神秘性，又一手引入占筮之神妙性，其實仍是重視占筮之感通於不可知之超越界，當然船山已在理論內部予以釐清並定位，而使其說仍有一致性，然則不免使儒學形上思想推入不可知之神祕世界觀之中，實與夫子焉知死及孟子浩然之氣之現實實踐精神之教，頗有不類，此問題四也。
5. 船山的卦象關係理論，全基於他的形上學觀念，卻以此排斥他教之說，卦象關係的說明本來就是形上理論的展現，船山有形上學觀點的堅持，所以有排斥之舉，然而認識各家形上學的型態，卦象理論的進路卻是最直捷的途徑，因此不論是孟喜、京房的卦氣觀；邵雍的卦象次序圖等，都是展現形上學觀念的重要表述系統，船山未及反省即斥絀，實不足取，此問題五也。
6. 船山論鬼神觀念部份，似有態度上不欲取消鬼神作用之實情，而卻在理論上儘量轉化其義使一個個體性的無形理氣結構不得爲實，船山在理論上所作的工作也達致一致性的效果，然而這個努力的工程顯然極爲艱辛，船山在態度上要正視鬼神並討論其義，莫非有其經驗上的不可否證性在，若然，則理論上的處理應該是意義的解消還是體系的擴大呢？此問題六也。

三、船山形上思想外部的問題

1. 船山的地球科學知識及天文學知識緊守傳統觀念，雖然有利馬竇之說已爲其知，卻仍譏斥，這是他未能與時俱進之失。
2. 船山對道教煉丹術之學見於其詩文作品中顯見知之甚深，雖以爲以之養生則可，實則仍未正視其中可有一新知識領域之可開啓者，殊爲可惜。
3. 船山對於佛教理論論之甚深，卻也斥之更急，以其作《相宗絡索》之程度，實應爲難得的融通儒佛之際的大才，卻在態度上及理論上嚴加駁斥，令人懷疑船山不是一個誠實的理論工作者。

以上所述，或爲作者應該繼續加強研究的重點、或爲船山理論本身的問題、或爲船山思想的態度問題，本都應爲論文主題下可以關切卻不及注意之問題，故而是作者論文寫作上仍應要求的項目，謹記於此。

總結本論文的工作檢討之後，站在中國哲學研究的問題上，作者以爲，船山的儒學型態已是宋明儒學理論創作的最後大家了，相較於宋明儒學內部而言者，故仍有歧異，但相較於儒道佛者，船山之型態已是儒學可能達致的極致典範了，也就在於此處，儒家理論與道佛差異之處更顯其明，三教同異的問題研究，不能再堅持各自的觀點，此處相持不下，本是誰也無法戰勝誰，故而應該是尋找新的融通點的時機了。個人以爲，方東美先生言中國哲學是價值中心的理論型態，是在宇宙論中要說形上本體功夫本體的型態，故而私意以爲，重新檢討中國哲學的價值本體之型態類別，而由各自的功夫路徑證入其說之道，是中國哲學未來的方法論研究的重點。找出相應的功夫理論，說清三教差異的境界，建構不同的形上學型態，在人生智慧上彼此欣賞，在理論架構上互相肯定，或正爲使未來的中國哲學研究更有發展的處理方式。

參考書目

壹、船山原典及船山研究

1. 王夫之，《船山遺書全集》，中國船山學會，自由出版社聯合印行，中華民國61年11月重編初版。
2. 吳立民，徐蓀銘著，《船山佛道思想研究》，湖南新華書店，1992年10月第一版。
3. 蕭漢明，《船山易學研究》，北京：華夏出版社，1987年1月第一版。
4. 曾春海，《王船山周易闡微》，博士論文。
5. 曾昭旭，《王船山哲學》，臺北：遠景出版事業公司，中華民國72年2月初版。

貳、易學史及易學研究

1. 黃壽祺，張善文編，《周易研究論文集》，北京師範大學出版社，（第一輯）1987年9月第一版。
2. 黃壽祺，張善文編，《周易研究論文集》，北京師範大學出版社，（第二輯）1989年8月第一版。
3. 黃壽祺，張善文編，《周易研究論文集》，北京師範大學出版社，（第三輯）1990年5月第一版。
4. 黃壽祺，張善文編，《周易研究論文集》，北京師範大學出版社，（第四輯）1990年5月第一版。
5. 朱伯崑，《易學哲學史》，藍燈文化事業股份有限公司，中華民國80年9月初版。
6. 高懷民，《先秦易學史》，中國學術著作獎助委員會，民國75年8月再版。

7. 高懷民，《兩漢易學史》，中國學術著作獎助委員會，民國 72 年 2 月三版。
8. 屈萬里，《先秦漢魏易例述評》，臺北學生書局，民國 58 年初版。
9. 高懷民，《大易哲學論》，中國學術著作獎助委員會，民國 67 年 6 月初版。
10. 唐力權，《周易與懷德海之間．場有哲學序論》，黎明文化事業股份有限公司出版，民國 78 年 6 月初版。
11. 李申，《周易之河說解》，北京，知識出版社出版發行，1992 年 1 月第一版。
12. 李漢三撰，《先秦兩漢之陰陽五行學說》，臺北維新書局，民國 74 年 4 月再版。
13. 鄺芷人著，《陰陽五行及其體系》，臺北文津出版社，民國 81 年 12 月初版。
14. 羅桂成，《唐宋陰陽五行論集》，臺灣文源書局，民國 77 年 10 月再版。

參、哲學思想史研究

1. 勞思光，《中國哲學史》，香港中文大學崇基學院，1980 年 12 月再版。
2. 任繼愈主編，《中國哲學發展史．先秦．秦漢．魏晉南北朝》，北京，人民出版社出版，1983 年 10 月第一版。
3. 祝瑞開著，《兩漢思想史》，上海古籍出版社，1986 年 6 月第一版。
4. 馮友蘭，《中國哲學史新編．共七冊》，臺北藍燈文化事業股份有限公司，民國 80 年 12 月出版。
5. 張豈之，《中國思想史》，臺北水牛出版公司，民國 81 年 6 月 1 日初版。
6. 康學偉等，《周易研究史》，湖南新華書店，1991 年 7 月第一版。
7. 任繼愈主編，《中國道教史》，上海人民出版社，1990 年 6 月第一版。

肆、專論研究

1. 呂澂，《中國佛學思想概論》，民國 77 年 2 月 1 日三版。
2. 黃懺華，《佛教各宗大意》，民國 73 年 9 月再版。
3. 楊家駱主編，《淮南子注》，漢．高誘注，臺北市界書局印行。
4. 王雲五主編，《淮南子》，沈德鴻選註，商務印書館，民國 22 年 11 月國難後第一版。
5. 方東美，《原始儒家道家哲學》，黎明文化事業公司，民國 67 年 11 月三版。

6. 方東美，《中國大乘佛學》，黎明文化事業公司，民國 73 年 7 月初版。
7. 方東美，《華嚴宗哲學》，黎明文化事業公司，民國 70 年 77 月初版。
8. 方東美，《新儒家哲學十八講》，黎明文化事業公司，民國 72 年 2 月初版。
9. 方東美，《方東美先生演講集》，黎明文化事業公司，民國 69 年 10 月再版。
10. 方東美，《中國人生哲學》，黎明文化事業公司，民國 74 年 2 月六版。
11. 唐君毅，《中國哲學原論．原教篇．下》，臺灣學生書局，民國 66 年 5 月再版。
12. 唐君毅，《中國哲學原論．原道篇》，臺灣學生書局。
13. 唐君毅，《中西哲學思想之比較論文集》，學生書局，民國 77 年 7 月。
14. 唐君毅，《中國文化之精神價值》，正中書局，民國 68 年。
15. 牟宗三，《中國哲學十九講》，台灣學生書局印行，中華民國 72 年初版。
16. 牟宗三，《中西哲學之會通十四講》，台灣學生書局印行，民國 79 年 3 月初版。
17. 牟宗三，《圓善論》，台灣學生書局印行，中華民國 74 年 7 月初版。
18. 張永儁，《二程學管見》，東大圖書公司印行，民國 77 年 1 月初版。
19. 鄔昆如，《哲學概論》，五南圖書出版公司，民國 77 年 8 月再版。
20. 傅佩榮，《儒道天論發微》，臺灣學生書局，民國 74 年 10 月初版。
21. 沈清松，《物理之後／形上學的發展》，臺北牛頓出版社，民國 76 年 1 月 1 日初版。
22. 張岱年，《張岱年文集》（《中國哲學大綱》）北京，清華大學出版社出版，1990 年 12 月第一版。
23. 湯一介，《中國傳統文化中的儒釋道》，北京，中國和平出版社出版，1988 年 10 月第一版。
24. 張立文，《中國哲學範疇發展史．天道篇》，中國人民大學出版社出版發行，1988 年 1 月第一版。
25. 蒙培元，《中國心性論》，臺灣，學生書局印行，中華民國 79 年 4 月出版。
26. 小野澤精一等編寫，《氣的思想》，上海人民出版社，1990 年 7 月第一版。
27. 王茂，蔣國保，余秉頤，陶清著，《清代哲學》，安徽人民出版社，1992 年 1 月，第一版。
28. 李志林，《氣論與傳統思維方式》，上海，學林出版社出版，1990 年 9 月第一版。

29. 李申，《中國古代哲學和自然科學》，北京，中國社會科學出版社，1989年4月第一版。
30. 楊政河，《華嚴哲學研究》，慧炬出版社印行，民國76年3月出版。
31. 楊惠南，《佛教思想新論》，東大圖書公司印行，民國71年8月初版。
32. 楊惠南，《龍樹與中觀哲學》，東大圖書公司印行，民國77年10月初版。
33. 賴永海，《中國佛性論》，上海，人民出版社，1988年4月第一版。
34. 陳兵，《佛教氣功百問》，佛光出版社印行，民國80年。
35. 蕭天石，《道家養生學概要》，自由出版社印行，民國79年10月六版。
36. 秦家懿，孔漢思，《中國宗教與基督教》，北京，三聯書店，1990年12月第一版。
37. 盧國龍，《道教知識百問》，佛光出版社印行，民國80年。
38. 張榮明，《中國古代氣功與先秦哲學》，上海人民出版社，1987年11月第一版。
39. 胡孚琛，《魏晉神仙道教》，臺灣商務印書館發行，民國81年10月臺灣初版。
40. 項退結，《中國哲學之路》，臺北東大圖書公司印行，民國80年4月初版。
41. 高柏園，《莊子內七篇思想研究》，文津出版社印行，民國81年4月初版。
42. 莊萬壽註譯，《新譯・列子讀本》，臺北三民書局，民國74年9月三版。